企业管理培训经理全书

李桥 曲军◎编著

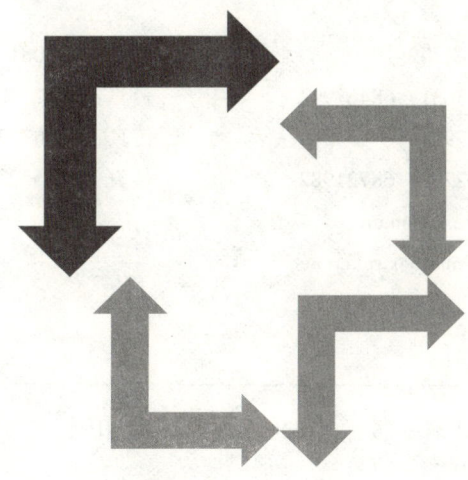

地震出版社

图书在版编目（CIP）数据

企业管理培训经理全书 / 李桥，曲军编著. —北京：地震出版社，2012.7

（企业管理培训丛书）

ISBN 978-7-5028-4037-2

Ⅰ.①企… Ⅱ.①李… ②曲… Ⅲ.①企业管理—职业培训 Ⅳ.①F272.92

中国版本图书馆CIP数据核字（2012）第038428号

地震版　XM2657

企业管理培训经理全书

李　桥　曲　军　编著

责任编辑：范静泊

责任校对：孔景宽

出版发行：地震出版社

北京民族学院南路9号　　　　邮编：100081

发行部：68423031　68467993　　传真：88421706

门市部：68467991　　　　　　传真：68467991

总编室：68462709　68721982　　传真：68455221

http://www.dzpress.com.cn

E-mail: seis@mailbox.rol.cn.net

经销：全国各地新华书店

印刷：三河市杨庄镇明华印装厂

版（印）次：2012年7月第一版　2012年7月第一次印刷

开本：787×1092　　1/16

字数：472千字

印张：28

书号：ISBN 978-7-5028-4037-2/F（4714）

定价：50.00元

版权所有　翻印必究

（图书出现印装问题，本社负责调换）

编 委 会

主　编： 陈龙海　曲　军
副主编： 王　超　臧道祥　吴永生
编委会成员　（排名不分先后，按姓氏字母顺序排名）

　　　　　　高乐平　房　伟　化保力　韩增海　金云哲
　　　　　　姜文刚　李新章　李金玉　刘　辉　刘伟毅
　　　　　　刘　伟　刘　军　林　军　罗时迁　彭　杰
　　　　　　任　翔　石建鹏　孙世峻　王　敏　王一恒
　　　　　　王东生　王晓萌　夏耀辉　杨小良

编者的话

管理大师彼得·圣吉博士（Peter M.Senge）说过：未来最成功的公司，是那些基于学习型的组织。有效的学习和培训正在成为企业发展的新的动力源泉。"谁停止变得更优秀，谁就不再优秀"成为许多企业的镇山格言。在这场学习型组织革命当中，新兴的培训师队伍正在逐渐成为时代的弄潮儿，在企业的日常管理当中扮演着越来越重要的角色。

然而，正如一颗树的快速成长，枝叶的日渐繁茂须要伴随着根部的深植与扩展一样，随着培训在企业预算分量中的日渐加重，面对实践中出现的各种各样的新鲜问题，企业管理者与培训师同样需要广泛地吸收养料，寻求更完善的解决途径。正如我们所看到的，国内的管理者苦苦受困于两大问题：如何以最小的成本组织最有成效的培训？如何培养自己的优秀培训师队伍？而培训师在实施培训的时候，如何使话语活泼生动从而使听众不至于坐立不安、昏昏欲睡？如何用最简短的话语和形式让受众最大程度地领悟所讲述的思想与理念？如何让讲授不流于理论空谈而具有更实用的价值？
……

针对这一系列的问题，在长期的课程研发中，我们深切感到有必要为管理人员和培训者提供更多的培训、管理工具与素材，因此我们集中编创了这一套培训系列图书：

《企业管理培训故事全书》

《企业管理培训游戏全书》

《企业管理培训幽默全书》

《企业管理培训案例全书》

《企业管理杰出员工训练全书》

《企业管理培训经理全书》

《企业管理培训演示技巧与配乐全书》

释放你们的潜能，
就是我存在的最大意义……

《企业管理户外拓展训练全书》
《企业管理培训师训练全书》

我们相信：如果你是一个管理者或培训师，将这些游戏、故事、幽默和案例运用于你的管理培训与日常交际生活之中，那么一定能够使你谈笑自如，魅力焕发。即使是一名普通的读者，都能够从这套丛书中得到智慧的启迪和人生的乐趣。我们更相信，会有更多的企业培训师和企业培训管理者从这套丛书中得到灵感的火花，并且在培训课程开发和组织方面不断创新，完成从优秀到卓越的飞跃。

本套丛书历经几年时间收集整理而成，在编辑过程中，参考了国内外的许多书籍资料，并且得到从事管理和培训工作多年的众多朋友的支持与帮助，在此深表谢意。希望本套丛书能成为广大管理人员和培训师的最佳助手和工具，也希望读者朋友将它巧妙地运用于自身的工作和生活，使工作与生活更加丰富和完美。

编　者

2012年3月

目 录

理论篇

1 培训常识 ·· 2
   1.1 培训的含义 ·· 2
   1.2 企业培训的必要性 ·· 7
   1.3 企业培训的类型 ·· 14
   1.4 企业培训的方法 ·· 15
   1.5 培训的系统性和实用性 ······································ 27
   1.6 企业培训常见误区 ·· 29
   1.7 培训面临的挑战 ·· 37
   1.8 最需要培训的几种情况 ······································ 40

2 培训经理概述 ·· 47
   2.1 培训经理的必要性 ·· 47
   2.2 培训经理的角色 ·· 49
   2.3 培训经理的特性 ·· 52
   2.4 培训经理的职责 ·· 54
   范例——某著名企业培训经理岗位职责 ························ 58

3 企业培训文化概述 ………………………………… 60
3.1 培训文化的作用 …………………………………… 60
3.2 从局部到整体的培训 ……………………………… 62
3.3 让培训成为每位经理的工作 ……………………… 64
3.4 让培训成为员工成长的途径 ……………………… 68
3.5 让培训与绩效考核挂钩 …………………………… 70

实务篇

4 建立企业培训体系 …………………………………… 74
4.1 培训课程开发的基本原理 ………………………… 74
4.2 培训课程开发的具体步骤 ………………………… 77
4.3 建立企业分层培训系统 …………………………… 84
4.4 企业分职能培训系统 ……………………………… 99
范例——某公司骨干业务员的培训 …………………… 109
4.5 高效企业培训体系的原则 ………………………… 112
4.6 高效企业培训体系的标准 ………………………… 115
4.7 高效企业培训体系的特点 ………………………… 117
4.8 如何创建企业培训体系 …………………………… 119
范例——日本岗位培训体系 …………………………… 122

5 建立完善的培训制度 ………………………………… 126
5.1 培训制度建立的原则 ……………………………… 126
5.2 必须的培训制度 …………………………………… 128

5.3 岗前职前培训制度 ··· 130
5.4 培训奖惩制度 ··· 131
范例——美国联合航空运输公司的训练与发展政策 ····················· 133
范例——在职员工培训制度 ··· 134

6 拓展企业培训资源 ··· 138
6.1 讲师的基本要求 ·· 138
6.2 讲师资源内外两途径 ··· 141
6.3 内部讲师的训练 ·· 145
范例——讲师任用资格 ·· 149

7 落实培训管理工作 ··· 151
7.1 培训部的工作内容 ··· 151
范例——某知名企业培训部管理功能 ······································· 154
7.2 培训资金管理 ·· 155
7.3 培训档案管理 ·· 157

8 做好培训需求分析 ··· 160
8.1 培训需求分析概述 ··· 160
8.2 培训需求分析的程序 ··· 165
8.3 培训需求分析层次 ··· 167
范例——组织自查表及管理人员自查表 ··································· 175
8.4 培训需求信息收集方法 ··· 185
8.5 培训需求信息收集方法的比较与选择 ····································· 196

8.6 培训需求分析方法 …………………………………… 198
范例——业务员小李的培训需求分析 ……………… 203

9 计划和设计培训 …………………………………… 208

9.1 培训计划概述 …………………………………… 208
9.2 制订培训计划的原则与流程 …………………… 215
9.3 如何编制培训计划书 …………………………… 221
范例——某著名企业新员工培训方案 …………… 222

10 确定培训预算 …………………………………… 226

10.1 培训成本投入与分析 ………………………… 226
范例——企业培训成本—效益分析 …………… 230
10.2 企业如何收回培训成本 ……………………… 231
10.3 如何制订培训预算 …………………………… 233
10.4 年度培训预算 ………………………………… 236
10.5 培训预算的实施 ……………………………… 242

11 实施培训 ………………………………………… 244

11.1 做好培训实施前的准备工作 ………………… 244
11.2 培训实施的控制和纠偏 ……………………… 246
11.3 培训实施后的跟进工作 ……………………… 254

12 建立培训评估系统 ············ 257

12.1 培训评估系统概述 ············ 257
12.2 培训评估系统的构成 ············ 264
12.3 培训评估的种类 ············ 267
12.4 培训评估的项目与形式 ············ 270
12.5 培训评估的时机 ············ 279
12.6 五步培训评估法 ············ 281
12.7 撰写培训评估的书面总结 ············ 289
范例——岗位培训总结 ············ 290

13 加强培训成果转化 ············ 293

13.1 影响培训成果转化的因素分析 ············ 293
13.2 怎样有效地进行培训成果转化 ············ 296

工具篇

14 企业经典培训游戏 ············ 300

14.1 破冰游戏 ············ 300
14.2 激励游戏 ············ 302
14.3 沟通游戏 ············ 303
14.4 协作游戏 ············ 304
14.5 角色扮演游戏 ············ 305
14.6 创新游戏 ············ 307
14.7 领导游戏 ············ 308

14.8 团队游戏 ……………………………………………………………… 309
14.9 晚会游戏 ……………………………………………………………… 310

15 著名企业培训之道 ……………………………………………… 312

15.1 英特尔：培训"偏执狂" …………………………………………… 312
15.2 微软：在工作中倡导终生学习 ……………………………………… 316
15.3 IBM：蓝色"染色机" ……………………………………………… 319
15.4 惠普：实施比理念更重要 …………………………………………… 325
15.5 通用电气:让员工拥有终身就业的能力 …………………………… 330
15.6 雅芳：为员工提供丰富的培训 ……………………………………… 334
15.7 沃尔玛：内训出人才 ………………………………………………… 337
15.8 可口可乐：主业是培训人才 ………………………………………… 340
15.9 麦当劳：培养商战"将军" ………………………………………… 342
15.10 高露洁：锻造"同质"人才 ………………………………………… 349
15.11 迪士尼：员工培训比经理培训更重要 ……………………………… 352
15.12 丰田：标准化实战培训 ……………………………………………… 355
15.13 用友：传播知识体系 ………………………………………………… 359

16 企业常用培训课程教材 ………………………………………… 363

16.1 "组织及沟通"培训课程教材 ……………………………………… 363
16.2 "管理者人际关系技巧"培训 ……………………………………… 368
16.3 "时间管理"培训课程教材 ………………………………………… 372
16.4 "商务礼仪技巧"培训课程教材 …………………………………… 378

目录

附录1：培训术语解释 ………………………………… 386

一般性培训术语……………………………………386
专业性培训术语……………………………………393

附录2：培训相关法规、制度及 培训合同范本………… 400

培训相关法规………………………………………400
培训制度……………………………………………404
培训合同……………………………………………409

附录3：培训实用表单 ………………………………… 415

培训规划表单………………………………………415
培训实施表单………………………………………422
培训评估表单………………………………………425

编后语 ………………………………………………… 431

企业管理培训经理全书

1 理论篇

一流的培训经理,需要掌握扎实的培训基础理论,以便于对培训工作全面统筹与安排,从而建立一流的企业培训系统,创造培训奇迹。

释放你们的潜能，
就是我存在的最大意义……

1 培训常识

一个企业的兴衰强弱、生死存亡从根本说取决于是否拥有足够数量的高素质人才，有则生之，无则亡之。正如丰田企业前总裁石田退三曾经所说："世事在于人，人要陆续培育，一代一代接续下去。任何工作、任何事业，要想大力发展就得给它打下坚实基础，而最要紧的一条就是造就人才。"经过培训的人才是企业航母顺利前进的不竭动力。

1.1 培训的含义

培训的定义

使受训人员通过有计划的、连续的系统学习而获得知识、技能、态度，乃至行为的定向改进的行为或过程，以使其能够按照预期的标准或水平完成所承担或将要承担的工作任务。

培训的特点

培训具有以下特点：

特点一：本质是学习

不管是什么形式的培训其本质都是让受训人员通过不同的方式学学习。通过学习，受训人员能掌握工作所需要的知识、技术，也能通过必要的训练获得各种工作技能。

特点二：有计划的、连续的系统行为或过程

培训是有计划、有目的的行为。人们通常以为让员工上一堂某某讲师的课就是培训，这种理解是狭义的。企业培训应通过确定培训目标，选择、设计培训方案，实施培训，最后对培训效果进行检验，进而反馈、修正这样一个有计划的系统工程，而不是心血来潮的临时意念。

特点三：可使员工和企业达到双赢

培训可以让员工在知识、技能、态度、行为等多个方面取得不断的进步，这对员工将来的发展和实现自身存在的价值使极为有利的！人不学习就会落后，企业给员工提供培训，就是为其创造出各种有利于他们学习、成长的环境！员工的能力上升了，企业的效益自然也会跟着上升，正所谓水涨船高。因此，培训是能够让员工和企业实现双赢的有效措施！

培训的分类

根据不同的分类标准，培训的分类也就不同。现代培训通常可以按照以下标准进行分类。

从培训的层次可分：决策层培训、管理层培训、操作层培训。

从培训的内容可分：专业技术培训、综合素质培训（如语言培训等）、软技能培训（如沟通，团队合作）。

从培训的对象可分：学徒培训、职工培训、经理培训。

从培训时间安排可分：脱产培训、半脱产培训、不脱产培训、业余时间的培训。

从培训的组织形式可分：内部培训、公开课程、CBT学习、研讨会、远程教学等。

从与就职的时间关系分：职前培训、在职培训、上岗前培训。

释放你们的潜能，就是我存在的最大意义……

在比较中认识培训

培训和教育、咨询、开发等都有一定的共同点，但也有它独特的地方。将一些人们常容易混淆的概念进行比较，就能加深对培训含义的认识和理解。

培训与教育的区别

教育是传播人类文明成果、科学知识和社会生活经验并培养人的社会活动。它的传授者一般是老师，接受者是学生。培训和教育有许多相似之处，比如都是学习活动、都有教师和学员等。下面是培训和教育的显著区别：

教育	培训
培训生产力	使现有生产力激增或倍增
培养人力资源	是对现有人力资源的调整、提升与优化
着眼于满足对象的基础性生存要求和专业性要求	着眼于满足发展的提高性、广泛性要求
一般是学历教育	一般是非学历教育
内容往往更偏重于基础性和理论性	内容则往往更偏重于实践性和操作性

培训与开发的区别

培训和开发也有诸多共同点，比如：它们都是一种学习过程；由企业来策划；目的都是通过把学习内容与所期望的工作目标联系起来，从而促成个人与组织的双赢。虽然如此，但二者仍存在一些如下所示的细微区别：

项目	培训	开发
目的	短期的绩效改进	使员工在未来承担更大的责任
关注焦点	目前的工作	未来的工作
与当前工作的相关性	高	低
持续时间	短，具有集中性和阶段性	长，具有分散性和长期性
范围	窄	宽
工作经验运用程度	高	低
参与方式	强制要求	自愿参与

培训与咨询、教练的区别

咨询与顾问建立在自愿的基础之上，作用是提升被指导者的表现水准与自信心，促进其职业发展或全方位进步，双方关系一般比较持久。教练通过开启个人的潜力来帮助学员提升自我认知能力，但不是教育他们。它是通过启发他人为某个特定的目标而制订计划，并鼓励学员有创意地克服障碍来完成计划，通常也是建立在自愿的基础上。

培训是由拥有特定专业技术的人士来讲授特定的课程。企业为了让员工达到学习目的，培训师与受训者之间有时是强制性的、暂时性的，双方也不一定需要建立很深厚的情感联系。

培训与演讲的区别

演讲是以单向式的沟通为主导，讲演者滔滔不绝地讲完就行了。

培训在传播新的理念时有讲演的成分，同时它还能增添了更多的互动的成分或者渗入训练的成分，最终要让学员掌握却是可行的技能或方法。

培训与讲座的区别

讲座是就某专题所做的报告。报告人必须就该专题进行观点的陈述和系统的论证，让与会者都能够心服口服。

培训不仅仅在于从理论上证明，更在于让受训人员掌握到已经被证实事行之有效的经验、技能、知识。

培训与研讨的区别

研讨是对某一个前沿课题展开的研究探讨，它追求的是理论上的创新度、高度和深度。而培训更注重"实用"，不管是观念、技能还是知识都是首先用使用与否来衡量。

培训的内容

培训的内容可以非常广泛，但归纳起来无外乎是知识、技能、态度、行为的培训，这从培训的定义也能轻易得出。

释放你们的潜能，
就是我存在的最大意义……

知识

每个员工都需要不断的学习，当然也包括培训这种方式在内，以使让自己的知识能得到不断更新，更好地适应企业的发展需要。员工不但需要扎实的专业知识，同时也需要广泛的各类知识，才能使自己的综合素质不断提升。这些知识的获得，除了员工自己的学习之外，还需要靠外在的压力来获得的。

技能

有些工作岗位需要专门的技能，这些技能一般都需要经过专门培训员工才能熟练运用，否则工作起来会事倍功半。同时，知识要变成技能、生产力，也得经过一定的培训才能有转化，这样可以减少时间成本，让员工用他的知识为企业创造更多的利益。一般的企业都比较重视技能培训，因为技能培训好了，能很快给企业带来实际效益，因此加强对员工的技能培训应是企业长期的培训战略。

态度

有一句名言叫做："态度决定一切。"态度培训是企业文化建设的重点内容，它能使员工逐渐和企业的目标、价值观融为一体。如果员工不认同企业的文化、价值，态度不正确，那给企业带来往往是损失而不是财富。态度积极的员工，即使暂时在知识和技能上存在不足，但他们会为实现目标而主动、有效地去学习和提升自我，从而最终成为企业所需的人才。但是，要改变一个人的态度不是一件容易的事情，必须持之以恒的进行培训才行。态度培训是企业培训的重点，因为态度的改变可以改变一切。

理论篇

行为

好的员工都会有好的行为,员工的行为在一定程度上就代表着企业的形象。如果企业员工有统一的服饰、统一的行动,那给人的感觉就是这个企业非常正规、出色,这也是众多企业要求上班穿职业装的原因。员工的行为培训也是企业文化建设的一部分,没有一定标准的行为,当然也就不可能塑造出企业想要的企业文化。

1.2 企业培训的必要性

培训的必要性

在公元前326年的一天,马其顿王亚历山大的军队与印度王波鲁的军队发生交战。双方兵力战备如下:

马其顿军队:士兵13000名,其中骑兵2000名。

印度军队:士兵35000名,其中骑兵6700名,战车500辆,战象200只。

战斗结局:印度王波鲁被俘,死亡23000人。

失败原因:波鲁在出征前对部下缺乏艰苦、严格而长期的训练。

没有训练的士兵是没有强大地战斗力的,波鲁在以接近对方3倍兵力,并且拥有3倍多的骑兵兵力的情况下被俘虏,这都是他没有对士兵进行严格"培训"所得到的恶果。

企业不培训员工,一般情况下也许一样可以正常运转,但当遇到竞争对手的拼命厮杀之时,各种致命的问题就会不断暴露出来,这时再来抱怨员工素质不高就为时已晚。

企业培训是势在必行的事情,谁不重视谁就不能在商场上常胜不败!它的必要性主要体现在以下四个方面。

释放你们的潜能，
就是我存在的最大意义……

提高人力资源素质
知识管理
企业竞争力不断提高
塑造企业文化

培训是提高人力资源素质的需要

在人才已经成为一种资源的时代，人么对其得渴求是空前得强烈。并且随着社会得不断发展，企业得不断前进，对人才的要求也来越高，因此提高其素质也就成了必须面对的课题。提高人力资源素质需要通过人员培训来实现。"教育会生产劳动能力。"培训也是一种教育活动，持续的培训能让人才素质得到不断的提升，让其潜能逐渐地发挥完全。

一个刚从学校毕业的工科学生，和一个工程师比起来有着天壤之别，但经过不断地培训，他也能很快成长为一名合格、甚至是优秀的工程师。当他进入工厂时也许会经过这样的培训成长经历：学徒工、正式工、实习工长、工长、助理工程师、实习工程师、工程师。一名学生离开学校，他的工程师生涯才刚刚开始，要是没有足够地培训，尽管他有很好的"工程师潜质"，也很有可能一辈子被埋没。

企业要拥有各种精英人才，必须重视培训，必须加强培训，增加智力资本投资，开发员工创造力，从而发挥人力资本优势，最大限度地挖掘和发挥员工的潜力。这是提高人力资源素质的需要，更是企业生存的根本大计。

培训是知识管理的需要

在知识经济条件下，经济发展的知识含量逐渐增高。知识被人们称为"战略资源"，因而企业的知识管理（即运用集体的智慧提高应变和创新能力）也显得日益重要了，被人们提上了日程。实施知识管理要建立激励员工参与支持共享的机制，其核心在于强调每一个员工——知识创造者的价值和作用，激发员工的创意是知识管理的首要任务。知识管理的特点和企业培训员工的目的和任务是一致的，因此培训也能为知识管理开辟道路。

培训可以使员工更新观念，改善"心智模式"，保持对外界环境变化的警觉性和灵敏反应，提高快速反应能力，并使企业在环境变化之前事先做好准备和应对之策，始终抓住市场竞争的主动权。

培训是企业竞争力不断提高的需要

企业的竞争力强弱归根结底是体现在"人才"的差异上面。

企业根据自己的战略需求，从各个方面来着手培训自己的人才，以期不断提升竞争力。企业可以从多个方面培训员工，比如：团队建立、品质管理、顾客服务及全球思维等。这些培训的方面都和企业的兴衰存亡密切相关，没有做好这些工作，企业是难以持续发展的。在新经济时代中，人才就是竞争力，很多企业愿意多投资以提高人才资产的比例，因此会对其进行长期、持久的培训。

培训是塑造企业文化的重要工具

把人力资源管理活动与企业文化相结合，把企业文化的核心内容灌输到员工的思想之中，体现在行为上，这是企业文化形成的关键。培训在企业文化的形成中起到了重要作用。

对员工的培训是全方位的，既包括企业职业培训，也包括非职业培训。并且非职业培训的形式往往是灵活多变的，如非正式活动、非正式团体、管理游戏、管理竞赛等方式都可以采取。在这些培训中就能将企业的价值观念、文化精髓不经意地传达给员工，并潜移默化地影响员工的行为。没有一个员工一进企业就能和企业文化保持完全一致，但为什么那些著名企业的员工总能有极强的凝聚力呢？这就是培训让员工认同了企业文化，并以其为行动准则的结果。

培训的好处

培训的作用是很广的，但归纳起来可以分为两大类：培训对企业对的好处，培训对员工的好处。

释放你们的潜能，就是我存在的最大意义……

培训对企业的好处

摩托罗拉公司前培训部主任比尔·维根豪恩曾经说过："我们有案可查，由于培训员工掌握了统计过程控制法和解决问题的方法，我们节约了资金。我们的（培训）收益大约是所需投资的30倍——这就是为什么我们会得到高层经理大力支持的原因。"具体来说培训对企业有如下好处：

- 利于企业变革与发展
- 快出人才、多出人才、出好人才
- 稳定与激活员工队伍
- 塑造更完美的企业文化
- 培训是高回报投资

有利于企业变革与发展

企业随时都处在变化之中，各种变革都随之而来。变革不但涉及组织战略、文化的改变，原有的工作性质和业务流程都会发生或大或小的变化。要胜任新的角色，就需要调整原有的行为方式和工作技能。如跨部门工作小组的日益普及，对员工的沟通技能和合作技能提出了更高的要求；组织结构的扁平化要求管理者必须学会怎样当教练……培训是让员工顺利转变的有利保证。

快出人才、多出人才、出好人才

培训是保证企业快出人才、多出人才、出好人才必由之路，也是企业竞争力提升的必由之路。

稳定与激活员工队伍

企业员工尽管在知识层次、工作岗位上存在差别，但大多渴望不断充实、完善自己，使自己能够胜任工作，表现出色。当员工无法有效地完成自己的工作时，就会形成工作压力，并在各方面表现出来，如对同事或领导态度很差、工作质量粗糙、损耗增加、公然违反职工守则、忽视或得罪顾客，等等。如果情况继续，迟到、怠工、旷工就会变成常事，最终引致员工跳槽或被辞退，对员工本人和企业都没有好处。

美国媒体曾对全美1000家大、中型公司的近3万名员工进行过一项调查，

理论篇

结果发现，广泛的培训和专业技能提升在留住人才方面正在变得与股票期权同样重要。例如，英美烟草公司甚至在招聘广告上标明公司详细的培训计划。

成功的培训能通过技能的提高，有效减少工作压力和增加工作乐趣。培训让其工作更主动、更积极，这无疑能给企业创造更多得利益。

低投入高回报

据美国培训与发展年会统计：投资培训的公司，其利润的提升比其他企业的平均值高37%；人均产值比平均值高57%，股票市值的提升比平均值高20%。企业每对培训投入1美元，产出就过50美元。

企业规模越大，对企业各方面业务进行协调的难度也就越大。当企业规模达到一定程度后，管理的效益递减。企业管理只是一方面而已，其他众多的方面，如营销等，方方面面的问题一旦不及时解决，那就会积聚扩大，最终令企业步履维艰。以少量资金投入培训，就能提高企业员工的自身思想道德素质，达成共识，形成合力，增强企业凝聚力和员工自觉性，协调集体与个人利益关系，化解矛盾，理顺情绪，沟通思想，减少信息不对称和委托代理成本等。这些相对于所投入的培训成本，无疑是一项高回报。

塑造完美企业文化

企业文化是企业的灵魂，它包含了很多方面，其最大的作用就体现在员工对企业高度的认同感、归属感和强大的凝聚力。通过培训，职工显然会感激企业为他们提供了使自己成长、发展和在工作中取得更大成就的机会，而能力和素质的提高更会促使其注意力的焦点转向更有建设性的方面。每位企业员工都围着企业的大事去思考，企业的凝聚力在无形中就会增强。

在这里特别说一下培训对树立企业形象的作用。企业形象是企业文化的重要组成部分，企业形象的化身就是员工的形象，员工行为代表着企业行为。企业内领导者的能力、素质、魄力、气度和经营业绩、员工技术素质、文化水平、职业道德、仪表装束，对企业的同行和公众留下深刻的印象，决定着企业形象。树立良好的员工形象的最重要的途径是进行员工培训。通过不间断的礼仪教育、规范教育、技术业务训练和心理素质训练，企业经营理念和价值观灌输到员工之中，通过员工的行为传播和实践企业文化，展示企业形象，反映企业精神，赢得顾客信赖，最终转化成企业利益。所以说，培训对企业文化的建立起着至关重要的作用。

释放你们的潜能,就是我存在的最大意义……

培训对员工的好处

培训对员工的好处有以下几个主要的方面。

最好的福利

企业的工资高,奖金多,住房医疗全包,最好每月还有伙食补助等福利,如果再加上工作轻松,那真是人人羡慕的最好福利。然而,国内一份著名财经杂志公布了2000年京、沪、深等地职业经理人的总体情况调查报告,其中在一项福利的调查中,85.7%以上的经理人普遍反映,与医疗、住房等其他方面的福利相比,他们更看重培训进修,认为培训是最大的福利。

利于知识更新

光靠在学校学到的那点知识是远远不能适应现代社会的残酷、激烈竞争的。据美国有关机构的调查,1976年大学毕业生在校学到的知识,到1980年已有50%陈旧过时,到1986年就完全陈旧。英国科学家詹姆斯·马丁预测:人类科学知识在19世纪每50年增长一倍,20世纪中叶每10年增长一倍,20世纪70年代每5年增长一倍。目前,专家估计每3年增长一倍。因此,员工只有不断接受培训,加速知识更新,才能跟上科技发展的速度,也才能在人力市场中有效保值,不被社会淘汰。

利于培养终生学习的习惯

知识在知识经济时代是日新月异,员工要在残酷的竞争中找到自己的一席之地就必须不断的学习。未来求职的竞争不再是知识与专业技能的竞争,而是学习能力的竞争。来自人才市场的信息表明,现在的人才市场从对单一专业的人才需求转向了复合型人才需求。人们只有具备较强的学习能力,才能在巩固原有知识和技能的基础上,向新的领域冲刺,成为市场所需要的多面手。培训的作用一方面可以让知识和技能得到提高,另一方面则可以提高学习能力,养成终生学习的习惯。

企业不培训的危害

"企业培训则多赢,不培训则多败。"企业不培训到底有何危害?下面我们来看看企业不培训会出现的严重后果。

销售业绩下滑

销售人员是企业冲锋陷阵的排头兵,任何评价企业运营状况的数据都以销售业绩为首。然而,在有限的市场需求和激烈的同行竞争当中,销售往往也是最具挑战性、最需要经受考验的岗位工作。如果没有培训,如果没有持续的销售策略和技巧改进,缺乏及时而有效的激励,销售人员往往容易在屡屡受挫之中偃旗息鼓,气馁告败。随之,便引致销售业绩的下滑。

产品品质不过关

产品质量是企业安身立命之本。日本企业生产的产品为什么能够畅销全球,往往被人们认定为高品质产品的代名词?因为日本企业对生产管理的严格和高标准。他们不光制订了产品规格的精确化精细标准,为了达到标准,少出废品,他们在生产线工人身上更是花费了大量精力来进行标准化培训。因此,企业不培训,不光是销售业绩无法提升,产品生产链条也可能会出现一塌糊涂的景象。而如果生产出来的产品都不过关,又如何在市场竞争中立足呢?

人才断层

晚清时期曾国藩权倾一时,其齐家治国之道如今也被众多企业家和管理者所称颂。他曾经用八个字非常精辟总结其用人经验:广揽、慎用、勤教、严绳,缺一不可。其中"勤教"按今天的理解也就是经常培训的意思。通过培训使其

释放你们的潜能，就是我存在的最大意义……

改正错误观念，丰富知识，提高技能，从而更加胜任或者出色地完成任务，尽其职责，实现决策者和管理者的目标。

企业不培训，长久以往，原来的人才变得"不才"，原来的"不才"将更为"不才"，企业人才出现断层，产品开发无法创新，营销策略不能突破。商家战地，"不进则退"，没有了可用的人才，企业运营如何维系？

"企业无文化"

企业文化是凝聚企业人心、气力的无形磁场。它通过一系列的形式和理念来体现，需要经过长期的提倡、宣扬和传播，方能够为绝大多数的企业人所认同，在整个企业形成共识。企业不培训，就无法将企业的价值观和其他理念传达给员工，于是员工之间无法形成统一的企业价值观念，在工作行为中体现出各不相同的标准，在思想上如一盘散沙，不能够在整个企业中形成统一的合力。因此，培训是形成企业文化的一个重要手段。没有培训，企业文化建设难以进行。而"企业无文化"，则使企业最终无法走得更远。

1.3 企业培训的类型

培训的类型有很多，但目的都只有一个，就是希望将员工培养成企业所需要的状态。

目前企业中最流行、最常见的50种培训项目

新进员工定向培训、领导技能、业绩评估、人际关系技能、培训培训师、团队建设、聆听技能、个人电脑实务、招聘与选择、时间管理、解决问题技能、决策技能、新设备操作、开会技能、信息沟通、授权、防止性骚扰、管理变化、安全常识、产品知识、全面质量管理、公共演讲技能、演示技能、压力管理、目标管理、信息管理系统、计算机编程、多元化管理、激励员工、书写技能、谈判技巧、计划、战略管理、市场营销、开发创造力、财务管理、防止浪费、戒烟、职业道德、退休计划、采购流程、阅读技巧、企业再造、外语、推销技能、组织发展、人力资源管理、生产管理、大众心理学、追求卓

越心态。

企业进行最频繁的10大培训项目

新进员工定向培训、推销技能、领导技能、业绩评估、人际关系技能、培训培训师、团队建设、聆听技能、个人电脑实务、外语、市场营销。

企业内部培训的项目

新进员工定向培训、业绩评估、产品知识、招聘与选择、新设备操作、防止性骚扰、开会技能、安全常识、聆听技能、生产管理。

请外来讲师培训的项目

追求卓越心态、计算机编程、信息管理系统、戒烟、培训培训师、时间管理、公共演讲技能、谈判技巧、财务管理和演示技能。

内外结合的培训项目

领导技能、人际关系技能、追求卓越心态、团队建设、个人电脑实务、解决问题技能、安全知识、决策技能、激励员工和管理变化。

1.4 企业培训的方法

演讲法

所谓演讲是指对某一议题有深入研究的专家,经过充分准备后,以口头叙述的方式,将该议题系统地讲述给学员。

应用

以逻辑次序呈现真实的资料。
在争议性的论点上呈现一个或多个观点。
详述个人的经验。
具幽默性,以提升观众行动。

释放你们的潜能，
就是我存在的最大意义……

为刺激思考，对主题加以讨论及更深层研究。

优点

适合任何数量的听众。
比单纯的阅读效果好。
易于安排整个讲述程序。
容易评估其效果。

局限

学员处于被动的位置，不容易调动其积极性。
由于是单向沟通，学员的回馈有限，学习的成效不一定很高。
需要学员能用心倾听。
不适当的环境容易影响倾听的效果。
专家不一定就是好的演讲者。
不易找到好的专家或演讲者。

注意要点

妥善安排好演讲的环境，如场地、音响、辅助媒体等，使所有的学员都能清晰地听到其声音。
避免在太短的时间内灌输给学员太多的资讯，以造成接收不良。
事先发给学员讲演的大纲与摘要，以便于学员了解演讲者的意图、方向和重点。
利用好的故事或其他学员容易理解的材料来阐发观点。
介绍策略，增强效果。
演讲结束后：适当安排问答或讨论，以便于双方沟通，提高学习成效。

辩论法

所谓辩论就是不同立场的参与者面对争议性的议题提出自身看法并反驳对方论点的公开竞赛。辩论可以训练参与者的逻辑思考能力和表达与思辨能力。

应用

充分表述一个主题,调查它的重要性。
深度检视一个主题,解决赞成或反对既定观点的争论。
让参与者能合理的思考。
帮助参与者清楚地思考以及合理地表达自我观点。

优点

能够激发学员参与的热情。
能够为学员提供生动、活泼、热烈的学习气氛。
能为学员提供动态学习的机会与经验。
能够提高学员在具有一定压力的情形下独立思考问题和随机应变的能力。
有助于改变态度。

局限性

议题的研究与准备需耗费相当的时间。
学员的个性差异可能会影响辩论的程序与效果。
必须要有一个类似正式的辩论环境,否则效果难以保证。

注意要点

需挑选正反双方至少各有3人参与辩论。
需要挑选一位有经验的主持人和裁判团,并明确辩论的规则。
准备一个为双方都能接受且具有争议性的论题。
准备一个能足够容纳参与者和听众的场地。
正反双方依序进行论述,最后再进行总结。
裁判团做胜负决定,并做简短的讲评。

研讨法

所谓研讨法,就是使一个团体在一次或多次讨论会中,让每个成员都扮演

释放你们的潜能，就是我存在的最大意义……

正式、重要的角色，而团体讨论会的进行，乃是由被承认的组织（如人力资源部）来规范的一种培训方法。研讨法可以分为分组讨论研讨法、沙龙研讨法、集体讨论研讨法、委员会研讨法、攻关研讨法等。研讨法具有其他培训方法难以替代的作用，它着重于培养学员独立钻研的能力，允许学员提问、探讨和争辩，故可使其从培训中受益匪浅。

应用

在专家指导下更深入地研讨。
专家与参加者观念、意见的沟通。

优点

有利于激发学习者的学习动机、探索精神、批判精神。
有利于培养学习者的逻辑思维能力和科学精神。
有利于培养学习者的综合性的个人能力。
有利于学习者正确客观地评价自己的优缺点。
有利于增强培训师与学习者之间的思想和感情交流。

局限

对培训师素质要求较高。
选题难于满足所有人的兴趣点。
研讨法组织与实施起来比较复杂和困难。
研讨难于组织，易于为少数人控制局面，或者出现冷场现象，内向型学习者参与度不够。
学习者主动参与的热情不高。
不利于评定个体效果和成绩。

注意要点

主持在一开始就要致力于营造可激发运作及松弛的气氛。
应鼓励成员参与整个讨论，使那些害羞或惧怕被提问者能融入其中。
采取有效方法来平衡具争论性的主题。

确保在讨论时每个人的发言都要紧扣住主题。

研讨会的成功归功于用心研究、发问者的技巧及每个成员的积极参与。

示范法

示范是指在学员面前展示某种动作、解释某种程序或技巧，以使学员能重复相同的动作或程序。

应用

介绍新的过程、技术或教授某种特殊技能。

讲授特殊任务。

强化主题意义或概念。

介绍新的产品。

说明或引述在训练计划中的一些主题。

优点

示范的程序比较具体，可重复进行，能在做中学，掌握快，见效快。

学员可以亲自尝试，对学习非常有利。

所谓的"百闻不如一见"，其效果比单纯的听或读要好得多。

能够利用真实的事物或模型。

局限

学员人数不宜太多。

常需要特殊的环境加以配合，如场地、设备、材料、温度、灯光等。

要耗费较多的时间和金钱。

注意要点

准备好相关的材料与设备，场地的布置应使所有的学员都能看清楚细微的动作。

示范人员应有丰富的经验及良好的标准动作。

事先说明示范的目的及希望达成的目标。

示范时可配合适当的讲解或其他媒体，使观看的学员均能体会示范的内容与目标。

间断性地进行示范，使学员能够获得较完整的概念。

可以多示范几次，让学员彻底熟练整个过程。

示范后可根据学员的需要说明重点或回答学员的问题。

个案研究法

个案研究就是指藉由口头、书面、或影片等辅助资料，再经讨论程序，以求得对特殊议题的确认与了解。

应用

阐述解决问题的技巧。

呈现问题。

讲授解决问题的程序。

建立一个完整的蓝图。

优点

能掌握相关细节。

可以帮助学员学习分析问题和解决问题的技巧。

能够帮助学员确认和了解不同解决问题的可行方法。

局限

可能需要较长的时间。

可能同时激励或得罪不同的人。

与问题相关的资料有时可能不甚明了，影响分析的结果。

注意要点

研讨前要提供充裕的时间让学员阅读相关的资料。

主持人应详细介绍议题，并解释研讨之个案与学员应有的表现或成果。

采用小组形式寻找答案可能效果更佳。

主持人要适时引导研讨以便于达到研讨的目标。

在任何的个案研究中，学员有杰出的表现是令人满意的，但不要过分在意这样的表现。

所选案例最好来自真实的问题，但切忌透露相关人员的真实姓名。

参观法

参观就是指针对某一特殊环境或事件组织学员作实地的考察和了解。参观可以用于某些无法或不易于在课堂上讲述的议题。通过参观帮助学员了解现实世界的一些真实情况，了解理论与实际之间的差距。

应用

研究无法在课堂讨论的事务。

让理论和实际联系更紧密。

刺激学员兴趣。

证明在"领域内"或"工作环境"中行动的过程。

和自己工作环境相同的工作者谈话。

优点

能够激发学员对实际问题的关注。

观看真实的事物，能让学员更容易接受相关知识。

可加强学员与外界间的联系。

学习气氛较为轻松。

局限

交通与食宿费用可能较高。

计划与安排行程可能相当费时。

学员的实际参与程度可能较低。

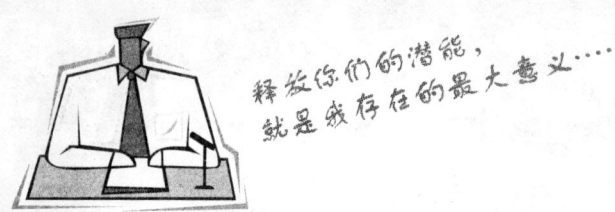

实际行程的安排不见得合乎学习目标。

学习成效可能不高,易流于玩乐而忽略了学习。

发生意外危险的可能性比较大(如受伤或生病等)。

注意要点

应事先详细计划以确定时间和有关细节,联系参观的地点及有关人员。

准备详细的行程表、地图、参观地点简介等书面材料。

应提供一定的休闲娱乐。

要留一定的富裕时间,以应付意外情况。

出发前,应使学员了解参观的目的、学习目标及相关细节,以提高学习的兴趣及成效。

每一参观行程结束后,进行简短的讨论以加强学习效果。

参观完后应有详细的报告,以使计划更有意义。

角色扮演法

所谓的角色扮演法指的是设定一个最接近现场状况的培训环境,指定参加者扮演某种角色,借助角色的演练来理解角色的内容,从而提高学习者主动地面对现实和解决问题的能力。

应用

为了让学员获得某种技巧。

检验人际关系中的问题。

找出可行的方法来解决问题。

使团队内省,让他们各持不同的态度。

优点

激发学员解决问题的热情。

能够提供在他人立场上设身处地思考问题的机会。

增加了学习的多样性和趣味性。

能够激发热烈的讨论，使学员各抒己见。

表演者可简单、清楚地解释出文化上的差异。

避免可能的危险与尝试错误的痛苦。

局限

观众的数量不宜太多。

演出效果可能受限于学员过度羞怯或过深的自我意识。

注意要点

要准备好场地与设施，使演出学员与观众之间保持一段距离。

演出前要明确议题所遭遇的情况。

可由不同组的学员重复演出相同的情况。

谨慎挑选演出学员与角色分配。

鼓励学员以轻松的心情演出。

可安排不同文化背景的学员演出，以了解不同文化的影响。

电脑化训练法

电脑化训练就是应用电脑快速计算、整合、探求数据相互间的关系，或寻找资料，以提升相关知识和技能。

应用

学员数量极多、工作场地分散，难以匀出空当时间的情形。

需要将学习内容与学员回馈标准化的训练等情形。

优点

可降低训练时间。

可以配合学员的业余时间。

可以提高训练的成效。

可减少相关昂贵设备的损坏。

可以降低学员的差旅时间与费用。
当学员数量极多时，可降低训练的成本。

局限性

学员需要具备基本的电脑知识。
初期发展阶段需投资相当的成本去购买电脑设备。
自行开发训练软件需花费一定的时间，且成本较高。

注意要点

准备良好的学习场所与配备齐全的电脑设备。
对毫无电脑基础知识的学员要先教授基本的电脑知识。
上机前要先研读有关的资料，严格按照指定的程序进行操作。
电脑化训练可配合其他学习方法，将更有成效。

游戏法

游戏法通常是最能吸引人们参与培训的方法，可以说因为有了游戏，才改变了人们心中培训呆板而又乏味的观念。

应用

需要将培训气氛搞得更活跃时。
游戏内容和培训项目有密切联系时。

优点

能增强学员的趣味性。
能加强学员的参与性。
成本往往比较低。

局限

需要完善、明确并容易操作的规则。

理论篇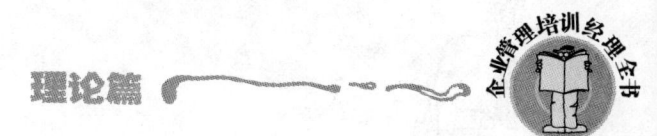

学员容易只关注游戏本身，而不将其与学习、工作相结合起来。

注意要点

制订游戏规则。

如果没有限制，会使游戏变为一场闹剧，只有制订游戏参与者的约束规则，使游戏有章可循，才能顺利进行。同时要对比赛的规则要进行细化和量化。

游戏需要结果。

游戏的目的是使参与者通过游戏活动，加深对知识的认识和理解。有的游戏最后要在竞争中决出胜负，这对胜者是一种鼓励，对负者也是一种激励。

游戏提倡竞争。

培训中引入竞争意识，并贯彻在教育游戏中，这是游戏所要遵循的一条重要原则。

影响培训方法选择的主要因素

在培训当中选用何种培训方法，往往受到诸多因素的干扰，经常需要考虑的因素主要有：

培训的目的

培训的目的对培训方法的选择有着直接的影响。根据需要培训的内容和目的，一般可将培训分为一般性知识了解培训、掌握技能性培训等。根据这样的分类就可以选择相关的培训方法，如：一般的知识了解就可以选用演讲法等，而要掌握技能则选用示范法、角色扮演法等更佳。

时间的长短

由于各种培训方法所需要的时间的长短不一样，所以，培训方式的选择还受着时间因素的影响。有的训练方式需要较长的准备时间，有的培训实施起来则时间较长，这就需要根据企业组织、学习者以及培训教员个人所能投入的时间来选择适当的培训方式。

释放你们的潜能,就是我存在的最大意义……

开支经费的多少

有的培训方式需要的经费较少,而有的则花费较大。如演讲所需的经费一般不会太高,差旅费和食宿费是主要的花费;而示范法则可能花费惊人,如各种配套设备购买等需要投入相当的资金。因此需考虑到企业组织与学员的消费能力和承受能力。

学员的数量

学员人数的多少还影响着培训方式的选择。当学员人数不多时,角色扮演将是不错的培训方法;但当学员人数众多时,演讲法、研讨法可能比较适当。因为学员人数的多少不仅仅影响着培训方式,而且影响着培训的效果。

学员的特质

学习者所具备的基本知识和技能的多少,也影响着培训方式的选择。例如,当学员毫无电脑知识时,电脑化训练就不太适用;当学员大多数分析能力欠佳并不善于表达时,辩论方式将难以取得预期的效果。因此,培训方式的选择还应考虑到学员本身的知识状况和应对能力。

相关科技设备的支持

有的培训方式是需要相关的科技知识或技术工具予以支持。如,电脑化训练自然需要电脑的配合;示范法也可能需要特殊的道具。所以,培训单位或组织能否提供相关的技术和器材,将直接影响着高科技训练方式的采用。

1.5 培训的系统性和实用性

培训的系统性

所谓系统是指同类事物按几个相关联的要素组合在一起的整体，是为达到同一个目的的群体性组合。培训也是有其内在的系统性的，如果没有做到系统性，培训就会出现断层，效果肯定不甚理想。

培训的内容不能缺乏系统性

培训的内容需要经过精心的研究和确定，要有针对性，而不是随意的。目前国内很多企业进行的培训多是简单的知识或技能，如：企业介绍、产品知识、产品推广方法、电脑操作、财务常识等，内容的相关性很差。往往是看见别的企业做了什么培训或者流行什么培训，也就跟着做，而不管企业培训的对象是否合适。

企业培训的内容可以概括为三大类，如上图所示，每一类中包含很多子类，如知识类中可以包含企业常识、企业组织纪律、企业制度、企业文化、新文化新技术、专业理论、市场营销知识、管理知识、国内外的法律法规、竞争者的资料等；技能又可以分为管理技能、交际技能、办公技能、销售技能、服务技能、电话沟通技能、演讲技能等等。具备了以上三类培训内容是不是就能称为有系统性了呢？答案是否定的。要使培训内容有系统性，在有了这三类培训的基础上还需将每个子类分成低、中、高三个层次，才能适应不同岗位的人

释放你们的潜能，
就是我存在的最大意义……

员或水平不同的员工的培训需要。同时，还得注意培训内容要跟进企业发展，要保持不断的修订、完善、淘汰和更新补充。

培训活动不能缺乏系统性

培训活动没有系统性也是培训不能取得良好效果的一个致命原因。

培训活动一定要有计划，不但要有计划，还应有短期计划、中期计划、长期计划和企业的发展计划相对应。每个计划的实施又应该分析具体的需求、制订培训预算和计划、实施完了还应有相应的评估等等。只有这样，才能让培训活动发挥其最大效用。但有些企业的培训活动往往是由上级指派任务，然后培训工作者充当的是实施者的角色，培训活动也没有连续性，往往是半途而废，更谈不上体现发展的特点。不管企业处在什么样的发展程度，都应想方设法让培训活动有系统性，否则培训投资就可能会得不偿失。

培训的实用性

实用性使任何有生命力的产品所具备的共同特征，没有实用性的东西是没有人要的。培训也不例外，企业花了钱做培训，如果对企业不实用，培训回报就无从谈起了。就如眼下流行的企业网站为什么有的人气极旺，有的却门可罗雀，原因就在于实用与否！大多数用户对企业网站采用的各种音频、视频图像、动画等内容没有特别的感觉，吸引用户重复访问的网站往往不是因为漂亮，而是由于页面下载速度快、商品信息丰富、具有良好的顾客服务等实用的东西存在。培训没有实用性的原因主要有以下几个方面。

培训需求调查不够

有什么样的需求，才进行什么样的培训，培训要有针对性才能收到良好的效果。培训活动开展之前没有进行培训需求调查，完全按照上级的指令办事或者仅凭自己或本部门员工的推断，结果出现培训的内容根本不是参加培训者所需要的。有的做了需求调查，但得出的结论不准确，这同样等于没有做需求调查，培训也是没有针对性的。如学员需要进行有关电脑应用方面的培训，结果派学员参加一个电脑培训班，学到一半才发现这个培训班主要讲授的是高级程序语言，而学员只需要掌握基本的办公软件的应用就可以了，从而出现培训需求与培训供应错位的现象。因此，不但要做培训需求调查，还一定得调查准确。有的企业培训则重复性较大，甚至将内容完全相同的培训再重复培训。要使培训具有实用性，做好培训需求调查是必不可少的。

培训内容过于理论化

理论对我们有指导作用，但如果培训内容过于理论化，没有和企业的实际情况相结合，那么培训的理论内容也难于实际运用到工作中，培训的实用性也大大降低了。曾经有一家企业导入了全面优质管理体系，给所有的员工都进行了培训，但培训结束后没有出台一系列的政策和管理工具，结果过了一段时间后发现一点效果也没有，反到白白花掉了很多"银子"。只好宣告失败，像此类事件比比皆是，不胜枚举。培训内容需根据企业的实际情况来确定，即使是有理论的成分也要使其能起到指导的作用，否则培训活动的实用性也将大打折扣。

培训方法不当

培训方法本身并没有优劣之分，只是看我们能否将其用在最恰当的地方。培训需求调查好了，培训内容也很实用，但如果没有将培训方法选择恰当，培训的效果一样可能很差。培训销售人员仅仅靠在课堂上的理论讲授无法达到提高销售技能的目的，培训生产作业人员仅仅靠课堂讲授，培训出来的学员也难以胜任具体工作。因此，不同的培训内容，不同的培训对象、不同的培训环境和不同的培训资源都会影响到培训方法的应用。对于培训方法的选择一定要灵活，不能生搬硬套。

1.6 企业培训常见误区

早在70年前，美国的卡耐基就开拓了企业人才培训这一行业。在我国，随着经济的发展，不少国内企业在观念上开始重视培训，实施培训的也不算

释放你们的潜能，
就是我存在的最大意义……

少；企业聘用咨询公司，借助"外脑"促进自己的成长也已呈现日益上升的势头。

然而我国培训行业还处于发展期，还存在不少的问题。特别是国内企业对培训价值、培训方法等方面缺乏正确的认识，一些错误的观念会压抑培训的发展或者将培训引入歧途。正如古希腊哲学家所言：阻碍我们进步的，不是工具本身，而是我们该死的观念。下面我们将企业培训工作中容易陷入的常见误区一一列举，以供培训经理检照思考之用！

误区一 培训万能论

这一论调是一个极端，对企业是非常有害的。有些企业不管出现什么问题都认为培训能够解决，也不进行可行性分析和考察。对培训的期望值太高，甚至认为一两次培训就应该使一个企业脱胎换骨而实现升级。

企业很难理解为什么受过很好培训的员工，业绩仍然不好。它们不会反省，既然没有给部下和员工创造相应的工作条件，也没有给予他们相应的自由，这就不能够要求他们有新的表现。

企业进行培训，尤其是对干部的培训，非常像一个人吃补药加营养。"补药"本身的质量好坏固然是一个重要的因素，但是，这个人的身体机能与"补药"的特性是否般配是关键。在企业培训的过程中，我们要避免这种性质的事情发生。遗憾的是企业中却往往少有人察觉，尤其没有引起企业高层管理人员的重视。

误区二 培训无用论

这是相对于培训万能论的另一个极端。从我国目前的经济发展状况的宏观面看，企业做培训有着必然的趋势，任何一个想长期生存的企业必须重视这一点。从企业的微观角度看，培训具有"先搞先得益"的明显特点，与其被迫不得不搞，不如主动去搞，能比竞争同业领先一步，人才就可能转化成极其宝贵的竞争优势。培训无用论可以分为两种，一种是直接论，即认为培训不能增强企业员工才干，反而耗费员工的工作时间；另外一种是间接无用论，认为培训不能让员工在知识、技能、态度、行为上改进多少，对企业也没有多大益处，即投入大于产出。

造成培训无用论的根源在于企业还没有真正认识到终生学习的重要性。现在的企业竞争日益激烈，知识更新速度也非常快，如果不跟上时代发展，不充实自己的企业，企业僵死一团是难免的。企业应主动提供企业所需的知识技能培训，从企业内部着手，进行人才开发，使企业增强活力和竞争力。中国有句名言："问渠哪得清如许，为有源头活水来。"如果企业对培训不重视、不使员工积极投入培训，怎么能使企业保持生机勃勃的势头？

误区三 培训要马上见效

许多企业管理者经常这样说："要培训可以，但必须让我马上看到效果，否则培训是没有必要的。"培训是有效的，但却不会立竿见影。"十年树木，百年树人"，培训所传递的资讯、观念和技能，要通过受训人员的消化吸收才能反映到工作中去并起作用，这需要一个时间过程。

第一，将培训学到的知识或技能转化为能推动生产力的行为需要时间。第二，员工不一定马上就有将培训所得的知识或技能用于实际生产的机会。这是培训不能马上见效的两个原因。

作为企业管理者，不仅要努力创造机会，让员工有机会参加各种培训，更要为他们提供实践的机会。同时还应对员工进行激励和指导，鼓励他们多加练习，早日将所学到的知识或技能变成企业的生产力。

误区四 只注重培训讲师

现在国内的企业培训大都是把绝大部分的培训费用花在了培训讲师身上，但一个讲师能否给企业带来物有所值的课程则是问题。国内的一些培训企业经常是这种状况：请个老师，然后去书店里买一本书来做教材，找个教室，就完成了一次培训，根本不管有几个章节对客户有用。所以培训不能只注重培训讲师，对培训讲师个人依赖程度过高。

在国外，如果是外聘培训课程往往是找专业的培训机构来做，培训机构会

释放你们的潜能，
就是我存在的最大意义……

根据客户的具体需求和现实情况去制订一个培训框架，在这当中一般都会在企业实地考察一段时间，发现企业的问题之后才有的放矢地制订出培训方案。培训师在这里只是作为执行的一个部分，他们注重的是整个培训团队的协作，包括培训顾问怎么去了解客户的需求、课程制作部门怎么样去把课程做得更好，然后是培训讲师怎么去讲，还有后期的跟踪服务怎么样去做。因此我们的企业在外聘培训课程时，也应该找有如此能力的培训机构进行"专业"的培训。

误区五 培训是浪费金钱不能产生利润

企业的最终目的都是盈利，因此也很自然用能否产生利润来衡量培训工作的价值。由于培训给企业带来的效益往往都不是立竿见影的，很难看得见、摸得着，但培训的花费却是有目共睹的。出于短期成本收益的考虑，不少企业往往在出现问题或企业停滞不前时才被动地去找培训师。

然而，培训是一个系统工程，不仅是一个人员配合的系统，更是时间合理分配的系统。"一阵风"的培训使企业"头痛医头，脚痛医脚"，根本问题不解决，致使企业跟不上市场，往往步人后尘，处于被动挨打的局面。甚至出现企业运作混乱的现象。有的企业就干脆不再花钱给员工培训。以此降低企业成本。但结果往往是适得其反，员工因为培训不足，导致工作不熟练、经常犯错误，这将给企业造成更大的损失。这些损失会使企业的直接成本上升，如果情况继续下去，企业为之付出的代价是不可计量的，最终将危及企业的生存，阻碍企业的发展。

误区六 培训跟着形势走

世上没有包治万病的药方，同样也没有适合所有企业的培训课程。有的企业就是看见市场什么课程热门，就让员工参加什么课程的培训，完全跟着形势走，没有自己的思维与主见。目前国内很多课程都比较陈旧，主要是一些学术性的课程，企业培训的课程非常缺乏。就目前国内风行的MBA课程来说，MBA课程在国外主要是用于个人的素质能力思想方法的提升培训；但企业培训针对的不是个人，而是整个企业，致力于提高企业团队整体素质的提高。在引进课程的时候，应多引进一些课程实用性和互动性强的课程，这些课程能让企业明白培训为什么能够真正地帮到他们。

误区七 忽视培训的艰巨性，过于乐观

培训不是一蹴而就的事，它不仅需要领导重视、参与，需要培训师的艰苦努力，还需要员工积极的配合和长期系统的训练。培训不可能是一对一地给员工做，都是大量员工在一起培训，每个员工的学习能力、领悟能力、吸收能力、转换知识的能力都不一样，因此学习的效果也会有着巨大的差异。

培训不但需要好的讲师和课程，还需要学员的积极配合与参与，否则培训效果肯定大打折扣。过于乐观，把目标定得过高，必然干扰教学两方的进度，影响学习效果。因此要对培训的艰巨与效果都要有正确的认识和评估，只有这样培训才能取得最佳效果。

误区八 认为培训是"为人作嫁衣"

员工学成了就跳槽，受训员工离职是培训给企业带来的一个十分普遍令人头痛的问题，也是培训发展的一大障碍。其实，企业没有必要为这个问题过分地担心，只要措施采取得当是完全可以避免的。

有句哲言："没有完全一样的两片树叶。"同样，也没有完全一样的企业。假使一个企业培训体系是紧紧围绕本企业建立的，它一定会把企业各种人才进行合理的配置。它所培训的人才，一定是只有在本企业中才能发挥最大效用的。企业的软环境就像一池水，人才就像鱼。企业的人才流失到其他的企业，软环境一般都存在很大的鸿沟，具体体现在价值观、管理理念以及企业文化等多方面。当鱼过去发现环境不一样时往往又会游走，因此不必担心你培养的人才会给你的竞争对手捡到便宜。真正对企业有用的人才都得由企业自己来培养。即使你现在培养的人才流失了，但只要你的培训机制在，就会有源源不断的人才产生。

释放你们的潜能，
就是我存在的最大意义……

误区九 笼统培训管理层

现代企业组织里，管理人员是中坚力量，起着承上启下的衔接沟通作用。如何区分不同层面的管理人员并实施不同的培训内容，是目前大多数致力于培养一支出色管理队伍的企业亟待解决的问题。虽说管理人员均须学习和训练沟通、协调和激励的能力与手段，但因工作层面不同。所学内容应有所侧重。管理部门大致分为衔接企业各职能部门的中间管理层和对生产第一线执行管理职能的直接管理层，后者因与实际操作员工最接近，其管理素质直接影响员工的积极性和对企业的忠诚度，但现在许多企业往往忽略对此类管理人员的培训。因此，对管理人员的培训是要分层进行的，这样能让培训有针对性地为企业服务。

误区十 新员工会自然地熟悉工作

据统计，约有80%的企业没有对新员工进行有效的培训，就立即将之分配到正式工作岗位上去。其可能的理由是：随着时间推移，新员工会逐渐适应环境而胜任工作的。事实上，这是拿员工和企业的命运"开玩笑"，因为不进行新员工培训，或敷衍了事，实际上是把新员工的成功寄托在其本身的适应能力以及其所处的小环境上。然而，新员工若在长时间内不能提高其绩效，不能适应新的人、物和事，就会产生强烈的挫折感和失落感，离职就成为其无可奈何的选择。

新员工培训是企业员工培训一个非常重要的环节，不但能让他们学到必要的企业相关文化与知识，更重要的是能让他们感受到企业对他们的重视，以及企业培训机制的好处。新员工培训能让员工了解企业文化，一旦员工认同了企业，以后的各项工作就能非常顺利地进行。否则将会事倍功半。

误区十一 基层员工不需要培训

每一个岗位都有自己的作用，基层员工技术水平的高低，直接影响到产品的质量。如果不对基层员工培训，他们往往不能认清自己在企业中的位置和作

理论篇

用，从而也就得过且过，当一天和尚撞一天钟，丧失了工作的热情、积极性和创造性。一般的基层员工都往往把主要期望寄托在经营者或

若管理者个人身上缺乏对自身努力的追求和对管理制度的认同，则会影响个人潜力的发掘。作为企业领导或培训制订者应充分注意到这点。实践证明，操作员工缺乏相应的培训，其技术水平就会停滞不前，西方企业心理学中称为"高原现象"。因此，企业必须为操作层面的员工寻求新颖的实用的训练方式。

误区十二 决策层不用培训

决策层是企业的掌舵人，如果他们指引的方向一旦错误，那整个企业就只能走向衰亡。现代企业之间的竞争惨烈无比，市场环境瞬息万变，企业决策者是否始终都能把握到关键所在，做出对企业最有利的决策呢？决策层不但需要培训，并且他们的培训是最为重要的，他们所要学习的层次更高，对企业的影响则是致命的。恰当的做法是组织领导者进行学习，将他们送到产生职业企业家和经营者的训练基地，在决定企业经营方向、生产营销规划、分配制度和人力资源配置等方面提升他们的理论知识。由于平时决策层不用时时为企业拿主意，也没有做很多具体的工作，因此有的人就认为决策层是不需要培训的，要开口时开开口就行了，这样的观念一定得及时纠正。否则后果不堪设想。

误区十三 市场不是培训出来的

"培训能出市场吗？"这是许多企业经理们常问的口头禅。这个说法一般都能赢得相当多经理人的认同，尤其是一些目前经营状况良好、销售、业绩骄人的经理，即使嘴上不这么说，心里也很有道理地就这么认为，对现状的满足和自负，是这些经理们共同的特点。在这样的情况下，他们忽视了对导致自身成功的环境"外因"的分析，又往往使他们错误地总结出自以为可以"放之四海而皆准"的经验。有了这样的经验，他们说话之时自然是理直气壮。

培训对占领市场真的无用吗？当然不是，从那些世界顶级企业的经验不难看出，他们即使是市场份额独占鳌头也不会丝毫放松对培训的要求。可能过去

释放你们的潜能，就是我存在的最大意义……

的市场确实不是培训出来的，但是，面对今天市场竞争的激烈，设想明天市场争夺的残酷，谁敢说自己的企业不需要培训呢？培训也许不能马上看到销售业绩的提升，这是因为员工要将培训所得到的东西运用到实践中是需要一定时间的。培训给员工带去的知识、技能是有限的，更重要的是让员工养成孜孜不倦、自动自发以及永不服输、坚持到底的学习和工作精神。有了这样的精神，对知识、技能的学习都不在话下，占领市场同样也不再困难。不要一叶障目，不见泰山，真正出色的销售人员除了在市场中摸爬打滚之外，还要不断培训以提升自己的综合素质。

误区十四 培训没有系统性、前瞻性

中国的企业培训很多地是突发性地去做，缺乏系统性、前瞻性。比如说中国加入WTO了，企业要提高竞争力，所以要做培训；又比如听说项目管理很好，大家就都去做一下项目管理的培训，至于这个项目管理到底适不适合企业的做法，做了项目管理会不会对企业有所改进，企业却没有一个整体的考虑。这就是典型的为了培训而做培训的例子。如果经过系统的分析，也许会发现，现在做项目管理的培训并不是当务之急，而团队建设则是首先要做的事情。没有一个坚强有力的团队，一切都是一盘散沙，其他的工作都不能取得最好的效果。

我们看看国外优秀企业是怎样来做培训的：基本上它们做培训的目的是比较鲜明的，企业有一定的理念和操作的方法，它们希望通过培训能把这些内容统一下来，使企业的每一个员工都有一个统一的价值方向。每年开始都会对培训计划有一个比较完整的定义，比如今年要对销售整体人员在顾问式销售方面有所改进，对客户的关系方面进行改进……这些内容在年初的培训计划中会清楚地罗列出来，然后按照这个方向去做，它们希望企业的每一个员工都能达到它们期望的水准。并且，每个员工哪些地方需要培训，它们也都会经过考核而进行确定，而不是一窝蜂地大家都去做同样地培训。每个员工的档案里都会有现在的能力情况的考虑，哪些方面需要加强，那么就需要进行培训。然后在年底时看员工在经过相关的培训后有没有达到目的，如果达到了目的，才会给员工进行升职、加薪、发展到更好的职位。这就是一套比较完整的体系。

误区十五 培训是培训部的事

人们常可发现这样的现象：培训部几乎包揽了所有的培训工作，如制订培训计划、落实培训、跟踪培训效果等，其他部门仅仅是提供受训人员名单，顶多再加上提出简单的培训需求。有相当一部分人，甚至很多管理者认为，培训只是培训部门或人力资源部门的事，与自己无关。培训做好了，是你应该做的，培训做不好，自然把全部责任归咎到培训部门。其实培训并不只是培训部门的事情，它是一个系统工程，需要各个层次，各个部门的人员通力合作才能取得好的培训效果。下表是企业各力量在培训中所扮演的角色。

企业各种力量角色对比表

培训行为	最高管理层	职能部门	人力资源部	员工
确定培训需要和目的	部分参与	参与	负责	参与
决定培训标准		参与	负责	
选择培训师		参与	负责	
确定培训教材		参与	负责	
计划培训项目	部分参与	参与	负责	
实施培训项目		偶尔负责	主要负责	参与
评价培训项目	部分参与	参与	负责	参与
确定培训预算	负责	参与	参与	

1.7 培训面临的挑战

企业培训主要面临以下三个挑战：

缺乏对教育的深层次认同。

缺少高层次的培训机构。

没有来自政府的足够的压力。

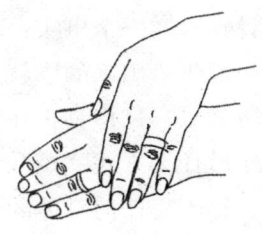

释放你们的潜能，
就是我存在的最大意义……

缺乏对教育的深层次认同

现在已经进入知识经济时代，如果没有对知识重要性的高度认识，企业经营者是难于持续对企业培训投入巨大人力、物力的。他们需要培训往往是为了解决已有的问题，而不是把培训看成是企业不断前进、增值的必需手段。经营者缺乏对教育深层次认同表现在以下几个方面。

成功靠"经营"

自改革开放之后，中国的市场经济才活跃起来，当时那些被称为没有"铁饭碗"的人最早下海经商，他们也是最早富裕起来的一部分经营者。他们之中绝大部分的生意哲学就是"成功靠经营"。这种在一定的特殊时期能够成功的"哲学"并不一定是任何时候、任何地方都能行得通的。现在的市场环境已非昔日能比，企业的发展、管理也越来越正规、科学。有这种观点的经营者当企业出现问题时，管理者的第一个反应往往是在经营上找原因，而对管理技术上存在缺陷的可能性不屑一顾，找不到时就一筹莫展，唯叹"时运不佳"而已。

经营只是企业成功的一个必要条件而已，企业成功需要方方面面的因素配合！管理落后、技术陈旧、没有有力的市场推广等，任何一个环节都可以让企业全军覆没。如果企业能在深层次上认同教育、培训，就不会是头痛医头、脚痛医脚了，而会自觉地先让自己接受教育和培训来让企业更好地发展，当然企业的培训工作有了经营者的支持会收到更好的效果。反之，如果经营者没有深层次的认同，企业培训工作将会困难重重。

大多数企业家缺乏高学历背景

我们可以看到这样一个事实：现在许多成功的企业家，大多是凭自己的特殊才能，一刀一枪拼杀出来的成就。他们中的大多数缺乏高学历背景（注：这里所谓的高学历背景，是指真正在高等院校里上过几年学，而不等于履历表里所填的、不知通过什么方式"搞"来的毕业证书）。当然，造成这种状况主要是历史的原因，怨不得任何具体的个人。但，这却让企业经营者很容易对成功进行误判，以为一个人的成功，关键是这个"能"那个"窍"，而教育和知识帮不上多少忙。

理论篇

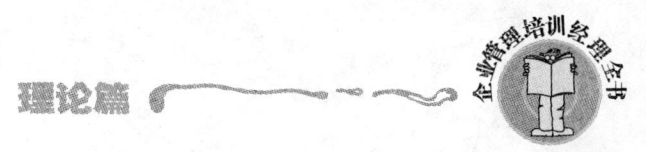

正是有这样的经历和成功，因此许多经营者不重视教育和培训。当然，情况正在逐步改善，IT行业的兴起，知识经济的到来，越来越多的年轻、知识型富翁的产生，这些无疑都给那些不重视教育和培训的企业家敲响了警钟。如果你是培训经理，而老板不但缺乏高学历背景还不重视教育、培训，那你就一定得多让老板感受到教育和培训的价值，否则你的培训工作将无从开展！

缺少高层次的培训机构

现在市场上的培训机构虽然很多，但真正高层次、含金量高的培训机构少之又少！目前各培训机构之间办学、培训内容相似性比较大，培训机构大都喜欢开办热点课程。跟随型的培训企业在市场中的比例要占到70%左右。这只是表现之一，更为严重的是培训师的质量和培训机构的质量普遍不高。

培训师缺乏已经成为制约管理培训市场发展的瓶颈，市场上急需的既有理论知识，又有实践经验的专家少之又少有些人听过某讲师讲课三遍后，也即登台上课培训。尽管这些人口才好，但是由于他们没有实际解决问题的能力，所以对学员提出的一些问题往往无法解答，而这样的培训师目前并不少见。同样，培训机构的问题也不少，培训界有一个耐人寻味的现象：培训机构自身的经营困难重重，却还面无愧色地开展经营战略的培训；自身的人力资源管理问题多多，但还打肿脸充胖子开展人力资源管理的培训。有的培训单位只有一个教师、一间房子、一本教材就开始培训。培训市场上的培训机构多如牛毛，但真正有实力、有水平的培训机构却凤毛麟角。

高层次培训机构的缺乏，也为企业要做好相关培训增加了难度。首先要做的就是辨别真伪，只有找到货真价实的培训师才能真正取得效果。

没有来自政府的足够的压力

企业培训虽然是企业内部事务，但作为社会的企业，它和社会有着密不可分的关系。因此，政府对培训有所管制也是理所当然的。在一定程度上可以说培训制度的完善也是社会发达的标志之一。在国外以立法推动培训已成为发达国家的一种普遍趋势。这些法律有的还是专门法，又可分为综合性法和单项性

释放你们的潜能,
就是我存在的最大意义……

法。如:英国的《就业与培训法》《工厂法》《工业训练法》,德国的《职业培训法》,法国的《继续职业教育组织法》《职业训练法》《技术教育法》,美国的《成人教育法》《国防教育法》,日本的《社会教育法》《职业训练法》《私立学校法》等等。这些法律条文明确规定了雇主与职工在培训上的职责、培训经费及管理措施等。

有了这样的法律条文,企业培训就有了正常开展的依据和前提,培训就不再是可有可无的事情。我国政府虽然在岗位培训和职业训练上对企业提出了不少要求,相应条文也不少,但除了那些必须经过培训才能上岗的内容外,对企业的推动基本停留在以下状态:

政府希望和鼓励企业开展培训,但不强制实施;

由企业自发组织培训;

配套奖励措施不完整、不诱人;

即使不开展培训,也缺乏明确的惩罚措施。

在这样的法律背景下,会有什么样的情况发生呢?除了那些充分认识到培训价值的优秀企业外,大部分企业的培训工作就变成了弹性极大的额外管理项目,而且总是弹向"取消"的那一端,尤其是在企业成本压力越来越大的今天。当然,培训法律的完善不是一朝一夕的事情,肯定有一个过程。但在没有完善之前,一般的企业没有政府压力,往往也就能做则做,不能做就听之任之了。

1.8 最需要培训的几种情况

什么时候需要就什么时候进行培训,这道理似乎显而易见,但果真如此吗?企业往往因为各种原因,没有在最需要培训的时候给员工提供合适的培训,培训的效果也大打折扣,甚至花钱培训而没有丝毫成效。因此,掌握企业的培训"火候",该培训时才培训,这样才能让企业的培训资源发挥最大效用。

企业常见培训之怪状

领导想当然地进行培训。

为不显落后而培训。

为了用完经费而培训。

下面是一个最常见的例子：一家公司购买了一套新的计算机系统，要想学会使用该系统需要1天时间的培训，卖方可以在下周的某一天提供培训。企业为了从所花费的资金中获得最大收益，让所有员工都参加了培训，尽管有些员工要到下个月才使用该系统。从眼前看，这是一个合算的决定，不会再花钱去专门培训员工，但实际情况真的合算吗？有没有时间和资金的浪费呢？对于那些不马上使用该系统的员工来说，即使学会了，到使用时也早忘记了。要么对他们再培训一次，要么让他们在反反复复和尝试中，在有可能造成昂贵的损失的错误中重新学习。事实上，许多企业往往是在时间比较方便或培训费用比较便宜的时候提供培训，而不是在企业需要培训的时候开展这项工作。

领导想当然地进行培训

企业的培训做得是不是时候，很多时候和领导的关系极大，领导的方向对了，培训可以物尽其用，反之则是做无用功！最忌讳的就是领导想当然地进行培训，根本不仔细分析培训的具体作用是什么，培训的形式、内容是否合适。某企业一位部门经理曾经要求培训公司对其员工进行拓展训练，原因是因为其部门人员过去流动率过高。他认为，通过团队拓展训练能增强其部门的凝聚力，减少流动。一个培训能解决问题吗？深入其部门调查之后发现：原来流动过高的原因并不在于团队凝聚力不强，而是在于其部门领导缺乏领导能力。像这种类似的情况在企业是常有发生的，想当然地做事，没有科学的依据。公司培训由领导说了算是很正常的，但领导说的究竟是否正确则又是一回事了。

释放你们的潜能，
就是我存在的最大意义……

为不显落后而培训

培训市场在不断发展，培训课程也越来越多，各类时髦的课程层出不穷。有的企业看见竞争对手都上了某某课程，如果我不培训那不是显得落后了吗？出于这种想法，为了培训而培训，你请了知名讲师来培训，我就请大师级的老师来培训。这样做，真的就比别人高人一等吗？随波逐流，跟着别人的脚步走，当发现方向错误之时，也许已经为时已晚、回头无路了。

为了用完经费而培训

看到标题，也许会感到很奇怪，难道企业的钱多得没有地方用了吗？当然不是，那是怎么一回事呢？一般来说，具有一定规模的企业都比较重视培训，往往每年都会给予人力资源部门一定的培训经费，这些经费在这一年得花完。据了解，每到年末，各类培训咨询公司都会忙得不可开交，一些企业HR部门工作人员纷纷找上门来："今年我们公司培训还有多少预算没有用掉，你快帮我想想，随便找几个课程吧。"培训应该是看实效，经费花得多不一定效果就好，经费花得少不一定效果就差。这些企业的人力资源部门根本就没有为企业着想，只是想着一心要把钱"花"掉。

企业最需要培训的几种情况

企业最需要培训的时候，应该是在以下几种情况：

员工工作岗位变动。
员工的各种能力需提升之时。
生产安全要求提高。
企业市场扩张。
企业招聘新员工。
企业增加新业务、进入新领域。
解决特定问题之时。
组织、规章制度变革。
技术革新、引进新系统或新流程。

理论篇

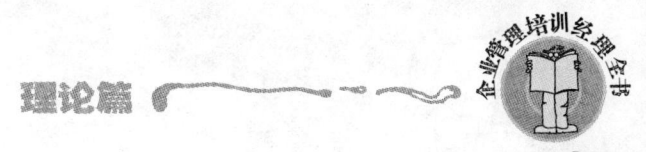

企业改进工作业绩

员工工作岗位变动

不同的工作岗位需要不同的知识、技能。企业之中员工提升、晋级或平级调动是很常见的事情。在人员变动，岗位变动的时候，领导应注意对员工在新岗位的胜任能力进行考察。一般在进入新岗位都应进行相应的培训，以使员工能完全胜任新的岗位。对于需要特殊技能的岗位或者高层职位的更迭更是需要培训。

员工的各种能力需提升之时

只有员工能不断提升自己，企业才能永远保持生机与活力。当然，企业培训员工的能力肯定是与企业发展相关的部分。当一个经理必须和外国客户谈判合作条件之时，但他又不懂外语，如果能对他进行相应的培训，让他在谈判的时候能应对自如，一样能得到客户的尊重。这说明这个企业的员工能不断进取以满足发展的需要，这无形之中也在宣传企业的形象，给企业带来了无形的价值。

生产安全要求提高

没有安全就没有效益，企业的安全永远都应该放在第一位。当安全生产要求提高之时，如果没有对相应的员工进行培训，企业多年的辛苦经营很可能被一场事故而弄得支离破碎，甚至企业被毁于一旦。安全水平是否达标，做到防患于未然。加强培训是促进安全的最好办法之一。对于主管安全工作的领导和员工应定期对其进行安全课程教育，让其时时刻刻保持高度的警惕性。各种事故造成的损失是巨大的，教训也是深刻的，我们为什么还要去重蹈覆辙呢？企业应记住，有效的安全培训可以教会工人如何规避危险、处理紧急情况，让安全事故降到最低。

企业市场扩张

每个企业都希望自己能做强、做大，市场的扩张就是其做大的表现之一。市场份额扩大当然是好事，但这当中有没有什么隐患也是值得关注的。市场大

释放你们的潜能，就是我存在的最大意义……

了，顾客也就多了，各种后继问题肯定也会增多，员工是否应付得来，这将直接影响市场份额的保持和再扩大。因此，这个时候的培训也是非常必要的，培训可以让员工更了解自己的产品，更了解顾客的需求心理、更了解市场规律、更好地掌握竞争对手的各种情况……所有的这些都能让企业在市场扩张时能够稳打稳扎地前进，不至于摔跟斗。

企业招聘新员工

企业在发展过程之中，肯定会招聘新员工。新员工的岗前培训是必不可少的，因为这些岗位所需的知识、技能往往是他们以前所不具备的，必须在上岗前做好这部分技能的培训工作。如果没有做好新员工培训，而是让他在工作过程中去学习、琢磨，花费的成本将会成倍地增加。即使新员工已经掌握了所需的技能（这可能是聘用他们的原因），也需要对他们进行指导以满足本企业的工作要求。其实，新员工培训并不仅仅包括对其岗位所需知识、技能的培训，企业文化的培训也是相当重要的。只有员工认同了企业的使命、目标和文化，才能紧紧地团结在一起，企业也才能有凝聚力、创造力。

企业增加新业务，进入新领域

企业进入新领域，增加新业务对员工来说都面临着新知识、新技能的学习。怎样才能花最少的钱、在最短的时间里让员工胜任新的领域呢，培训就能做到。新业务的增加，新领域的进入会产生一系列的新问题，这些问题往往很多是员工以前没有遇到过的，要很好地解决这些问题，又不付出很多的成本，选择培训是明智之举。从事全新的业务，组织内部肯定有很多不适应，解决办法就是对企业业务进行重新定位，培训都是不可或缺的。

解决特定问题之时

不同的问题有不同的解决方法，问题虽然千变万化，但其种类和解决办法往往都是已经有的。对于某一问题，如果本企业有人曾经遇到过，那将他的经验作为教材来培训，就能让所有的员工学到有用的方法和经验。如果这一问题企业现在还暂时没有人能解决，那更应该对其进行培训，当然应该请那些有实际经验的人来给员工培训。实际上，关于解决问题的技巧的培训——培训员工如何使用已被证明有效的问题解决技巧——是一项经常采用的成功的培训项目。

组织、规章制度变革

企业所面临的环境日新月异，企业为了求得生存与发展必然要进行组织变革。只要有变化出现，那一定也就有新的事物出现，这些新的东西对员工都是陌生的。因而需要通过培训使员工熟悉和适应这种变革，了解变革的目的、意图和内容，学习新知识、新技能、新规范、新的管理方式和适应新产品、新市场和新顾客，及时调整自己的思想、行为和习惯，理解并融入新的战略思想和文化环境，从而理解变革、支持变革，减少因变革造成的震荡、不适和压力，保证组织变革的顺利实施。

规章制度的改变是为了让企业的生产、经营秩序能够形成良性循环。制度一旦改变，员工难免有不适应或者心理排斥的情况发生。因此，一项新的政策、制度颁布之后，都有必要进行相关的遵守法律的培训。比如说，请一位专家来向每一个可能受此法律影响的员工做解释，以避免可能发生的问题。也许很多人认为，规章制度只要叫员工自己看就行了，还用得着培训吗？员工对制度的认同直接影响到工作效率，试想一下，如果员工认为现有的制度是在剥削他们，他们还会好好地工作吗？让员工自觉遵守企业的各种规章制度，减少内耗成本、提高工作成效，培训所付出的成本和它相比起来是很小的。

技术革新、引进新系统或新流程

技术的革新可以让企业生产出更高端的产品，新系统或新流程往往能节省更多的人力、物力，自动化程度、产品的优良性都能得到很大的改善。但不要忘记，企业最大的财富是来源于企业所拥有的"人才"。因此，在技术革新、引进新系统或新流程的时候，要让员工充分发挥他们的主观能动性。在引进一项新技术的同时，要对员工进行培训，以使他们最有效地使用这种技术，同时能最大限度地发挥他们自身的优势为企业创造利益。总之，要让员工能熟练地掌握新技术，正确使用新系统或新流程，都需要及时给员工进行相应的培训。

释放你们的潜能，
就是我存在的最大意义……

企业改进工作业绩

企业没有业绩，就没有利益来源，也就无法生存。因此改进业绩是企业长期的"任务"。企业的业绩会受到很多情形的影响，对不同的情形有针对性的培训可以让企业的业绩稳步提升。以下是一些影响企业业绩的常见情形：

员工士气差、内部管理混乱、企业消耗过大、顾客投诉率增高、员工工作效率低下、销售业绩下滑、服务态度变坏。这些都是最需要培训来改善业绩的时候，一旦发现这些情况，企业不能坐视不理，要积极采取相应的培训措施以克服问题。

理论篇

2 培训经理概述

一个企业的培训系统是否健全、完善，和培训经理密切相关。纵观世界优秀的企业，其培训都是具有自己的特点，是不容易被别人所模仿的。在建立这样一个体系当中，培训经理起着决定性的作用，也对企业的各项培训事宜负全面责任。

培训是企业航母的动力系统，而培训经理又是企业培训系统的核心，因此决定了培训经理的重要性以及必要性。

2.1 培训经理的必要性

满足企业人才需求

人才是企业最重要的财富，这已经成为绝大部分企业的共识，但要怎样才能保证企业的人才"够用"则各自采取的措施不一。对于那些眼光长远，有着雄心壮志的企业总是想方设法用培训来为自己创造人才、留住人才，而一些眼光短浅的企业则使用诸如"挖人才"的方法来满足自己的人才需求。不培训自己的员工，让他们成为只有在自己企业才能完全发挥其优势的人才，用其他方法来解决人才问题都是杯水车薪。

放眼看看当今世界优秀企业，无一不没有自己独特的培训系统。比如，肯德基在中国特别建有适用于当地餐厅管理的专业训练系统及教育基地——教育发展中心。这个基地成立于1996年，专为餐厅管理人员设立。每年为来自全国

释放你们的潜能，
就是我存在的最大意义……

各地的2000多名肯德基的餐厅管理人员提供上千次的培训课程。中心大约每两年会对旧有教材进行重新审定和编写。培训课程包括品质管理、产品品质评估、服务沟通、有效管理时间、领导风格、人力成本管理和团队精神等。在建立这样的系统中，培训经理有着不可磨灭的功绩。

为企业"量身定做"培训体系

每个行业有每个行业特色，每个行业之中的企业也各自有自己的特点，培训经理最大的作用之一就是建立合适企业的培训体系。根据企业现有的状况，考虑一定时间的发展趋势和目标，然后制订一系列大方向的培训方针、政策。培训需求分析、培训目标确定、培训实施……这些工作的实施、完善、反馈，都需要培训经理的参与和指导。一个优秀的培训经理能够为企业做出合身的培训"衣服"，也只有这样，企业才能持续不断地发展。

创造培训文化强化企业文化

一个企业有无生命力，从企业就能看出来。企业文化包含的内容是方方面面的，它的建立、完善、健全是需要"天时、地利、人和"的配合。企业文化的一个重要组成部分就是培训文化，没有培训文化，企业文化也就不能成为"企业文化"了。培训经理是建立企业培训文化的重要人员，培训制度建立之后会不断发展、更新、扩充，当它发展相对稳定的时候也就形成了一种文化，企业的培训文化也就自然地诞生了。可以说，没有培训经理对培训系统的尽心尽力，也就不可能有企业培训文化的诞生，当然企业文化就更无从谈起了。

上传下达

每个企业经营者都有自己的一套经营理念、方式。企业的价值观、社会使命等这些"思想性"的东西和经营者的经营理念和方式又有着极大的关系。为了让自己的经营理念能被员工接受，并且能朝着自己所设定的目标奋斗，所需要做的一项重要工作就是培训。培训经理需要理解企业的用心和培训员工的目的，从而为企业培养出合适的人才。但是，人是有思想的高级动物，不可能每个人的行为模式都一样。当员工有什么需求，有什么关于培训的想法等等，培训经理了解之后又应该及时向企业经营者反映，以便采取有力措施，让员工的思想、行为尽力向一个方向靠拢。

2.2 培训经理的角色

培训工作的重要作用在企业中日益得到体现，培训工作者的地位正体现出逐步提高的发展态势，同时也对培训管理者的素质、能力提出了更高的要求。培训管理者应该以什么样的态度和角色定位来出色的完成培训管理者的职责，是每一位培训管理者必须要考虑的，另外培训管理者在不同的角色怎样进行系统的培训管理，如何做到自我成长以带动和提高企业的培训水平，同样是成为一名出色的培训经理人必须要研究的课题。作为培训管理者，仅仅明确自己目前的工作职能是远远不够的，因为培训管理者的职能可能是来源于上级主管的命令，也可能来源于更高决策者的意愿，更多的可能是来源于组织内部人力资源管理者对于这一岗位的明确。在实际工作中，培训经理往往联系着多方面的因素，有着中间纽带的作用，因此培训经理工作的好坏将影响甚广。

培训经理的角色随着企业的发展壮大不可能一成不变，认清自己现在所处的角色和应该发挥的作用是做好工作的前提。不同的角色有不同的工作内容、工作范围，对培训经理者而言，永远不存在固定的职能，他要随着企业中培训文化的发展而发展，随着在企业中扮演的角色变化而变化。同时因为培训经理更多服务对象是在企业内部，而不像销售部门、市场部门服务的对象集中在组织外部，所以培训管理经理又必须有协调各个部门培训的能力。

培训文化发展与培训经理的角色变化

企业培训文化和企业一同发展，企业处在不同的时期其培训文化当然也就有

释放你们的潜能，
就是我存在的最大意义……

着不同的层次。企业培训文化一般可分为三个阶段，即培训文化的淡薄阶段、培训文化的发展阶段和培训文化的成熟阶段。在这三个不同的阶段中，培训经理担当着不同的角色。下面是培训文化发展与培训经理角色变化的对照表。

培训文化发展与培训经理角色变化对照表

文化阶段	培训经理的角色
培训文化淡薄阶段	培训实施者
培训文化发展阶段	既是战略促进者又是培训实施者
培训文化成熟阶段	战略促进者

从这个表中可以看出，培训文化越成熟，培训经理所做的工作就越重要，对企业的成败影响也就更大。在培训文化淡薄阶段，培训经理只能做一个培训实施者，这时没有条件去做战略促进者，同时时机也不成熟。

在培训文化发展阶段，培训经理身兼两种角色，既是战略促进者又是培训实施者，也是从培训实施者到完全战略促进者的过渡。在这一阶段，培训经理的地位提升了，所承担的责任也更加重大。

当企业发展已经比较成熟，培训文化在这时也成熟起来。在培训文化成熟阶段，培训经理不用再从事事务性的工作，更多地考虑培训战略问题。

作为培训经理，应该充分认识到企业的培训文化处在什么阶段，做自己该做的事情，否则就很可能本末倒置、事倍功半。比如：在培训文化成熟阶段你应该是战略促进者，应该做战略的思考，而你却把什么具体的培训事务都包揽在身上，最后把企业的培训方向都引导错了。做出这种得不偿失的事情往往就是没有认清自己的角色，没有做自己最应该做的事情。

三个培训文化阶段对应着培训经理的三种职能角色，这三种职能具体来说至少包含五种基本角色，即培训者、提供者、管理者、顾问、创新者。

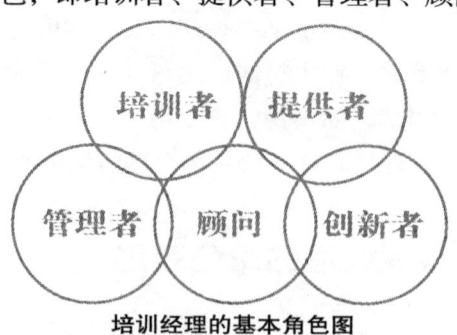

培训经理的基本角色图

理论篇

培训者

在企业培训文化淡薄阶段，培训经理常常是讲师的角色，即为企业充当培训者。作为培训者，培训经理要有过人的学习能力、激励能力，能及时向学员传授他们所需要的知识、技能、信息等，同时也能用各种手段激励他们，以期学员能在工作中始终都有热情。在培训当中，选择合适的培训方法、课程，针对不同的学员采取不同的对策都是培训者所必须具备的基础能力。

提供者

培训经理作为提供者一般是在培训文化淡薄阶段和发展阶段所担当的角色。作为提供者的角色，需要根据企业的培训需求，选择合适的培训课程。从设计、保持、实施培训计划，提供者都要亲自把关，最终保证企业的培训确实有效。

管理者

培训经理作为管理者已经开始脱离事务性的工作了，这个角色在培训文化发展阶段做得最多，在成熟阶段也会偶尔为之。作为管理者，担负着对培训活动进行计划、组织、控制和提高的任务。管理者管理水平的高低，直接反映在企业培训的各项事务上，是不是需要培训的员工都得到了培训，又是不是对他们采取了最合适的培训，这些问题的解决都需要靠管理者的指导。

顾问

企业培训文化成熟阶段，培训经理要担当顾问的角色。企业生来就是以盈利为目的的，培训经理作为培训部门的"最高领导"，当然也得从利润这个角度来考虑企业的培训。企业有了问题，培训经理首先考虑的就是能否用培训来有效的解决，这对培训经理的要求就提升了许多。同时，培训本身是否有效益也是企业越来越关注的问题，为了企业培训更有价值，能为企业的发展做出更多的贡献，因此培训经理往往还得兼做"企业内部绩效顾问"。

创新者

当企业培训文化非常成熟时，培训经理还得担当创新者的角色。作为推动

者，不仅仅是要做好相关的培训事物，更重要的是当好企业高层的策略伙伴。参与一些高层决策，为企业所遇到的各种问题出谋划策。当然这对创新者提出了很高的要求，必须要有对环境敏锐的洞察力，能看出各种趋势，这样才能为企业发展导航。

2.3 培训经理的特性

培训经理虽然也是经理，但他与一般的经理还是有很大的区别，当然也有共同之处。共同之处在于都带领着一个团队，培训经理带领的是企业培训团队，全面负责企业的培训事宜；培训计划的制订、实施、评估，最后的效果反馈等等都在培训经理的指导下完成。但因为培训的特殊性，培训经理还有以下一些特别的地方。

角色多样性

培训经理的角色随着企业的发展有不同的角色，每个角色都有不同的工作内容。对于每个角色的内容、职责，培训经理都应该深刻理解、执行到位，否则很有可能影响到企业的人才需求和全面发展。

培训经理至少有培训者、提供者、管理者、顾问、创新者这五个角色，要求越来越高，这需要培训经理不断学习以期能胜任。当然，如果一个企业的培训经理在企业开始之初就能够担当企业培训文化成熟之时的角色，这对企业的发展无疑是十分有利的。因此，一些有远见卓识的经营者在创业之初就不惜成本聘请高资历的培训专家来担任培训经理一职。由此可见，培训经理比一般的经理需要承担更多。

服务性

为什么说培训经理具有服务性呢？这是因为他所领导的部门就是为企业员工培训服务的。不管是企业的什么部门，不论是高层员工还是一般员工，都离不开培训，也就离不开培训经理的"服务"。

这个特性也是培训经理不容易做好的原因之一。要做好这个服务，就要对不同部门的工作都要深入的认识和研究；同时还需要和各个部门保持良好的沟通、善于处理各种关系，否则也可能影响培训效果。培训经理的服务意识越强，就越容易把培训工作做好，相反，服务意识淡薄，认为学习好是员工的事情，我只要提供了就行了，那么肯定是不会做得很好！

受教育的"特殊性"

作为传授知识、技能、态度的人，首先必须自己要有真才实学，否则一切都无从谈起。一个企业的员工有各个层次的人，要做好不同层次人的培训必须对培训经理做出高要求！因此，作为培训经理所受教育应是以下教育。

高层次教育

企业培训是属于提高性质的教育过程，作为提供这样培训的培训者，培训经理受的教育当然应该是高层次的。不管是知识能力还是应用水平，培训经理都应该到达一个相当高的层次，只有这样才能为企业更好地开展培训服务。

创造性教育

企业的兴衰成败归根结底是人才的质量问题，有好的人才，企业就能发展良好，反之则会逐渐没落。而创造性就是人才的本质属性之一，没有创造性的人是不配被称为"人才"的。企业培训就是要让企业制造出各类人才，作为生产人才的培训经理首先自己得有创造性素质。因此，培训经理所受教育应该具有创造性特质。

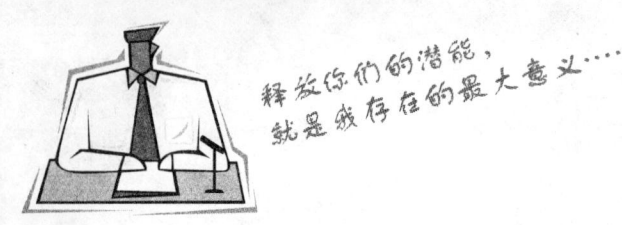

释放你们的潜能，
就是我存在的最大意义……

实践化教育

培训经理在培训之时不但要给员工知识上的补充，更为重要的是让他们在工作中能解决实际问题。因此，培训经理的教育除了在理论方面给予充实之外还要有效地提高他们的实践、操作能力，培养他们将更新的知识转化为实践课程的应用能力。

系列化教育

企业培训涉及到诸多方面，培训经理应该把它们理出头绪，条理化、系统化。要具有这样的能力，对培训经理的教育则要做到无论是目标设置还是课程内容，都要体现出整体化、层次化的特征。既要有一般教育教学理论方面的学习，也要有专业理论的探讨；既要有基础知识类的更新，也要有前沿性课程的介绍。

新颖性教育

培训经理的角色之一是创新者，要做好这个角色是相当不容易的，但一旦到达这个高度则会给企业带来客观的利益，在这之前就需要对培训经理做出适当的教育。要使培训经理在培训工作中做出创造，就得组织他们研究有关领域的新思想、新成果和新成绩，还得帮助他们掌握有关未来发展的新理论、新知识，进而学习对未来预测的技能。一旦培训经理有了未来预测能力，那他在对员工培训时就能高瞻远瞩，这对企业的发展无疑如虎添翼。

2.4 培训经理的职责

培训经理应有的职责态度

权利和义务总是相辅相成的，培训经理的职责也就体现了他的价值所在。

理论篇

要体现自己的价值也就得认真地履行自己的职责考要做好工作首要就是端正态度，有良好的敬业精神，铁杵也能磨成针。

培训经理的职责态度首先要强调"责任感"。培训经理服务的对象主要是企业内部员工，在市场经济的趋势下，培训工作同样拿效益来衡量。因此，培训经理不应抱着反正企业员工和我都是同事，做不好培训工作他们也不会说什么的心理来开展自己的工作。一旦滋生懈怠的工作心理，培训经理的工作只能做得越来越差。

其次，要强调"进取精神"。企业知识和技能更新速度和能力，取决于培训的推进力度，同时也取决于不断更新的培训内容及形式，如果培训管理者自身不加强学习、不成为组织学习的先行者，知识老化，对其他部门的工作知之甚少，那么在培训其他人员时就会造成先天性培训效果不佳的结果。因此，培训经理必须要有不断学习，充实自己的决心。

培训经理的具体职能

一位培训经理要担负起管理者、培训者、提供者、顾问和创新者五种角色，这五种角色归纳起来为三方面的职能，即培训、培训实施、战略促进。不同的职能有不同的负责内容，见下页表。

培训经理的职责是多方面的，但归纳起来只有"几件重要的事情"。也许在企业培训文化的不同阶段，它们各自的比重不同，但不管是哪个阶段，这几件事情都是培训经理少不了的。一个培训经理是否称职，主要就得从以下几个方面来考察。

建立培训资源

巧妇难为无米之炊，要做好培训也得有相关的资源。作为培训经理，应根据企业的实际需求和发展战略，组织、建立相关培训资源。要和外界保持畅顺的沟通，第一时间掌握行业的变化趋势，充分利用培训消除这些趋势对企业的不良影响。在建立内部培训师资的同时也要借用外部培训力量，这些工作做好了，企业的培训才能顺利开展。

释放你们的潜能，
就是我存在的最大意义……

培训经理的职责表

职能	具体负责内容
培训开发	配合学员了解培训需求； 配合培训需求进行培训课程的开发； 配合课程实现的技术开发； 配合培训计划实施培训课程； 对学员的成长给予鼓励和肯定； 培训形式的开发和在实践中的应用； 在线培训咨询
培训实施	实施培训需求调查； 制订培训目标和计划； 组织培训计划的执行； 全程评估培训活动； 提供培训信息； 具体分配培训资源的使用； 参与组织的培训评估； 配合讲师的课程实现
战略促进	制订与组织目标和组织战略相关的培训目标和战略； 开发并合理运用培训资源： 推动培训文化的建设： 建设开放式的培训信息系统： 推动组织文化的发展； 为部门提供培训支援； 开发超前的培训供应系统； 主持组织培训评估； 建设并管理培训组织

落实培训管理

企业是需要管理的地方，同样，培训也不例外，没有管理，培训部门的效率将会降低许多。首先是培训部门自身需要管理，这个工作当然是培训经理来做了。其次是各部门的培训需要管理，什么时候开展什么样的培训，需要什么样的培训资源服务等等都需要管理到位。管理能使各种培训资源得到合理、高效利用，也能使企业各部门的培训在有条不紊的氛围中进行。

制定培训制度与政策

完善的培训制度与政策是培训体系的一部分,没有制度的保证,培训有时难以顺利进行。出色的培训经理人所制定的培训制度与政策能让员工觉得它只是一种激励,而不是约束。培训制度与政策随着企业培训文化的发展也会有相应的变动,因此政策与制度的制订重在实用性。

加强培训成果转化

怎样去做培训,怎样办好培训,这是绝大部分培训经理都常常思考的事情。但,将培训成果转化为效益却往往容易被忽视。员工接受了培训,经营者想看到的是他们为企业创造了多少利润。要让培训的价值充分体现,就必需加强培训成果的转化,因此,培训经理得重视各种反馈信息,并及时处理好。同时,还应该主动到各个部门去了解、指导培训成果的实施。培训经理应该将培训成果转化作为一个重要的环节来思考、行动,忽视了它就有可能让所有的功劳都付诸东流。

建立企业培训体系

建立企业培训体系是培训经理的一个重要职责。一个企业的发展程度从它培训体系的健全程度就能窥出端倪。一个培训体系的好坏关键是看能否给企业带来最大的利润。培训体系不完善往往会出现这样的事情:培训资金投入了不少,却收不到预期的效果,培训投资反倒"亏了本"。作为培训经理,一项重要的工作就是要结合企业资源优势、员工特点及培训内容,建立科学合理的企业培训体系,以达到培训效果最优的目的。培训体系对企业的培训有着指导作用,没有培训体系的指导,企业培训往往会事倍功半。

建立企业培训文化

培训文化是企业培训系统之中"最高层"的东西,让人往往不容易理解,但没有它却不行。企业培训文化是企业文化的一部分,它的好坏在一定程度上也反映了企业的形象、实力。优秀的企业往往有着优秀的培训文化,培训已经成为它们吸引人才,留住人才的一大法宝。同时,培训文化的好坏对培训经

释放你们的潜能，
就是我存在的最大意义……

理的工作有着极大的影响。企业文化建设得好，企业对培训的认同度和支持度高，对于培训经理来说，工作的开展就相对容易，能够取得事半功倍的效果。反之，则会层层受阻、举步维艰。要成为一个出色的培训经理，就必须考虑如何建立优秀、合理、实用的企业培训文化。

以下是某著名企业的培训经理岗位职责，它包含三部分，岗位责任、工作标准、工作程序。描述得比较详细，能对我们制订培训经理有很大的启发。

范例——某著名企业培训经理岗位职责

培训部经理岗位责任

认真领会公司的经营宗旨，贯彻落实总经理的指示和各项工作制度，全面负责培训部的工作，向总经理负责。

制订本部门工作计划和各项培训计划。

检查工作计划的实施和培训计划的落实情况及培训效果。

负责本部门人员的选择、工作安排和调整及奖惩等工作。

负责审批部门的各种文件资料、教材等。

审定外请培训人员，制订付费标准，上报总经理审批。

协调各部门的关系沟通情况及业务联系。

完成总经理交办的其他工作事项。

培训部经理工作标准

热心公司工作，有强烈的事业心和责任心。

工作积极努力，作风端正，保证本部门工作的高标准和高效率。

及时了解、借鉴国际先进管理企业的培训方法，制订出更高的培训工作标准。

与各部门团结协作，主动、热情地提供服务。

合理安排，积极调动和提高本部门人员的工作热情，提高其管理能力及业务水平。

理论篇

培训部经理工作程序

接受总经理领导,向总经理负责,参加公司的经营管理例会。

与其他部门联系时首先与各部门经理商谈、讨论、制订方案。

保持与其他企业及本行业有关主管部门的业务联系和信息沟通。

了解本部门工作的进展情况,及时解决存在的问题。

定期主持召开部门会议,传达上级有关指令、决定,部署工作,检查工作完成情况,听取部门主管的汇报。

审查培训教材,审定学员学习总结,向总经理汇报培训情况。

监督本部门的设备和资料的保管、使用情况。

释放你们的潜能，就是我存在的最大意义……

3 企业培训文化概述

企业培训文化是企业文化的一个重要组成部分，没有培训文化的企业文化不是真正的企业文化。一个企业有什么样的培训就有什么样的员工，而员工的素质直接影响到企业的兴衰存亡。

走在世界前列的企业无不拥有自己出色、独特的培训文化，一批又一批的杰出员工就出自这些文化的造就。虽然我们不能将别人出色、独特的培训文化照搬过来，但这种重视培训的精神，努力找到合适自己的培训文化的干劲是值得我们学习的，也是能够学到手的！

每个企业都希望自己的员工是杰出的人才，但是怎样才能培养出这样的人才呢？有什么样的土壤就会生长与之相应的作物，同理，企业的培训文化就决定了员工的质量。努力为员工营造一个科学、适应、良好的培训文化是造就有竞争力人才的最佳途径。

3.1 培训文化的作用

培训文化是企业发展到一定程度的必然产物，也是企业文化的重要组成部分。这里我们主要从培训文化的作用来认识它。一般说来，培训文化具有以下作用：

体现培训在企业的重要地位

一个企业如果不重视培训，是不可能建立起培训文化的。只有企业重视，并积极地去建设培训文化，才有可能使培训文化迅速建立起来。企业有没有将建设培训文化提到日程上来，体现了企业对培训文化的重视程度如何。因此，一个有完整培训文化的企业，表明培训在这个企业是有着重要地位的。

衡量培训工作

培训文化包含了诸多内容，其中当然也有培训政策、制度，培训评估方案、考核标准等等。因此企业的某某培训是否做得合格，就可以用企业的培训文化来衡量。如果培训文化是将员工训练成有创造性思维的人才，但引进的培训却对实现这一目标没有帮助，这样的培训因此是不合格的。

检验培训发展水平

培训文化与企业文化紧密相系，融为一体，依据企业的战略目标而营造。企业现时的培训体系是否足够完善？单个培训的水平是否达到要求？有关培训的一切，都可以用培训文化来作为检验和衡量的标准。

明确培训的管理目标、战略、组织和职责

培训文化一旦形成，就能确定与培训相关的一些事务。新员工要进行什么样的培训，员工晋级要有什么样的培训，每个岗位要有什么样的培训等等。同样，培训者的职责，培训要给企业带来什么等战略性问题一样也明确下来。

配合建设企业文化

培训文化是企业文化的一部分，企业文化有许多内容需要培训来传播、加强。比如，企业的价值观不可能和每个人的价值观都一样。怎样才能让员工接受、认同企业的价值观，并逐渐和企业价值观一致呢？当然需要培训的大力支持。没有培训，企业文化是很难形成的。

及时的企业诊断和问题解决

企业的培训文化实际上可以在企业中形成这样一种集体性的习惯：当企业在运营中出现某种问题并影响到企业目前及长远利益的时候，管理者和员工们会主动积极地去寻求问题的实质以及解决的办法。

促成信息交流，资源共享

培训文化形成之后，员工可以最大化地享用相关的培训资源。培训文化的形成对于企业来说，培训就不仅是专门组织的一场"培训课程"了。无论何时

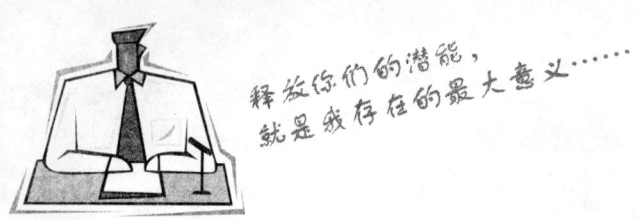

释放你们的潜能，
就是我存在的最大意义……

何地，只要是工作，企业中上司就负有随时"培训"下属的责任，同事之间也有必要的信息交流，资源共享的责任。这体现了团队精神，也体现了培训文化。

将员工需求和企业需求紧密结合起来

培训部门的一个重要作用或职责就是要对员工进行职业生涯规划。根据员工的不同特点来设计他的职业道路，当然员工的职业生涯设计不可能随心所欲的设计，而是要以企业需求为前提来进行。只有用好了培训，才能激励员工自动满足企业需求，在此基础之上再来考虑自身的需求，这样企业就能得到最大利益。

3.2 从局部到整体的培训

培训是企业事务当中重要的组成部分，但必须要服从企业的整体战略与安排，做好局部与整体的协调、配合。只有将培训置于企业环境来考虑才不会有以偏概全之错误发生。要处理好培训与企业之间的关系，也就是要处理好局部与整体的关系，处理局部事务也应该从整体的角度出发。因此，在强调培训工作重要的同时，更重要的是让培训为企业服务，让培训工作服从企业大局。

培训目标为企业目标服务

不管培训经理是什么角色，无论是培训实施者还是战略促进者，都必须使培训目标与企业目标一致。如果不一致，则应进行调整。那么怎样才能保障这种目标的一致性呢？首先要了解企业目标。一般说来，可以将企业目标分为三个阶段，即短期目标、中期目标、长期目标。要全面对这几个阶段的目标进行了解，并以它为向导对培训目标进行制订、修正。同时，也应将培训目标分为与之对应的三个层次的目标：培训短期目标、培训中期目标、培训长期目标。换句话说，就是让培训的各阶段目标成为企业相应阶段目标的一部分。只有这样，才能保证培训目标和企业目标始终一致。如果培训目标和企业目标相反，培训越有效果反而对企业越不利。

培训战略为企业战略服务

企业战略是为企业目标服务的，它的意义只有一个，那就是：保障企业目标的实现。企业战略不管制订得多么完美，但只有执行到位了，才能将企业的目标变成现实。执行这些战略的只能是相关的优秀人才，才能将其完成得很好。正是因为如此，"人才"战略又是企业战略的重要组成部分。巧妇难为无米之炊，没有合适的人才，企业的战略实施是无从谈起的。培训战略就应该为企业战略服务，企业需要什么样的人才就培养什么样的人才。企业在哪个环节比较薄弱，就培训哪个环节。

举个简单的例子，我们就更能感受到培训战略为企业战略服务的思想。如果一个企业决定采取全面更新雇员的组织战略，要把现有的老员工逐步裁减，那拟定培训战略就应该不对这些即将裁减的员工进行培训，而应该将培训经费用于新雇佣的员工。如果还是对即将裁减的员工进行培训，等到新进员工需要培训时又没有足够的经费，那就只有额外增加企业费用，或者对新员工不进行相关培训，让他们在自己的岗位上自己去摸索，这样的成本则会更大，比起增加培训费用还得不偿失。

培训为企业各部门服务

当企业培训文化发展比较成熟，培训经理充当战略促进者的时候，培训具体实施工作职责主要由部门经理承担，而培训管理者主要扮演指导和支援者的

释放你们的潜能，就是我存在的最大意义……

角色。在这种情况下，培训管理者的主要工作就是提供信息、资源、培训方向、方法的指导。培训计划一般由各部门经理提出，在计划中明确需要的资源和需要支援的项目，而这时，培训管理者最重要的就是考虑如何合理有效的分配资源和提供及时的高质量的支援。企业的每个部门都有着不同的工作，培训为它们服务，让其提高各自的效率，也就相当于培训对企业有了贡献。

3.3 让培训成为每位经理的工作

培训文化的形成和培训经理、培训部门的努力固然很重要，但全体员工提高其意识才是根本之计。在培训事务中各部门经理对培训的支持、推进力度都是对培训成败十分关键的事情。

一提到培训，人们首先想到这是人力资源部或培训部门的事。很多部门经理也将员工培训和发展看做是管辖范围之外的事情。在他们看来，他们的职能只是监督产品的研发、生产，或者是提供客户服务等。其实，这种观念是一种误解。培训文化发展到较为成熟阶段，企业中的培训管理者主要的职能是战略促进者角色，实施培训的具体职能基本由各部门承担，正是因为如此，部门经理对员工的培训也有着重要的作用。并且，部门经理比其他人更了解其下属的长处和短处、更清楚下属的培训需求，也常常拥有帮助其下属改进工作绩效所必需的技能。为了让企业的培训文化能顺利的形成，有必要让部门经理承担一定的培训职责。

明确部门经理的培训职能

在未明确部门经理的培训职能之前，部门经理的工作职责一般由人力资源部进行区割，如果培训职能未被纳入部门经理的工作职能范畴，则部门经理就会抱着一种帮忙或者是不情愿的态度对待培训实施工作，甚至在有些组织中出现推诿、拒绝的现象。为提高部门经理对培训的正确认识程度和确保培训实施，有效人力资源管理的领导者可以将部门经理的培训职能写入工作职责。

部门经理的培训职能主要体现在以下方面：

配合组织的整体培训战略；

明确部门的培训需求和目标；

明确部门培训的计划日程；

明确部门培训采用的形式；

明确部门培训的方法；

参与或组织培训的项目实施；

做好培训具体执行者的管理；

控制、转化、加强部门培训的效果；

配合组织整体培训信息系统的沟通；

合理运用部门的培训资源。

企业可以根据实际情况，增添或删减这些职能，将其写入部门经理的工作职责当中。

部门经理对员工培训的具体作用

部门经理承担一定的培训职能对培训部门的工作有以下作用：

为新员工提供入职指导

当部门进入一个新员工时，部门经理可以领着新员工去认识组织中的每一个成员，并及时给新员工做上岗前的必备业务培训。经理要和新员工共同讨论

释放你们的潜能，就是我存在的最大意义……

工作内容、试用期工作目标、讲解考核的方法。同时还可以给新员工指定一名"师傅"，负责提供日常企业制度、工作方法与流程方面的培训。当然，师傅也可以由部门经理亲自担任。为了新员工能得到有效地实施指导，人力资源部可以帮助制订一个详细的行动检查表，同时确定没有达标时相应人员的责任。

组织部门内的辅导和交流

部门内的培训可以是多种多样的，部门内的辅导和交流就是一种重要的培训形式，它在促使员工学习、留住员工方面能起到很好的效果。在辅导和交流的过程，员工们不但能将有用的经验学到手，同时还能增加彼此间的友情。有些大企业的部门在这方面就做得很不错。例如：一个企业的客户服务中心，有几十名技术支持工程师，在小型机、大型机、工业机、服务器、网络、硬件设备等技术方面，每人各有专长。出差是他们的家常便饭，但每次出差回来，部门经理都要求他们写出详细的出差报告，将工作中遇到的问题、自己的解决方案、心得体会拿出来，在部门内部交流。工作不忙的间隙，则组织内部研讨会，并鼓励员工自学最新的技术，鼓励毛遂自荐担任内部讲师。部门经理要求每个人都有记笔记的习惯，把问题随时记录下来，在内部征集答案。

如果企业各部门都形成了这样的习惯，那就能将部门常见的问题进行归纳总结，并且在大家的智慧帮助下得到很好的解决。这对员工自己和部门都是一笔很大的财富，这些记录下来的资料还可以作为新员工的学习材料，他们将少走许多弯路。部门经理还可以对自学通过认证考试的员工，以及主动传授技术、技能、经验的员工，给予特别的奖励。一旦所有的员工都积极参与、形成了大家相互分享经验的传统时，无疑就形成了一个有凝聚力的学习型团队。部门经理带领这样的团队一定能省很多事，还能将部门工作做得井井有条。

分析员工的培训需求，鼓励员工培训

培训的目的是改善工作绩效，一个部门的工作绩效的高低与培训是密切相关的。作为部门经理，首先自己要积极参加培训，与此同时就是帮助员工，让其也从培训中受益。

在培训之前，都要做培训需求分析，但是人力资源部不可能了解到每一个

理论篇

人,也不可能对每一个人都做到细致地个别分析。他们只能从比较大的范围去分析,能做这件事情具体到个人身上的,只有部门经理。因此,部门经理应该根据员工的工作绩效,分析其培训需要,必须找出影响其绩效的具体原因,并决定是否能通过培训或其他措施来解决问题。一旦确定,能通过培训来解决问题,就应马上予以内部辅导或者让培训部门安排适当的培训。不能等到培训部门收集培训需求信息时才匆忙让员工自己判断是否需要培训。

并且,员工参加培训之前,部门经理应和员工进行有效的沟通,鼓励他认真接受培训。同时,帮助其确认这次培训与个人能力发展及工作改善之间的联系,明确培训目的和培训目标,以避免员工盲目参加培训。虽然你给员工找出了培训的需求,但如果他不明确,培训对他就缺乏针对性,培训效果也将大打折扣。甚至,部门经理还可以让员工列出工作遇到的实际问题,以便在培训中或培训后思考并寻求解决方案。员工培训效果的好坏,和部门经理对其所做相关工作也是大有关系的,将培训效果好坏原因简单地归纳在培训部门与员工自己身上的部门经理是不负责任的。

让培训效果持久

培训效果如何,在工作中就会直接体现出来,部门经理是培训效果的评价者。但是,部门经理不能仅仅作为培训效果的评价者,还应成为培训效果的保障者。

很多时候,即便讲师准备充分,讲课内容充实,课堂效果良好,但习惯的力量常使学员一回办公室就旧习复发。有研究表明,培训后16个星期内必须开展四五次辅导,否则培训效果会"缩水"80%。谁来进行辅导?部门经理责无旁贷。除了专职辅导的"师傅"以外,同时部门经理还应该将员工培训后的工作状况、绩效影响怎样,及时向人力资源部或培训部门提供反馈意见。

俗话说:"有什么样的师傅就有什么样的徒弟。"部门经理就是部门所有员工的师傅。因此,部门经理担负着"传道、授业、解惑"的职能,同时还应该担负着时刻提醒的任务。员工在培训之后,如何充分发挥培训的效果,部门经理要与员工进行沟通,并且应采取一些相应的措施。比如:在下属参加完外部的销售培训之后,部门经理结合自己的经验和销售案例,与下属一起分析哪些方面可以学习别人的方法,哪些方面需要自身创新,共同制订详细的行动计

释放你们的潜能，就是我存在的最大意义……

划并定期评估和督促下属改进。员工的销售业绩表明，这种培训后的跟踪辅导对他的业务提高确实发挥了很大作用，这种作用是外部讲师无法具有的。优秀的部门经理应该是一名教练，知道怎样让员工将培训的效果发挥到极致，并且能长时间的保持下去。

培养继任者

现代的企业都非常重视人才，众多的企业也制订了人才战略，有的企业更是规定任何经理在没有培养出合格的继任者之前，是不能升迁的。同时，有的人也将成功经理定义为：具有最大限度地培养和利用下属的能力。部门经理从自己部门之中挑选出一个接班储备人才来培养，也是在给企业生产人才，如果能生产更多，那也可以证明部门经理的确是领导有方。

企业不妨也借鉴这种方式，让部门经理在没有培训出接班人以前不能升迁、调职。一些人才流动频繁的行业已经开始采取这样的措施了。在IT行业可以说是人员流动最频繁的行业，有的企业实行了"副手制"或"接班人计划"。部门经理要选出具有培养潜力的后备人才，给予更多的展示机会，代替自己行使部分权力，并在职业生涯规划、管理技能提升方面给予特别辅导，同时定期给予评估。这样的措施既能让企业受益，同时也能锻炼部门经理更为全面的能力。

3.4 让培训成为员工成长的途径

为什么一流的人才都愿意去"成长环境"良好的外资企业？一个有潜力的人才，如果去了培训文化十分健全的外资企业，他能逐渐将自己的潜力发挥出来，相反，如果到了一般的企业，潜力也许就从此埋没。培训文化，就是要让培训成为员工成长的途径。

理论篇

用培训支撑员工的职业生涯

企业给员工进行职业生涯规划一般分为三步：第一步是帮助企业对员工进行职业心理测评，了解员工的能力、个性、兴趣、动力和个人发展愿望，一方面是企业深入了解员工，另一方面也帮助员工进一步了解自己。第二步就是根据员工个人特征，将个人发展愿望和企业的发展方向相结合。第三步就是要对企业管理者进行辅导，帮助他们掌握对员工进行职业规划的技巧。同时完善企业的岗位说明书、绩效考核体系、轮岗制度等一系列政策，作为职业规划体系的支持。

职业生涯少不了一级一级的上升，这些上升往往需要更多、更高的能力。这些能力的获得，往往和培训是分不开的，因此，培训可以成为企业员工实现职业生涯规划的强有力的支撑，同时也应该成为这样的支撑。

用培训为员工排除工作的障碍

不管是什么企业，面临的市场竞争都越来越激烈。为了保持企业利润的增长，企业肯定会让员工竭尽所能。当然，对员工的要求也会越来越高，工作的困难与障碍也会增多。

排除工作障碍，员工可以有很多种方式，比如：自学、请教等等。培训，也是员工排除障碍的主要方式之一，并且有些障碍必须通过培训才能克服。比如，销售人员销售技能的提高，如果企业本身没有很高水平的销售人员来给其他人员指导，那就只能聘请外部高手来培训了。又比如，新技术的引进，新流水生产线的投入，往往都必须得进行相应的培训，没有这些培训，工作中的障碍可以说是企业自身无法克服的。

培训如果确确实实能为员工解决工作的实际问题，他们自然会对培训的态度朝着良性的方向发展，也自然会自觉地拥护、参加培训了。

为员工创造培训交流的机会

知识的一个重要特征就是：两个人的知识相互分享之后，各自的知识不会

减少反而会增多。它与其他物质的东西不一样,不会像两个苹果给你吃了一个我就会少吃一个一样。因此,培训经理应该做一件事情,那就是让经过培训的员工都将自己的心得贡献出来,让企业所有的员工来交流、分享。

3.5 让培训与绩效考核挂钩

培训不但需要企业对员工的鼓励和员工自身的积极性,同时也需要让培训和员工的绩效考核挂钩,只有这样才能让员工真正重视培训。培训得不到员工的重视,很大程度上在于认真培训了没有奖励,不认真培训也没有惩罚,因此没有积极性。

建立必须的培训制度

有些培训是员工必须完成的,如果没有完成或者不合格就不能进行相应的岗位变动。这些制度应依据企业的实际情况进行制订,但有些培训制度一般可以通用的。比如:新员工入职培训、岗前培训、晋级培训等。这些制度都必须让员工完成,并且一定要合格,否则不予上岗。严格考核目标与程序。比如晋级培训制度,让其培训之后达标才能晋级,如果没有达标就只再给一次机会,如果还不能达标,就没有晋升所在岗位更高职务的资格。

考核员工培训前的准备

几乎很少有员工会在培训前进行充分的准备,一般都是只要知道什么时候在什么地方培训就行了,到了时候就去参加培训,个别人还会迟到。从这样的状态就可以看出员工对培训的重视程度不够。

员工要在培训中得到最大的收获,精心的准备是必不可少的。这些准备如果员工还没有养成习惯,就可以在绩效考核中明确出来,让其做必要、充分的

理论篇

准备。员工在培训前可以准备的东西是相当多的，根据具体的培训有所不同。如果是培训管理方面的内容，那你可以将管理中遇到的问题总结好，在课堂上请教老师；你可以预先熟悉管理的基本理论以便更好地理解课堂内容等等。有了准备，在培训时就可以做到有的放矢，加强个人培训效果。员工的培训需求做好之后，确定了哪些员工要做培训，然后就让其将这些该准备的东西准备好。

考核员工培训后的成果转化

培训的最终目的是提高员工的工作业绩，为企业带来更多的利润。如果培训前员工的准备工作做得很好，培训时的反映也很好，但培训之后没有将培训效果转化为实际成果，就等于做无用功。

培训成果的转化，除了相关方面应给予员工指导、监督、提醒之外，还应该将培训成果转化的目标、程序等写入员工的考核之中。只有这样，才不会出现培训之后就一切都完了的局面，才能最大限度地发挥培训的效果。现在很多企业都有了培训效果评估，但光有评估还远远不够，重要地是将培训的成果转化为实际的效益。怎样让员工积极的转化呢？同样应该采取鼓励与压力的方式，鼓励可以采取一定的奖励，压力就是要有一定的惩罚，总之就是要进入员工考核流程之中。

如果员工培训成果转化得好，可以给予适当的奖励，并将其经验总结出来，供大家学习、交流。如果员工培训成果转化没有达标，就得受到一定的惩罚，同样也让其将教训总结出来，让大家引以为戒。当然，具体的考核标准与程序就需要企业的人力资源部门根据自身企业的实际情况来编写了。

有了实实在在的效益之后，员工对培训的积极性自然会提高，最终达到主动、自觉地参加培训、认真转化培训成果。一旦有了这样的环境，无疑对企业培训文化的形成有极大的帮助。

企业管理培训经理全书

2 实务篇

扎实有效的培训实务工作,是培训经理不得不面临的重要任务。操作性强、实战而有效的培训指导,是培训经理真正需要的实务指南。

释放你们的潜能，
就是我存在的最大意义……

4 建立企业培训体系

企业培训体系是企业顺利进行培训的必要保障，也是培训经理应该首先重点完成的任务。一个科学、完善的培训体系对企业的发展有着不可估量的作用。世界著名的企业往往都有非常完善、发达的培训体系，这正是他们保持长盛不衰的秘诀之一。

强化员工培训，可以增强企业竞争力，实现企业战略目标；同时，员工个人的发展目标与企业的战略发展目标统一起来，满足了员工自我发展的需要，调动员工工作的积极性和热情，增强企业凝聚力。充分发挥培训对于企业的积极作用，建立有效的培训体系是达成这一目标的前提条件。如果没有健全、完善的培训体系，企业的培训效果必定会受到极大的影响，使得培训成本增大且效果不佳。

4.1 培训课程开发的基本原理

企业培训体系是由一系列行之有效的课程组成的，要建立企业一套完善、高效、科学的培训体系，首先要从培训课程开发开始。

培训课程开发应具备的特征

以提升能力为核心

培训的最大特点，应突出能力的培养，知识、理论都应该为能力训练服务，最终让学员培训之后有胜任相应工作的能力。课程开发必须围绕能力这个核心，确保各项能力目标有相应的课程或课程模块。

以实用目标体系为框架

围绕能力教学，企业需求为依据，按照企业培训宗旨的总体要求，强化培训的实用性，相对淡化概念和推理，当然针对不同层次的培训对象需要灵活处理，不能一概而论。课程目标的分解和具体化都要体现实用性为主的原则。

满足企业与员工同步发展

企业培训是为了满足企业发展需要，课程设置必须与相应岗位要求相适应。但同时也要考虑到员工方面的因素，优秀的课程应对其今后的职业生涯道路有帮助。

方便管理评价

课程设置既要便于企业领导和业务主管部门的宏观管理，也要有利于培训机构微观管理的实施；既要体现教育培训的规范性，又能呈现较强的灵活性。

企业课程开发的基本原则

企业培训目标一经确定，就必须研究、开发、构建一个紧扣培训目标的课程体系方案。确定这一方案，必须根据培训目标所界定的规格、层次及其职业岗位职责任务，科学合理地组合课程结构、内容及其教学目标，并坚持遵循以下几个基本原则：

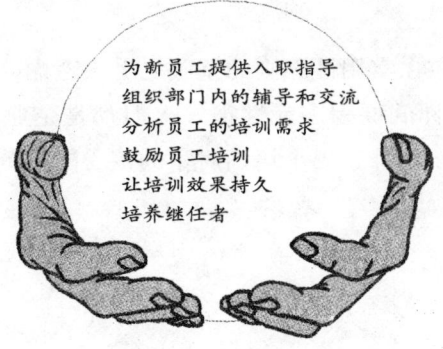

为新员工提供入职指导
组织部门内的辅导和交流
分析员工的培训需求
鼓励员工培训
让培训效果持久
培养继任者

释放你们的潜能，
就是我存在的最大意义……

实践性原则

实现能力培训的一个重要支撑点是实践教学。因此，设置课程既要充分体现岗位资格所需要实践的环节、内容，又要体现交叉复合岗位和职业的实践内容、形式，还要体现各种实践的可操作性。

多元性原则

现代职业劳动界限的超越和对劳动者知识结构的需求，要求职业培训必须使受教育者具有跨岗位、跨专业的能力。满足这种需求，就要开发多元化的课程，既有提高岗位技能的专业课程，也应有提高综合素质的课程。

超前性原则

企业培训是为企业发展服务的，培训要满足企业在人才方面的需求。市场环境瞬息万变，但，培训人才有其自身规律，也有一定的周期，因此要求课程设置必须对未来企业发展趋势、未来人才需求做出准确分析和预测。

灵活性原则

课程设置在注重专业知识、技能操作、结构比重组合的同时，更要突出客观实际需要。在纵向上，要能组合出不同层次职业人才培养的方案，如市场营销专业课程可组合出企业营销策划人员、营销管理人员和柜台营销人员；在横向上，要能够兼顾专业之间的配合，如财经类专业都需要财税金融知识和统计调查分析知识等。

实用性原则

以上几个原则都应在实用性原则的基础之上去考虑，没有实用性，其他一切都是枉然。比如：你的课程多元性很好，但都是企业不实用的，这等于白费；课程前瞻性很好，但都超出了培训对象的接受能力范围，这样的培训显然也不可能取得很好的效果。

实务篇

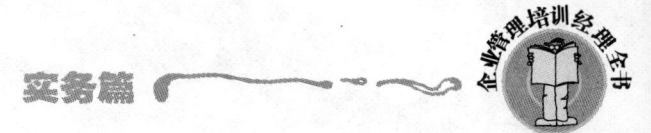

4.2 培训课程开发的具体步骤

企业培训课程的开发是一个系统的工程，需要根据不同的实际情况来操作，这里我们化繁为简，以"骨干"的方式来阐述课程开发的具体步骤。企业培训课程开发的具体步骤可以概括为以下几个方面：

分析企业培训课题，找出需要加强培训的方面

企业需要培训的课题非常多，这里列举几种常见培训课题供大家掌握。

全面提高员工素质课题

全面提高企业员工整体素质是企业培训的常规项目。企业要不断发展，员工素质也需要不断提升，以此来适应越来越激烈的竞争环境。同时，员工个人素质有包含很多方面，必须按企业和员工的需要有计划地对员工的知识技能进行补缺、拓宽和更新。其分析步骤如下图所示：

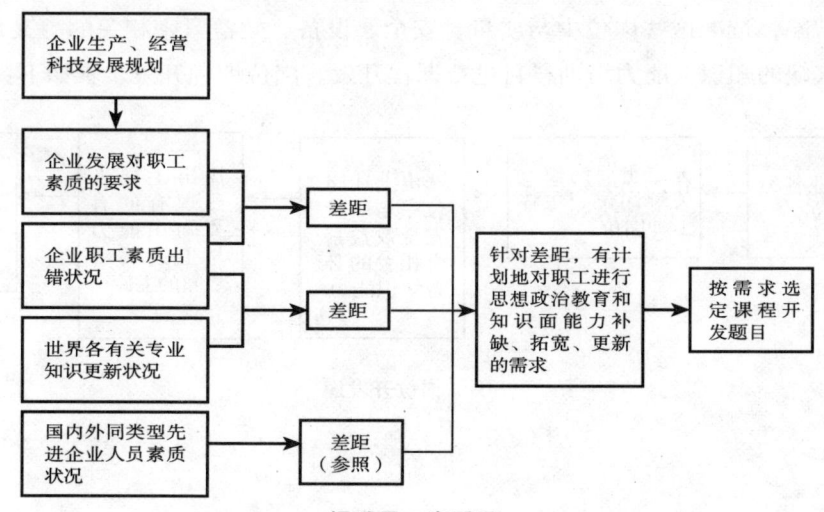

提升员工素质图

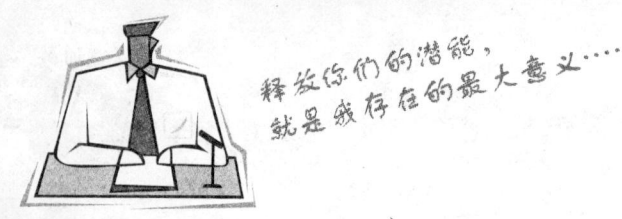

企业潜在市场需求课题

企业对于培训不但有现实的需求，还有潜在的需求，培训课题的开发应根据企业的发展战略，开发出具有潜在能量的课程。企业如果不能看到市场的潜在需求，那也难于有多大的作为，但是如果看到了市场的出路，没有相应的人才只是也是枉然，因此人才只是就是成败的关键。而人才的成长又与培训课程的开发直接相关，因此企业培训教育要有超前性也体现在这里。开发市场潜在需求课程步骤如下图所示：

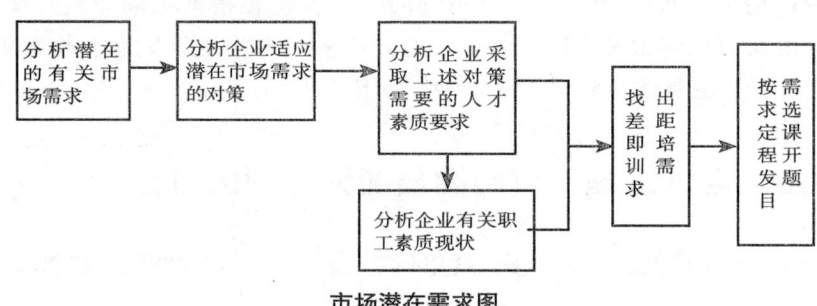

市场潜在需求图

岗位课题

企业有众多不同的岗位，不同的岗位需要不同知识与技能。首先将不同的岗位按照重要程度进行排序。在众多岗位中，首先要选准企业生产、经营、科研中的重要岗位、关键岗位、主体工种岗位。然后分析各个岗位之中有何不足与缺陷，选准这些岗位中与质量、安全、设备、效益紧密相关的、又是上岗人员欠缺的知识、能力培训科目进行课程开发。岗位课程开发步骤如下：

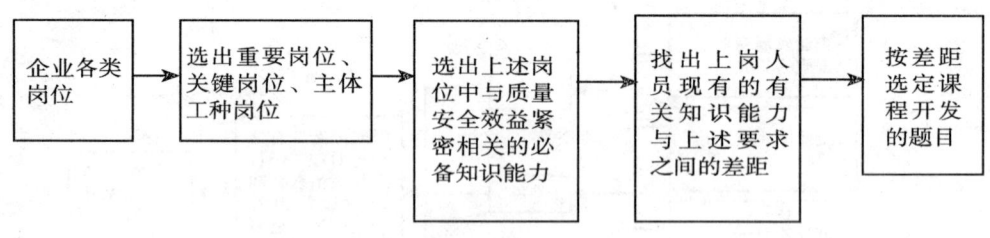

岗位开发图

与企业新产品、技术相关的课题

一个企业在发展之中往往会不断开发新品种，并进行技术引进、技术改造，加强现代化经营管理，从而不断提高劳动生产率，以参与市场竞争。要使这些改革能够顺利完成，需要一系列的支持，当然相关的培训课程开发也是其中的关键环节之一。培训管理人员必须主动地、及时地了解和分析这方面的需求，并针对这方面迫切需要解决的问题和有关员工在知识能力上的差距，及时选准课题，其课程设置步骤如下：

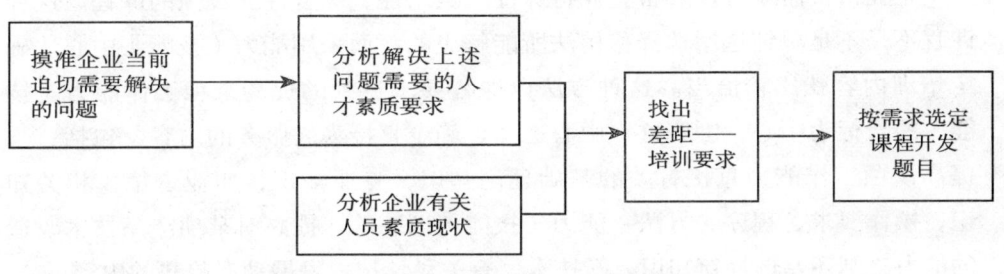

全方位了解与课程开发相关的各种信息

及时分析研究企业动向、企业发展规划、把握培训长远计划；争取参加企业领导层研究和决策生产、经营、科研工作的重要会议。

培训管理人员应深入企业生产、经营、科研第一线，及时了解收集各方面迫切需要解决的问题，征求管理人员、研究人员、一般员工等多方面的的意见，了解课程开发需求。

收集、了解国内外同类型先进企业课程开发的信息和开发经验，找出和这些企业的差距何在。

利于一切可能的工具帮助培训课程开发。如：建立培训课程开发信息网络，从网上搜集课程需求信息和建议等。

确定课程内容的方法

课程内容直接关系到培训效果的好坏，课程内容的确定方法，按培训目标要求和不同课题性质，主要有以下几种。

选择移植法

选择移植是指将普通学校、职业学校的现有课程内容，按照企业需要有选择地加以调整、移植过来。当然，移植并不是一成不变地完全拿过来，而是要有选择地吸收对企业有用地部分。同时，按需要调整内容的范围、程度，定性定量论述的比例等，并且应该做出适当地补充，以使更接近企业实际情况。这样课程内容确定方法的工作相对小一些，多运用于有计划地补缺、拓宽、更新知识和能力的课程。

能力中心法

企业常常需要开设具备企业特殊性的实用性、综合性比较强的课程。这种课程不是不是单纯选用选择移植法所能解决的，而采用能力（技能）中心法确定培训内容就比较恰当。这种方法以课程要求达到的提高某项工作能力（技能）的目标为中心，围绕这一中心选择、确定直接为之服务的内容，包括：与提高该项工作能力直接有关的基础理论知识、专业知识、职业道德、相关知识、操作要求、程序、方法、能力（技能）训练等。提高对某项产品技术改造的能力，则还要选择新知识、新技术、有关科学技术发展动态趋势的内容。

任务分析法

这是欧美流行的一种编制职业培训课程的方法，我们可以参照运用这种方法来选定某些课程开发的题目和内容。具体做法可按以下顺序逐步分解：岗位职责—任务—完成每项任务的操作步骤—完成每一操作步骤所需要的知识与技能；而后，对各项任务每个操作步骤所需的知识和技能进行综合分解，如下图所示：

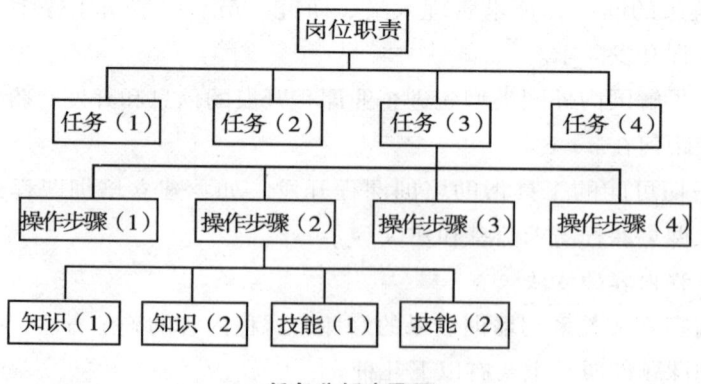

任务分析步骤图

这也是一种以能力（技能）为中心的选定课程内容的方法。按目前实践经验，比较适用于一些智力要求不是很高、操作步骤规范化的岗位培训课程。不论是采取何种方法确定课程内容，一定注意要针对培训对象的切实需要，否则，即使课程的题目选得很好，也不能达到应有的效果。

课程内容的编排

课程内容安排需按照企业的实际情况进行，并没有任何特定的规定，一般有以下几种编排方式。

按工作程序安排

这种方式是按工作顺序或操作步骤安排课程内容的先后，使教学程序与工作、操作程序一致。这种方式适合于某些岗位工作能力（技能）培训课程。具体做法是：先排出工作顺序，而后依次安排好进行每一项工作步骤所需的知识和技能。

按知识系统安排

如果培训内容是对一些知识补缺、拓宽、更新，那么按照知识本身的逻辑系统和认识的基本规律安排课程内容可以让培训取得更好的效果！在安排知识时要注意由浅入深，由易到难，使学员循序渐进。同时，应尽量考虑企业实际情况，将培训知识的重点和关键内容突出出来，尽量做到少而精。对重点、难点，要适当加强其内容分量，以便学员培训之后能在实际工作取得良好的工作效果，对于学员都能理解、掌握的一般内容则可以适当浓缩。

分段安排

分段安排可以分为大分段与小分段安排，它们都是按知识传授与能力训练、考核内容要求安排，只是在分段的精细上有所不同！一些以提高工作能力（技能）为目标的课程，都要安排好知识传授与能力训练、考核的内容。

大分段安排是将课程内容分为依次衔接的三大段：知识传授——能力训练——考核。下图是某操作工岗位培训课程的安排。

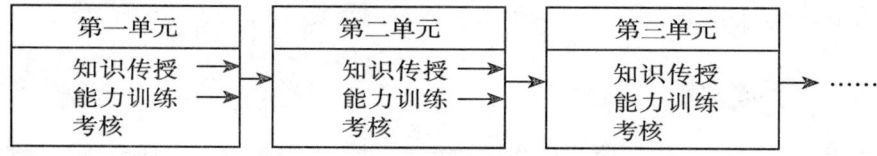

岗位培训流程图

小分段安排课程是将按照课程目标所要求的帮助受训者提高的各项能力（技能），分为相对独立又互相联系的各个单元，在各单元中分别依次安排知识传授、能力训练和考核的内容，其步骤如下图：

课程训练流程图

一般来说，课程内容分解为多项能力（技能）者，可以采用"小分段"的办法。也可在"小分段"之后，再进行总复习与考核。

按不同层次的需要安排

企业的员工有不同的层次，只有适合一个层次的培训内容才能使其培训收获最大。这种方式就是按照培训对象不同层次的需要，课程内容的编排还可采用层层扩展具体做法如下：

按核心内容安排课程，是学习者掌握的核心和重点，每个层次的学员都能受用的，还可根据课程的核心和重点范围分解为一个个小核心。对每一个核心内容，均安排必要的理论知识、操作性强的实务知识，还应安排一定比例的案例。

在核心内容的层次之上，按高一层次的需要，从深度、广度上对核心部分内容作适当扩展，以加深核心内容有关知识、技能的理解和掌握。这一层次培训的对象就相对减少，但他们对企业的贡献却往往更多。

再进一步扩展，对有兴趣想更深入地钻研者，可以帮助其指定一些自学的参考书目。这种培训内容安排方式在国外十分流行，我们也可以借鉴使用。其示意图如下：

实务篇

需求层次图

相对独立，能分能合的安排

不同层次的员工有不同的知识、能力水平，因此有不同的培训需要，不同的工作岗位也有不同的培训要求。为了能让员工各取所需，按需施教，就可以采用这种方式进行培训内容安排！它是将培训教育对同一类型的各门课程和同一课程中的各项内容，进行相对独立、能分能合的积木式、组合式编排。在培训时按照不同的需要，取出相应的内容就行了。

释放你们的潜能，
就是我存在的最大意义……

4.3 建立企业分层培训系统

建立企业分层培训系统一般将企业员工分为三个层次进行培训，即新员工培训、一般员工培训、管理者培训。其中，管理者培训又可分为基层、中层、高层三个层次的培训。下面我们一一讲解各个层次的培训应该如何着手。

新员工培训

新进人员培训要为新员工提供企业相关情况，使员工了解所从事的工作的基本内容与方法，使他们明确自己工作的职责、程序、标准，并向他们初步灌输企业及其部门所期望的态度、规范、价值观和行为模式等等，从而让其在最短的时间内适应新的环境，尽快进入角色。

新员工培训的内容

各个企业的实际情况不同，因此新近员工的培训由可能是大相径庭，如有的企业还进行军训。但一般说来，以下内容各个企业的新员工培训都有。

向新员工介绍企业的文化、价值观和目标。让新员工知道企业反对什么、鼓励什么、追求什么。

介绍企业的经营历史、宗旨、规模和发展前景，激励员工积极工作，为企

业的繁荣做贡献。

介绍企业的规章制度和岗位职责，使员工在工作中自觉地遵守企业的规章，一切工作按企业制订出来的规则、标准、程序、制度办理。包括的内容可能设计到工资、奖金、津贴、保险、信贷、休假、医疗、购股、基金、晋升与调动、交通、事故、申诉等人事规定；福利方案、工作描述、职务说明、劳动条件、作业规范、绩效标准、工作考评机制、劳动秩序等工作要求。

介绍企业的结构组成，让其明白各部门之间的服务协调网络及流程，有关部门的处理反映反馈机制。使新员工了解和熟悉各个部门的职能，明确在企业中进行信息沟通、提交建议的渠道，以便在工作能及时、准确地与各个有关部门进行联系，并随时能够就工作中的问题提出建议或申诉。

介绍企业的相关经营状况，如：产品、市场定位、目标顾客、竞争环境等等，让新员工对企业总体经营有所了解，同时树立各种意识，如：质量意识、市场无情意识、顾客至上意识等。

进行相关的岗位、业务培训，使新员工熟悉并掌握完成各自本职工作所需的主要技能和相关信息，从而迅速胜任工作。

介绍企业的安全措施，提高他们的安全意识。让员工了解安全工作包括哪些内容，同时让其学会如何做常规好安全工作，如何发现和处理安全工作中发生的一般问题。

介绍企业对员工行为和举止的规范。如关于职业道德、环境秩序、作息制度、开支规定、接洽和服务用语、仪表仪容、精神面貌、谈吐、着装等的要求。

新员工培训的形式

新员工的培训需要根据实际情况采取相应的形式，一般可用：讲授法、现场实习、发放手册、参观、操作示范、模拟设备学习等等。

新员工培训的注意事项

尽量在第一时间回答员工急欲想知道的问题。

新员工来到企业之后往往会对有些问题很想知道答案，如果没有满足他们的要求就进行其他的培训，培训的效果会大打折扣。通常，新员工对以下问题都急于知道答案。

释放你们的潜能，就是我存在的最大意义……

下班时间。

何时发放薪金。

何时加班，加班工作能赚多少钱？

有无额外的红利，有又是多少？

发放薪金时，希望知道在保险、公共安全等不同的项目上已扣除多少？

薪金在何处领取。

薪水调整情况如何。

如何才能增加工资所得。

休假、请假的规定。

有哪些事情需要人事部门负责处理。

这些情况，有些已经在招聘时说明了，但不可能都说得很清楚。因此，在培训时将其说明应详细地告诉新进人员，可提高员工士气，增强进取心，同时亦可避免不必要的误会。

给员工描绘愿景，说明升迁计划

新员工培训没有效果的原因之一就是没有给员工描绘出适当的愿景，也没有说明职业升迁等问题。几乎不可能有人会满足最初工作或原来职务而不思上进的，所以工作上晋升的机会对新进人员而言是十分重要的，也务必于人员初进企业时即加以说明。但切记不做任何肯定的承诺，以下是适当的说明内容：

很坦白的告诉他，晋升是根据工作表现而定的。

对新进人员解释，单位内同事们已有些什么成就，同时他们遵循什么方法在做。

提供一些建议，若要获得升迁的机会，必须做哪些准备。

使他了解，若要有能力处理较难的工作，必须先有充分的准备功夫。

很清楚地说明，晋升并不能由偏袒或徇私员而获得。

企业会根据发展方向与目标和员工的兴趣、爱好给员工做职业生涯规划。

给新员工指出几条典型的升迁之路，并说明每一步升迁都有相应的考核或培训标准。

有时可能根据员工的特殊表现给予特殊的奖励、升迁。

升迁之门对好员工是永远开着的。

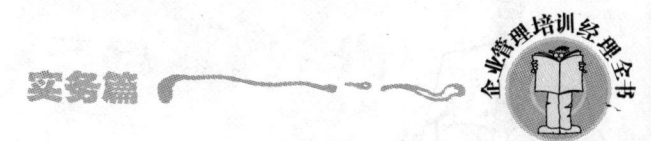

重视安全训练

安全训练是很容易被企业忽视的培训之一,但它却是非常重要的组成部分,因为一旦发生安全事故可以让企业在顷刻之间毁灭。对新员工进行安全培训,可以让其增强安全意识,将可能的安全隐患消除。企业的安全培训做好了,可以达到以下效果:

让新员工本身的安全有保障,也让其感觉到相关的福利方面已有肯定的保证。

防止在工作上的浪费,以免造成意外事件。

员工可免于时间损失,而增加其工作能力。

减少人员损害补偿费及医药服务费用的支出。

建立企业信誉极有帮助。

在安全培训时为了到达良好的效果,至少要进行以下内容的训练:

对工作中可能发生的意外事件进行培训。

介绍各种以外事件的处理原则与步骤。

仔细介绍安全常识,如果有条件可以进行现场演练。

经由测试,检查新员工对"安全"的了解程度,如果没有到达最低要求则不能上岗。

一般员工培训

一般员工常有的消极行为

一般员工占了企业员工的很大比例,他们工作的好坏直接影响企业的发展与效益,怎样做好他们的培训是企业常常思考的事情。

一旦员工在一个企业熟悉之后,如果没有有力的培训给予指导、监督,往往会慢慢显现出以下消极行为。

不能达到最低的工作要求;

对别人和自己缺乏尊重;

不能界定自己的职责;

合作精神差,没有团队意识;

沟通水平低,不能很好的和同事、上级之间进行高效率的联系与反馈;

释放你们的潜能，
就是我存在的最大意义……

行为情绪化；

对工作的承诺较低。

从一些机构对企业一般员工进行的调查中我们可以看出：员工非常渴望自己有所建树，并且希望其工作能有助于个人的未来发展。虽然大家都表示希望通过工作来改善生活和发展事业，但受访人群却认为，就现有的工作而言，即便做得再好也是徒劳无益。是什么原因造成一般员工很快就放弃了自己的就"雄心壮志"了呢？经研究，其原因有：

上司压制；

缺乏上司的赏识；

同事偷懒不出力；

不敢胜过同事；

同事间缺乏相互尊重；

被辞职率或员工淘汰率高；

缺乏自我控制。

调查人员还发现绝大多数的企业一般员工非常缺乏长期成功的要素，比如：个人情绪管理能力、人际交往能力和团队合作能力、沟通能力、生活管理能力等等。正是缺乏这些能力，因此造成了一般员工有这样或那样的工作障碍。每一个障碍的排除都得利用培训来解决。员工的自我评价过低是造成工作绩效不达标的一个原因。缺乏工作经验、缺乏正规培训、缺乏赏识、缺少良好的工作习惯、长期依赖他人、有一长串工作失误记录，这些或其它的状况使得一般员工中的大多数人不能或不愿突破现状。又比如，一位经理描述的这样一个典型事例："她冲着她的主管大吵大闹，但她同时又期望第二天能得到她想要的工作。"员工如果不能克服这些工作障碍，其工作效率、工作业绩是不能提升的。

一般员工培训应注意的要点

做一些事情，让员工的培训、工作更容易。

对你来说，某些工作似乎很简单，因为你熟悉这些。但对那些从没有接触过这些工作的人而言，他们可能难以完成。你可能听说过给那些想一口吞下一头大象的人的建议："一次只能吃下一块儿。"同样，经验告诉我们：使得工作简单易学的一条技巧是把工作分为若干简单（规模）的步骤。通过这种方式，员工们一次只需要学习一个步骤，再系统地增加步骤，而不是试图一蹴而就。但是在早期，向受训者讲明整个任务以便他们能够明确每一步骤在整个任务中的作用是十分有用的。为了达到培训目的，将一项工作分为若干部分（工作分解）的过程涉及两个问题：

在工作过程中进行观察，并把它分成若干个合乎逻辑的步骤。例如，如果工作是对客户的投诉做书面答复，那么第一步将是读信，以下两步将是识别所有提出的问题和根据问题的特定性质加以解决。第四步则是在计算机中已准备好的答复信的存档中选取适当的段落回信。如此直到工作完成。

对于工作分解中的每一步，你必须现在就考虑第二个要素——即关键点。关键点是指某项可能使得工作停顿或伤害员工的任何东西。一般来讲，它是一种可以使得工作做得更快或更容易的窍门或特别有经验员工的小技巧。上面所提及的与客户关系的工作中的关键点是掌握将真正的客户投诉从各种客户表现出的沮丧情绪中挑选出来的窍门，下一步是培养个人形成一套适合解决特殊问题和人员的标准方法的窍门。

讲授工作的最好方法是以合乎逻辑的次序讲解它的要领或由浅入深。当然，并不可能永远做到这一点。但是如果你能以系统的次序安排员工培训，学习和讲授也会变得容易些。

进行系统的、有机的培训。

培训可能是十分简单且非常令人满意的任务，也可能是一件很难也很令人沮丧的任务。如果培训时能够掌握并运用四个基本要素，你就可以将培训做得更好。系统地、有机地进行培训有四个要点：

第一步：让员工为学习做好准备。那些想学习的人最容易进行培训。因此要让受训人了解工作的重要性以及怎样正确地完成这项工作。要善于从员工身上发现问题。了解他们现在对工作的掌握情况、他们的经验多少以及他们对学习的态度。

第二步：教授如何完成工作。不要只是告诉受训人如何做或说"看看我怎么做"。培训既要讲怎么做，又要向他们讲解正确的程序。做这些工作时，一次只能做一些，要循序渐进。如果受训人还未掌握前一步骤，就不要转入讲解新的东西。

一般来讲，这是一种可逆转的"演示和讲解"方式，即你讲解和操作后，

释放你们的潜能，就是我存在的最大意义……

又有一名受训者重复。开始时你将告诉你的员工实施第一步（以及为什么），而后通过亲自实践，向他们展示各种程序。接下来你将要求受训者告诉你如何以及为什么要这样工作（借此来检查他们的理解力），而后还要让他们向你演示（借以检测程序是否正确）。事实上这是一个双向的过程——讲解并演示（由你来做），而后由另一个人遵循你的做法并且讲解和演示（由受训人来做）。这种学了之后就教的方式，能让员工更深刻地理解培训内容，且不容易忘记。

第三步：以实际操作来对他们进行测试。让员工们试着在你的指导下完成工作。起初，你可以和受训者待在一块，以了解他们的工作情况。如果他们做得不错，就对他们进行表扬，如果他们做错了，只需提出建设性的意见。在你对他们进行观察时所发现的错误，无论对你还是对受训者而言都有不可估量的意义。这些错误对受训者将会产生一些极深的影响（他们将会努力避免重犯那些错误），而且他们所犯的错误显示了受训者们还没有充分掌握的方面，这对你更具意义。

第四步：逐步放手让受训者们自己去做工作。承担一项新工作的人们迟早要独立行事，因此，当你站在一旁，他们已经能够把工作做得相当好时，就不妨放手让他们去做。但是，不要完全放任他们。应该定期地检查他们的工作进度以及合作情况：在他们单独工作的第一天，或许要检查三四次，以后的一两个星期内，每天检查两次就行了。但是决不能认为他们已经得到了完全的培训，总是有一些东西需要员工来学习——或者学得做得更好。

当然，这几个步骤并不是一成不变的，要根据事情情况和条件加以灵活运用，只要遵循这个思路来对一般员工进行培训，相信能取得良好的效果。

管理者培训

一个企业的管理者虽然在整个企业的比例不是很大，但他们的作用却是至关重要的，特别是高层管理者，他们的决策关系着企业的生死存亡。管理者培训又可分为基层、中层、高层三个层次的培训。作为管理人员，都需要学习和训练诸如计划、组织、领导、控制、沟通、协调、激励等的能力与手段，但因为工作层面的不同，所需学习和训练的内容也应有所侧重。哈佛商学院的教授研究出了各级管理人员技能的最优化组合。

处于不同管理层次的管理者在管理技能上的不同侧重要求

	专业技能	普通技能	理想技能
高层管理者	17.9%	39.4%	42.7%
中层管理者	22.8%	42.4%	34.8%
基层管理者	50.3%	37.7%	12.0%

其中，专业技能是指对生产产品或提供服务的特定知识、程序和工具的理解和掌握。普通技能是指在组织中建立融洽人际关系并作为群体的一员有效工作的能力。理想技能是指从整体把握组织的目标、洞察组织与其环境的相互关系的能力。对于高层管理者来说，理想技能是最重要的，占到了42.7%；中层管理者最重要的是普通技能；基层管理者最重要的是专业技能，占到了其能力构成的50.3%。要提高企业各层管理人员的能力必须注意这种层次性特点。

高层、中层、基层管理者所要处理的决策问题的类型及比例关系

	程序性决策	非程序性决策
高层管理者	规范性的、确定的	广泛的、非结构化的
中层管理者	结构化的	非结构化的
基层管理者	例行的、重复的、确定的	突发性的

高层、中层、基层管理者所需具备的能力

高层管理者	洞察能力、决策能力、创造能力、统筹能力、批判能力
中层管理者	判断能力、领导能力、协调能力、沟通能力、专业能力
基层管理者	专业能力、计划能力、指导能力、沟通能力、理解能力

如何针对不同层面的管理人员来实施不同的培训内容，是企业应该着重考虑的事情，下面就三个层次管理者需要培训的内容进行阐述。

基层管理者培训

基层管理者是企业"最前线"的管理者，对企业的研发、生产、销售等经营活动进行直接的管理。由于基层管理者和企业实际操作员工的距离最近，因此他们的管理水平将直接影响企业员工的工作热情、工作积极性和其对企业的

释放你们的潜能，
就是我存在的最大意义……

忠诚度。对企业基层管理人员的培训课程主要内容可做如下设置：

管理知识		管理工作的实施
企业总体经营计划和分计划；	企业现有问题；	提案训练；
监工的任务、责任和权限；	产业和同行的信息；	报表训练；
合理化建议的组织和产生方法；	如何进行生产组织；	如何发挥团队精神；
工作标准化；	如何进行人员调配；	员工敬业乐业教育；
人际关系和工作方法；	如何进行成本管理；	如何建立有效的追踪制度；
会议组织与控制；	如何进行进度管理；	如何利用有效的奖惩制度；
全面质量管理及实施；	如何进行安全管理；	工作目标和标准的设定；
员工考核和激励；	如何对部下进行评估和奖惩；	如何改进员工的工作表现；
企业规章制度等。	如何进行革新和发明；	如何改进员工的工作态度；
	操作和流程改进等；	如何维持经过改进取得的变化；
	问题处理训练；	如何让员工知道企业的评估制度；
	企业的业务管理；	如何回答员工关于福利措施的问题；
	业务知识及实际操作；	企业的报酬制度与工作评估的结合等等。
	如何发掘、分析、解决问题；	如何发挥员工的潜能、调动员工的积极性。
	如何督导、指引下属员工；	
	监察技巧；	

中层管理者培训

培训内容

对企业中层管理者的培训可以从上面的技能表中看出，他们最重要的是普通技能，然后是理念技能、专业技能。其需要的能力主要为：判断能力、领导能力、协调能力、沟通能力、专业能力，因此对其培训课程内容可做如下设置：

中层管理者的培训内容

本企业的目标和当前的问题；	技术经济分析；
本职位的任务、责任和权限；	可行性研究；
企业年度计划和自己应起的作用；	价值工程；
企业计划管理方案和实现目标的技巧；	企业诊断；
企业组织结构与决策流程；	无缺陷计划；
专业技术知识的提高；	风险管理；

实务篇

环境诊断方法及工具；
如何创造性地解决经营过程中的具体问题；
市场分析，顾客研究，同行情报；
经营核算的基本知识；
如何做好预测；
如何设定目标；
如何制订政策；
如何编排进程；
如何制订程序；
如何编排预算；
如何组织；
如何健全组织结构体系；
如何有效授权；
如何协调；
如何领导；
如何启发；
如何作决定；
如何激励；
如何指导和培养下属；
如何控制；
如何建立工作标准；
如何编制进度报告
如何评估工作成果；
如何纠正工作偏差；
如何进行变革；
现代综合管理技术；
系统分析；
管理信息系统；

目标管理；
零基管理；
计量管理；
全面质量管理；
参与管理；
过程创新；
个人职业生涯规划；
压力和时间管理；
项目和政策管理；
组织绩效测量；
工作绩效突破和改善；
沟通技能和信息传播技能
人际关系和公共关系学；
通过他人来管理；
作为指导者的经理；
如何从团队中获得意见和建议；
学习型组织的建立；
施加影响的技巧；
如何管理不同类型的人；
如何管理有问题的人；
工作协调和部门间协作；
有效的冲突管理；
劳资关系处理；
领导行为理论；
情境领导理论；
领导方式评估；
如何从变革中学习；
危机处理程序；
对困境的管理等等。

培训方法

工作轮换

使用是最好的人才培养方式，通过工作轮换可以让中层经理得到多方面的培养与锻炼。定期改变中层管理人员的工作部门，让他们到各个部门去丰富工

释放你们的潜能，就是我存在的最大意义……

作经验，扩大对企业各个工作环节的了解。这样做还可以使中层管理者更好地理解相互间的问题，改善部门间的合作。具体形式可以是只在每个部门做观察员，但更有效的方式是让受训者实际介入所在部门的工作，通过实际去做来了解所在部门的业务，包括销售、生产、财务和其他业务，使职能管理人员"通才化"。

目前在一些大型的高科技企业和著名外企中实行轮岗制的公司较多，华为、西门子、爱立信、柯达、海尔、北电网络、联想、明基等公司也都在公司内部或跨国分公司之间进行了成功的岗位轮换制度。当然，各个企业需要根据自己的具体情况来实行，不能一成不变。华为为了在人力资源管理中引入竞争和选择机制，在公司内部建立一个劳动力市场，目的是促进人才的合理流动，通过岗位轮换实现人力资源的合理配置和激活潜力。他们还明确规定，高中级中层管理者必须强制轮换。

多层次参与管理

将企业各个部门中有发展前途的中层管理人员集合起来，让他们就高层次管理问题，如组织结构、经营管理人员的奖酬机制、部门之间冲突的协调等提出自己的建议，供企业董事会参考。这种方法可以为中层管理人员提供分析和处理整个企业范围内的高层次决策问题的机会和经验。

采用导师制度

导师制度指为每一位中层管理者配备一位导师，导师应是企业中富有经验的资深管理者，他有培养被指导人的责任和义务，在日常的工作中对被指导者进行在职知识指导和提出职业发展规划建议。

通用对管理人员的培训就包括这种导师制度。通用电气在企业内部外部都选拔一些表现很出色的、他们认为将来可能成为领导人的人，然后给他们配备一些内部非常资深的高级管理人员做他们的导师，帮他们筹划他们职业计划，指导他们工作，公司会为他们提供一些课程。采用这种培训方式可以让受训人员少走很多弯路，在最短的时间内熟悉和掌握相关技能，并且不会偏离正确的方向。

高层管理者培训

"高层管理者"是指负责整个企业资源运用及经营成效的高级人员。高层人员因为其承担着有关规模、一体化、多角化、成长以及创新等任务，所负担的责任特殊，面临的挑战艰巨，显然不同于组织内其他部门或层级。

高层管理者的主要责任包括：

追求企业使命。

企业机构设定标准及形态。慎重思考企业的组织结构和组织设计。

培养企业未来的人力资源，尤其是高层人力资源。

与外界建立并维持良好的关系。

参加各种"仪式"和"典礼"。

在企业遭遇重大危机时充当企业的"备用工具"。

高层管理者应具备的素质

高层管理者的责任重大，所需具备的素质与能力也是很高的。那么高层管理者究竟需要具备什么样的能力才能完成好上述职责呢？美国总经理协会认为，一流的总经理应该具备：

基本素质

堪为全体员工的模范，深负众望，很能合群。

品德高尚，见识广博，工作勤奋，业务过硬。

头脑灵活，对时代有预见性和洞察力。

有人情味，总能考虑别人的难处，能经常在部下、同事、上级、关系单位以及顾客之间创造出一种令人满意的气氛，像磁铁一样有吸引力，有领导才能。

具有坚定的信念和勇气，把全体员工的真正声音带到最高决策层，并提出解决问题的建议，而不是仅仅把决策层和管理阶层的意图向下传达。

自觉认清企业对社会所负的道义责任和其他责任，并在行动中恪守无误，严守信誉，在任何情况下都不为私利轻举妄动。

经营企业的思想基础是：把企业的收益与员工的生活福利联系在一起，使企业与全体员工形成一个不可分离的整体。

有果断的判断、勇敢的实践和坚韧不拔的毅力。

有旺盛的进取精神，有独创精神。

遇到困难不畏缩，不是先考虑借口，而是研究怎样才能完成。

对上级不阿谀奉承，不光做面子上的事情。

不文过饰非。

释放你们的潜能，就是我存在的最大意义……

先公后私，并率先弃私。

不靠排斥别人、踩着别人的肩膀用虚伪手段向上爬。

学识：

知识结构。具备有关经济学、计量分析、信息处理技术、行为科学的知识；精通至少一门专业；接受过营销、财务、生产作业、人事行政等职能教育和训练；对工商企业的专业分工有全面系统的基本的知识，充分理解各个专业的作用和它们相互之间的关系；对工商企业活动的各种环境和层面有明确认识。

专业经验。熟练掌握一种专业的理论、方法、工具及应用，懂得它们的发展历程和趋势。

全球观念。了解工商企业活动所处的国际、社会、经济、政治和自然环境，理解它们之间互相依存的关系；能认识并解释全球趋势，能识别国际商业机会；学会如何在不同国家、不同文化环境中管理企业。

懂技术。懂得并致力于技术的生产性应用，懂得产品技术、工作场所技术和应用，以及它们对工商企业、社会所产生的普遍影响。

管理技巧。拥有一套有效的用于沟通、共事、调遣、信息处理的技巧。

能力：

思维决策能力。能在几个方案中选择一个较佳的方案。

规划能力。对事物进行计划、制订实施步骤的能力，以及调查研究能力和组织能力。

判断能力。能对事物的是非曲直进行判断。

洞察能力。能透过现象看到本质，预见事物的发展和变化。

说服能力。对其他领导成员和下级进行说服，使他们同心协力进行工作。

对人的理解能力。能掌握每一种类型的人的性格、特点等。

培养下级能力。了解下级的需要，对下级善于进行教育，以提高他们的素质和工作效率。

调动积极性的能力。能采用巧妙的方法使下级人员积极、主动地工作，而不是被动地单纯听从命令、指示。

鼓动才能。能制订和表达自己的目标和理想；能鼓舞和激励他人，能创造条件给予他人排除万难、争取成功的动力。

创造性地思考问题的能力。能突破传统的框架和常规思维方式，进行创造性的思维活动；敢于创新，能辨识事物的规律和形式，举一反三。

严密推理的能力。能在理论指导下运用逻辑分析、设立假设、摆明论据、订出明确的评估标准；能综合不同观点，所得结论经得起逻辑推理和实践检验。

解决问题的能力。在研究问题时，能应用所学的概念、理论、方法，发挥创造性，运用判断力，找出问题的症结所在，并设计解决方案。

综合能力。能认识并综合一项工作和一个问题的各个不同方面，认识它们之间的关联及对整体的影响，学会从整体考虑问题。包括：

表达能力和谈判能力。

团队精神。

企业家精神。

道德品质：

信守道德准则。

不断自我提高。

自重。

行动。

对高层管理者的培训应该侧重于观念、理念方面，而不是业务、操作方面。一个好的高层管理者所需具备的素质与能力都是很多、很高的，其培训内容可以做如下设置：

高层管理者的培训内容	
企业所处环境和国内外形势的介绍	宏观经济环境和趋势分析； 各级政府的各项政策法规； 行业状况；市场发展与前景； 新兴科技和产业等等
企业发展战略研究	如何造就企业的核心竞争力； 战略思维和计划； 内部资源分析； 外部机会与挑战分析； 企业产品发展策略； 多角化、一体化经营策略； 组织扩张策略等等

续表

高层管理者的培训内容	
经营思想的探讨	经营哲学； 管理模式； 企业宗旨； 企业文化等等
对策研究	运筹学； 对策论； 博弈论； 危机管理等等
组织设计和用人	激励理论及实践； 内部授权和责任中心； 劳资关系； 人才开发和接班人计划； 组织的人性化； 管理的多元化； 未来组织的发展趋势等等
控制和影响	权力结构的建立和维持； 有效的控制机制； 管理信息系统和电子商务系统的引入等等
企业现代管理技术	战略管理技术； 综合规划技术； 预测决策技术； 人力资源管理技术； 财务管理技术； 生产作业管理技术； 物资管理技术； 质量管理技术； 信息管理技术等等
个人能力和修养的提升	企业家精神； 个人权威和影响力； 人格魅力； 现代管理思想； 领导艺术等等
企业社会责任探讨	环境保护与可持续发展； 如何将社会责任转化为企业机会； 企业的公共关系等等

高层管理者培训方法

高层管理者的培训主要采用高级研习班、研讨会、报告会、自学、企业间高层交流、热点案例研究讨论等形式，也可以进行在职高等学历教育和MBA、EMBA教育，或有计划地选送人员出国考察、业务进修。但要注意防止走过场、混文凭、公费旅游等现象的发生。高层培训要有计划的进行，不要等到决策时无能为力才想着培训，这时已经晚了。

4.4 企业分职能培训系统

上一节我们讨论了企业分层次的培训，但企业仅仅有根据受训者层次而对其进行笼统的培训是远远不够的，还必须根据各个受训者的工作职能加以区别来培训。不同的岗位有不同的工作职能，也就需要不同的工作技能，因此不能笼统的培训，必须区分对待。由于企业岗位繁多，不可能一一列举，这里挑选出生产作业、营销、人力资源、财务这几大基本管理职能的培训进行叙述。并且重点讨论营销和生产作业这两类在企业人数相对众多、光为设置相对复杂的管理职能，同时给出一个销售人员培训的范例。

生产作业人员的培训

生产作业管理人员的培训

释放你们的潜能，就是我存在的最大意义……

生产与作业管理人员对劳动、资本和作业人员的有效管理可以提高企业的生产效率，因此对其的培训的效果往往也是企业非常重视的。企业的生产作业人员包括工程技术、物料、品管、设备、制造等人员。其岗位培训内容分别是：

生产作业经理职能培训内容

如何统率工程技术、物料、品管、设备、制造主管及其部署，管理企业中有关供应产品及提供劳务的事物；

如何督促所属人员拟订厂房、设备、机器、生产管理、品质管理、物料管理、维护等作业方案；

如何依照销售预测拟订生产计划；

如何制订和签署生产作业部门的组织系统以及人员的配置和变动；

如何培养和发展各类生产作业专业人才，拟订本部门人员的加薪、晋升及考核标准；

如何指挥及支援本部门各主管及其部属完成指定的工作目标；

如何主持生产作业部门会议，协调和仲裁各分部之间的冲突；

如何评价及核查本部门各主管的工作表现；

如何与企业的营销部门维持密切的产销平衡关系，与企业的财务、人事和其他部门取得必要的支援关系。

产品主管职能培训内容

如何建立品质管理系统，包括品质管理目标、组织、职责、文件、工作流程等等；

如何选用、训练、分派品管人员到各现场执行检验任务；

如何拟订各种原料、半成品及成品的检验标准；

如何申请购进、使用和维护所需的检验设备；

如何确定各批检验工作的抽样方法和样本大小；

如何协助企业其他部门和单位，推行和建立全面质量管理。

工程技术主管职能培训内容

如何选拔及训练本企业的设计、设备及工艺工程师；

如何设计自制设备，审核外购设备，设计和审核新建工程；

如何设计、制订和改良产品的规格、材料等；

实务篇

如何设计厂房和设备布置，设计和改良操作方法，拟订工作时间标准；

如何拟订作业手册、产品目录、产品说明书的内容。

设备维护主管职能培训内容

如何配合生产计划和工程设计计划，拟订厂房及设备的扩充、更新与维护计划；

如何拟订设备的例行维护制度，包括维护的目标、组织、职责、文件、工作流程等等；

如何选用、训练、分派维护人员到设备现场执行维护、检修任务；

如何执行设备安装与调试、工程施工监督与修护工作；

如何记录、分析、报告机器设备故障的原因和改进维护的方法。

物料主管职能培训内容

如何建立存货管理、包装、仓库及运输系统，包括物料管理目标、组织、职责、文件、工作流程等等；

如何负责收料、存料、发料与成品的包装、分类及记录；

如何负责原料、半成品及成品的运送、仓储及保管；

如何积累、搜集和报告有关物资及其流动的资料。

车间主管职能培训内容

如何拟订作业计划，包括工作小组的分派、产量、进度、标准等等；

如何监督和领导各工作小组执行作业进度；

如何说明操作方法，指导技术问题；

如何领取及保护物料、半成品、车间设备；

如何选用、训练及考核车间作业人员；

如何汇集、记录、报告生产资料的使用情况。

生产作业管理人员的技术培训

技术培训课程的内容可以作如下设置：

释放你们的潜能，
就是我存在的最大意义……

现代生产管理技术

生产管理系统；

生产计划与控制的基本内容与方法；

现代企业流水线组织；

作业管理的基本内容与目标管理；

定额管理；

成本分析和成本控制；

成本管理；

全面设备管理；

物流管理；

员工自我管理小组；

成组技术；

项目动态技术；

最优作业排序；

准时制生产方式；

柔性制造系统；

制造自动化系统

最优生产技术；

制造资源计划；

物料需求计划；

企业资源计划

计算机集成制造系统；

智能资源计划；

计划工艺规划；

工程设计集成系统；

并行工程；

网络计划技术

业务流程再造；

敏捷制造；

虚拟制造；

绿色制造。

质量管理技术

质量管理的发展历程；

质量成本；

质量管理的基础工作；

PDCA循环小组；

零缺陷活动；

质量管理的工具和方法；

全面质量管理；

质量信息分析和统计技术；

员工参与；

ISO9000标准的选择和使用；

质量保证模式标准的比较和选择；

ISO9000的质量改进国际标准；

质量管理和质量保证标准的比较；

建立质量体系和编制质量手册；

实务篇

质量管理的环境和支持系统；
ISO9000标准的演进过程和发展趋势；
ISO9000标准的组成及标注之间的内在联系；

申请质量认证的程序；
我国的质量认证法规；
国际质量认证制度和认证机构等等。

生产作业计划管理实务
制造业管理构架与管理需求分析；
如何制订可行的生产计划；
同步化订单排程模型结构的建立；预测式、简单存货式、单阶订单式、多阶订单式；
生产能力负荷规划；
生产能力预测与修订；
如何设定工作中心；
标准工时与负荷展开；
不同生产形态下的负荷管理要点；
如何运用MRP，使生产计划切实可行；
适时、适量、适品的生产供需；
进料期规划技巧；
如何使现场进度资料正确及时；
如何对异常情况进行管理和检查；
进度排程与管理技巧；
自动排程模板的建立；
有效的工作分配与生产准备作业；
如何进行缺料预测分析；
订单指令的开具技巧和管理；
生产准备技巧；
如何运用在制品存量管理；
现场管理绩效的计量化；
有效的现场品质管理手段；

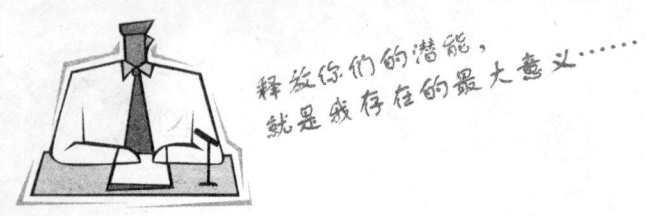

如何运用其他支援手段完成生产计划；
有效的预防保养手段；
有效的效率确保和提高手段；
生产管理系统计算机化构架及成功导入。

营销人员的培训

营销人员岗位培训的内容

企业影响人员是给企业"直接"带来利益的群体，每个企业都十分重视对他们的培养。企业的营销人员包括企划人员、客户代表、广告和促销人员、推销人员、市场调查人员等。营销人员的岗位培训一般有如下内容：

营销经理岗位培训内容

如何统率企划、推广、销售、外贸、售后服务主管及其部署，管理本企业产品及服务的营销及市场开发事宜；

如何拟订和修正企业市场营销总计划；

如何督促所属人员拟订市场调研和产品、价格、分销、促销策略的执行方案；

如何制订和签署营销部门的组织系统以及人员的配置和变动；

如何培养和发展各类营销专业人才，拟订本部门人员的加薪、晋升及考核标准；

如何指挥及支援本部门各主管及其部属完成指定的工作目标；

如何主持营销部门会议，协调和仲裁各分部之间的冲突；

如何评价及核查本部门各主管的工作表现；

如何与企业的生产部门维持密切的产销平衡关系，与企业的财务、人事和其他部门取得必要的支援关系。

推广主管职能培训内容

如何依据营销目标及营销计划，拟订推广预算；

如何拟订推广时间、地点及人员的配置方案；

如何联络和选用广告代理商，选择广告媒体和广告内容，指定推广文件及产品目录；

实务篇

如何计划和筹办国内外产品展示会，负责场地租借、布置、产品联运、服务员的派驻等事宜；

如何衡量推广效果，修正推广预算及执行方案。

企划主管岗位培训内容

如何拟订市场调研计划，选用和训练市场调查人员；

如何汇集、分析以及报告企业外部的各种情报；

如何处理企业内部的各种资料和现场营销作业人员所提供的情报；

如何辅助营销经理，拟订和调整企业的销售预测及营销计划；

如何协助营销经理，拟订营销部门各单位间工作的协调程序。

销售主管岗位培训内容

如何拟订销售方案，包括销售目标、策略、价格、人员、时间、地点等等；

如何招募、训练及管理销售代表；

如何选择、训练及管理国内经销商；

如何与企业的大客户建立关系；

如何访问客户并推销产品；

如何签订订单及契约，发送货品，收取货款；

如何向企业回送现场销售情报。

服务主管岗位培训内容

如何配合销售方案及外销方案，拟订产品的安装、修理服务人员的选择和训练方案；

如何分配产品售后安装及修理工作，收取零件、服务费用；

如何向顾客和经销商传授产品的一般修理和维护知识。

外贸主管岗位培训内容

如何拟订企业产品的外销方案，包括外销目标、策略、人员、时间、地点等；

如何拟订国外采购方案，包括采购项目、数额、规格、价格、供应商、地点、付款方式、时间等等；

如何签订外贸合同；

如何考察国外客户及供应商，并与他们建立业务关系；

释放你们的潜能，
就是我存在的最大意义……

如何办理进出口有关文件，如报关、报验、保险、船运、融资等等，并追踪核查产品的送达及入库事宜；

如何汇集并向企业回送产品及原料的国际价格变动情报。

营销人员的技能培训

营销人员的技能培训主要为三部分，其内容如下：

营销管理技能

营销系统的建立；制订营销计划的过程与步骤；

顾客研究；目标市场与产品定位；

产品分析；价格策略；

广告和媒体选择策略；分销渠道策略；

有效的推销；营销组合——4P要素模式和3C要素模式；

销售队伍建设和人员管理；营销道德；

连锁经营；市场营销信息系统；

网络营销；关系营销；

服务营销；品牌营销；

营销竞争策略；营销财会；

国际市场营销战略；国际贸易实务；

杜邦公司的部门营销计划；博诺马的计划实施模式；

尚克林的六个营销误区；特里格／托比亚的营销战略传达节奏法；

麦克尔尼的促销代理行挑选指南；SAS航空公司的一次服务补救原则；

诺维奇的电话营销行为准则；拉普和科林斯的双重责任广告等等。

推销技能

熟悉自己的产品；搜集营业情报；

突破销售记录；制订周密的计划；

有效的沟通和推销展示；维持老客户；

开拓新客户；处理顾客的抱怨与纠纷；

与客户签订销售合同的技巧；盖勒曼的销售管理指南；

纳什瓦的"盲点"客户调查；格雷厄姆的破坏销售因素；

索尔斯的销售演讲训练；西曼斯基的陈述性知识销售模式；

谈判礼仪；自我激励；

时间管理等等。

调研技能

市场需求研究；市场细分与潜力测定；

销售分析与销售预测；宏观市场研究；

消费者行为研究；新产品市场评价与检验；

市场信息系统建立；投射性技巧；

安德里森的逆向市场调研；搏泽尔和雅各布的双向中心小组法；

人力资源人员培训

人力资源部门是企业人才的"贮备库"，他们的工作将直接影响到企业的人才战略。人才是企业最宝贵的财富，能否开发出高效人才与企业的生死存亡密切相关。企业的人力资源人员包括人力资源经理、人事主管、福利主管、培训主管等等。其培训有如下内容：

人力资源管理概论； 人力资源规划；

人力资源管理信息系统； 组织规划与设计；

流程管理与改善； 工作分析与职位描述；

招募、甄选与面谈技巧； 应聘者能力素质测评技术；

绩效评估制度设计与管理； 绩效评价方法

考核标准的具体制订及其技巧； 绩效改进计划的制订；

四种职位评价方法的操作流程及优缺点分析；

薪资制度规划与管理； 市场薪资调查及企业工资曲线的确定；

薪资结构的厘定； 测量薪资满意度；

年度薪资调整的依据； 确定员工工资水平的五大步骤；

如何建立有效的薪资沟通平台； 技能工资制（SBP）和职位评价制（JBP）；

年薪制五类具体模式； 奖金设计与福利保险设计；

员工持股计划； 经理股票期权（ESO）制度；

释放你们的潜能，
就是我存在的最大意义……

利润分享计划； 企业整体激励计划；
斯坎伦计划； 收益分享计划；
企业福利方案规划； 风险工资计划；
员工职业发展规划； 员工训练与发展计划
员工关系管理； 员工咨询辅导与协助；
员工安全与健康管理； 劳动关系处理；
劳动争议及处理； 员工投诉与申诉处理；
员工心理； 员工离职与解聘管理；
危机关系处理； 冗员管理；
外籍员工管理； 外派人员管理；
人事规章制度； 人力资源管理相关法规；
企业文化和企业伦理； 企业培训管理；
企业培训及教育系统的实施 企业培训及教育系统的建立与规划；
企业培训及教育系统的效益评估； 企业内培训人员的角色及自我提升；
内部培训师的选择与培训等等。

财务人员培训

财务管理是企业管理的重要组成部分之一，是有关资金的获得和有效使用的管理。财务管理人员的能力高低将直接影响到企业的资金运营。企业的财务人员包括企业的财务会计、管理会计、成本会计、出纳、预算控制人员等。其培训有如下内容：

财务管理目标； 财务分析；
财务预测； 利润规划；
投资项目评价； 财务预算；
风险分析和管理； 期权、期货及其他衍生金融工具；
证券评价； 流动资金管理；
筹资管理； 股利分配计划
资本成本和资本结构管理； 兼并和控制的财务处理；
重整、清算的财务处理； 成本控制；

实务篇

成本核算；　　　　　　　　　　　　企业财务制度；
企业财务通则；　　　　　　　　　　企业会计准则；
财务报告的编制；　　　　　　　　　合并会计报表的编制；
企业各具体业务的会计处理；　　　　会计法；
国际会计准则；　　　　　　　　　　涉外会计；
税法和经济法；　　　　　　　　　　职业道德及操守等等。

以下这个公司的骨干业务员培训有着明确的目的和详细的实施过程，相信我们能从中得到有用的启示。

范例——某公司骨干业务员的培训

培训对象：公司骨干推销员，在公司已有13~15年工龄，长期在营业部第一线工作，有部分下属，行使部分经理权利，但却不是完全的管理者。

培训目的：缩短预期销售量与实际销售量之间的差距，并可以在规定时间内反映出效果究竟如何。

培训时间：时间为三天两夜，在此期间所有参加者集体住宿。

培训方式：采用授课法、分组讨论法和角色演示法进行。

培训内容及重点：首先让骨干员工了解为达到目标所应有的角色意识和执著追求的精神。其次，如何根据自己的能力设定适当的目标。再次，学习有效的商业谈判技巧。最后才是具体的人为达成目标所制订的行动方案，如采取何种推销手段、有效访问的次数、推销数量以及开拓新的市场等等。

具体安排：

第一天：

上午：骨干员工到集训地报到，熟悉新环境。

下午：讨论为什么要达到一定的目标。训练负责人可启发员工从三个方面加以讨论。

从自身来说：实现自我成长的途径，自己生存的必要，家庭生活的要求，体现自我价值，下属追随的对象，成为企业发展史上光荣的开拓者，与公司紧

释放你们的潜能，就是我存在的最大意义……

密相联。

从公司来说：公司存在与否的根本，在于能否提高市场占有率；以及继续运转的动力。

从社会来说：贡献社会的指标，提供社会最好的产品。

实施可将所有人员分为五组，用自我提示法，闵法进行小组讨论。

晚上：为自己设立要达到的目标。其步骤如下：

用设定目标最正确的方法，确定自己的目标，找出与实际销售情况之间的差距。

采取的方法有现有资料使用法、价值判断法和援助其他部门计划法等。

以现有资料分析法来说，将其他公司的数据同本公司进行比较，分析本公司在占有率、成长率、商品数量、性能方面的地位，从而确定本人想要访问的顾客数量、实现经济目标、销售数量等等。

各人提出自己成功的方法和范例，交流心得。

第二天：

上午：用角色演示法来学习推销技巧的初次演示。

由指导员进行角色分派，决定顾客和推销员的人选，然后设置演出场景，就可以开始第一次演示了。在演示完毕以后，由观察员针对各演出角色进行评论，对于扮演推销员，至少提出三项优点和三个需要改进的方面，进行综合评价。

下午：针对上午演示中暴露出来的问题，进行第二次演示，指导员做总结发言。

第二次演示的角色应进行互换，由上午扮演顾客者来扮演推销员，而原扮演推销员者则扮演顾客，以便更好地体会角色差异。

晚上：由个人针对本人特点，制订工作计划表，说明进行推销活动的战略战术，例如访问客户的时间、想要达到的目的、推销技巧等等。

第三天：

上午：每个人说明自己的行动方案和计划状况，由指导员进行评论，指出应该注意的地方。应注意的地方有：

该计划是否针对本人特点；

是否贯彻了角色演示中学到的技巧与技能；

是否融入了本人的心得体会。

下午：由指导员将个人计划表，以及指导员所作评述交给其上司，解散员工，回到各自的工作岗位。

经过培训，员工是否将学习成果运用到实际工作中去了呢？这次训练是否有必要呢？这些问题，都需要通过追踪评估来实现。

也许这项工作耗时长、实施起来非常困难，但却是骨干员工培养不可缺少的一环，是提高训练负责人对员工培养能力的重要途径。

公司的训练部门负责人拟订了如下面所示的图表，作为评价骨干员工工作能力的训练方法有效与否的标准。一般在实施训练3个月后使用。

训练前后对比表

接受训练前3个月推销情况	接受训练后3个月推销情况
____月____	____月____
____月____	____月____
____月____	____月____
训练过程中指导员提出的注意事项	
1.	2.
3.	4.
训练结束时个人确定的工作目标，要执行的任务	
1.	2.
3.	4.
直属上司的意见（即今后追加训练的注意点）	
1.	2.
3.	4.

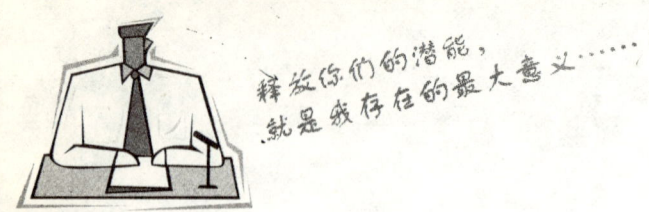

4.5 高效企业培训体系的原则

企业要建立高效的培训体系,必须遵守一些重要的原则:

原则
- 系统性原则。
- 理论与实践相结合的原则。
- 前瞻性原则。
- 全员发展与重点提高原则。
- 人格与专业并重的原则。
- 因材施教原则。
- 讲求实效与激励原则。

系统性原则

人员培训的系统性原则主要表现为培训过程的全员性、全方位性和全程性。只要满足了这几方面的培训系统,就可以称之为具有系统性的培训体系。

全员性包涵两方面的意思,一是全员都是受训者,二是全员都是培训者。全员都是受训者不难理解,企业不仅是新员工、一般员工要接受培训,管理层即使是最高领导人也要接受培训。因为现代市场的激烈与残酷竞争,决定了企业全体人员只有不断学习才能求得生存与发展。全员都是培训者,这在企业中做到的就很少了。企业应尽量让员工都能充当培训者,特别管理人员更要充当这个角色,这非常有益于企业员工自身的成长与上下级、部门之间沟通和协作。

全方位性是指培训的内容丰富宽泛,满足不同层次的需求。现代企业的竞争渗透到各个方面,因此每个环节都不能有任何纰漏,培训也是必要的了。从

简单的技能训练,如机器的操纵、计算机的使用到管理人员的开发,如团队的建设、授权的方法;从提高员工的工作技能到高层管理者的进修都应做好。

全程性是指企业的培训过程贯穿于员工职业生涯的始终。企业结合自身的发展来给员工制订职业生涯规划已经成为现代人力资源管理的标志活动之一了,体现了企业对员工成长的关怀。对于企业而言,重视职业生涯发展,有利于促进培训观念的转变,扩大训练与发展的领域,改善组织的人力资源计划和开发活动,使所有成员保持生产率和动力,提高组织绩效。

理论与实践相结合的原则

企业培训的最终目的是提高员工的工作绩效,增加企业利润。因此,不管怎样培训都不能脱离这个目标。如果培训对企业没有实际用处,那么再好的课程也不应该开设。理论与实践相结合是指根据生产经营的实际状况和受训者的特点开展培训工作,既讲授专业技能知识和一般原理,提高受训者的理论水平和认识能力,又解决企业发展中存在的实际问题。具体到每一场培训,就要做到根据培训目标来精心安排培训内容,而不是跟着别人走,别的企业培训什么,也就培训什么。培训的内容和方式应符合成人的学习规律,培训时尽量发挥员工的主动性,这样就能更好得与实际相联系。

前瞻性原则

企业培训应有一定的前瞻性,高效的培训体系也应该做到这一点。企业如果只是有了问题才想到培训,那永远只能被牵着鼻子走。培训要有前瞻性,这对培训者的要求无形中提高了很多,不是每个培训者都能达到这样的高度,但如果有这样的高度,那对企业的发展无疑是如虎添翼。

企业培训必须和企业的发展战略相结合,才可能有正确的前瞻性。前瞻性主要体现在对市场的前瞻性和对时代发展动脉的前瞻性。市场的前瞻性主要是能看到企业所在行业的发展趋势。时代发展的前瞻性许多企业都已经看到了,对企业而言它主要体现这几个方面,即进入知识经济时代、进入经济全球化时代、进入了人本管理的时代。一个企业如果想成为世界性的企业,这几个时代

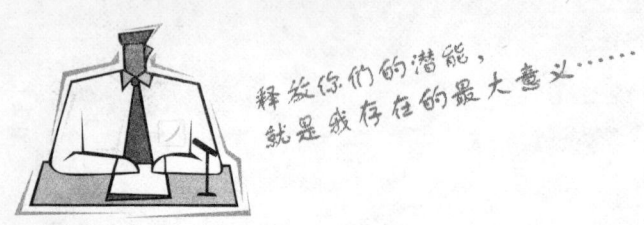

性的特征必然将给企业很大的影响,如果没有顺应这样的发展,是很难有所大作为的。

全员发展与重点提高原则

随着市场经济的发展,国家间的竞争,企业间的竞争加剧,透过产品的质量、价格和服务竞争的层层迷雾,我们看到的是不同国家、不同企业之间人力资源的竞争。因此,无论是国家领导人,还是企业家,均把培养高素质的人才当做首要任务。"造物之前先造人",是日本松下企业的座右铭。

全员发展要求培训要提高全体员工的普遍素质,这将为企业的快速发展打下坚实的基础。每个企业都会有自己的骨干员工,对这些员工就应该重点培训与提高,因为他们是企业的栋梁,没有他们企业将无法发展。

人格与专业并重的原则

很多企业的培训都只是注重员工的技能培训,而忽视了道德修养等人格方面的培养。专业技术对企业是非常重要,同时对个人而言,在当今知识经济时代,不可想象一个没有文化、没有知识的人在社会上还有立足之地。但是,人格方面的修养同样重要,有时比专业技术更为重要,这时因为专业技术比人格的培养要容易得多。人格的体现之一就是做事态度,即使个人才华横溢,但工作态度随意,工作意愿不强,也不可能成为企业的中坚力量。人格培养往往和企业文化相关联,在这方面做得好的企业,它的企业文化一般都是非常优秀的。总之,企业应该重视员工的人格培养,这样才能培养出对企业有高忠诚度的员工。

因材施教原则

因材施教的前提是尊重和承认个体的差异,这对于制订适宜的学习计划是相当重要的。人与人之间存在着心理差异、个体差异,人作为生物体,在外形上也是各不相同的。所以,个体的差异是客观存在的。尊重这样的差异,根据

每个人的特点和要求制订相应的学习计划；同时针对每个人员的实际技能、岗位和个人发展意愿等开展员工培训工作，这样就能使培训的效率大大提高，同时能让员工易于接受。

讲求实效原则

培训当然要有实效，因此，企业培训体系也不应该脱离这一宗旨。但我们在讲究实效的时候，要把培训的实效和系统性原则结合起来看，不能只仅仅看一场培训怎样。有的培训，做一次也许并没有多大的效果，但一旦形成一定的规模，形成了系统，它的效果就会明显起来，因此培训者必须要有长远的目光。

激励原则

激励原则是让员工有制度的约束，奖惩有度。好的制度也能让人积极向上，激励原则就应该做到这一点。可以将培训与人员任职、晋升、奖惩、工资福利等结合起来，让受训者受到某种程度的鼓励，同时管理者应当多关心培训人员的学习、工作和生活。一旦激励起到了作用，员工自然会追求实效，而不会有走过场的举动或不在乎的心理产生。

4.6 高效企业培训体系的标准

没有规矩，不成方圆。做事一定得有标准，培训也不例外。高效培训体系的总体标准就是要有利于企业战略目标的实现，有利于竞争能力、生存能力、获利能力及获利水平的提高。具体说来，这些标准可以体现在以下方面：

释放你们的潜能，
就是我存在的最大意义……

有利于传递信息。
有利于更新知识。
有利于改变态度。
有利于发展员工能力。

有利于传递信息

信息就是财富，当今时代已是信息时代，没有完善的信息通道，企业就只能眼睁睁地丧失许多机会。企业的生存离不开知识，知识在一定程度也是一种"信息"，企业所需要的信息是多方面的，通过培训应该使企业员工能达到了解所需信息的要求。比如：了解企业的生产特点、工艺流程、产品性质等企业基本知识，让管理人员熟悉企业的生产业务了解企业的营销政策、市场状况等方面的情况等等，这些都是属于传递信息的范围。

有利于更新知识

现代企业几乎都离不开先进知识的使用。同时，知识正在以前所未有的速度更新，为了适应日新月异的知识发展的需要，以及企业在竞争中不致于被淘汰的要求，员工的知识必须不断地得到更新和补充，企业进行人员培训正是适应这方面需要。高效的培训体系应该能做到根据企业需要，弥补员工知识结构的缺口，有针对性地进行培训，使员工在培训中不断地接受新知识，更新旧知识。如果不能跟上企业发展所需知识的更新，企业只有灭亡。

有利于改变态度

能为企业做出卓越贡献的员工都是那些认同企业文化、价值观念、行为准则和经营宗旨的员工。这也是为什么要强调培训员工态度的原因之一了。员工的态度就是他们的价值观念的体现，怎样让员工尽量和企业的价值观、企业文化的精神保持一致是企业应该努力做的事情。企业应该通过对员工的培训，使他们逐步了解企业文化，接受企业的价值观念，按照企业普遍的行为准则和制度从事自己的本职工作，与企业同化，增强对企业的凝聚力、号召力，并甘愿为企业奉献自己的才华。

有利于发展员工能力

培训不但要让员工掌握必要的知识与技能，更为重要的是使其能力得到进一步地提升。知识会陈旧，但能力却是可以受用终生的法宝。如果培训后，员工仍在原有水平上踏步，不能适应企业发展的新需求，也没有对企业员工的成长提供必要的帮助，那么培训是毫无意义的。培训应使员工的潜能得到逐步的发挥，只有这样才能发挥他们的能动性，在工作发挥最大作用。

4.7 高效企业培训体系的特点

企业人员培训也是一种教育活动，但它与一般教育相比，具有很鲜明的特点，具体体现在以下几点：

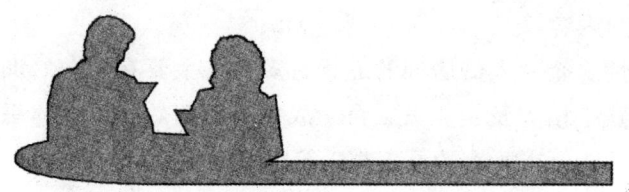

释放你们的潜能，就是我存在的最大意义……

强针对性

培训越有针对性，就越容易取得好的培训效果，没有任何课程是适合所有企业的，因此培训也必须要有针对性。针对性体现在对企业不同层次、不同岗位的员工，培训的内容、方式不同。不同规模、不同性质、不同行业的企业培训要解决的问题不同。

企业培训的目的，一般是培养企业人员的专业知识与技能，或是改变员工的工作态度，以适应企业或企业生产经营的需要。培训的内容也和工作需要有着密切的联系，岗位需要什么就传授什么，企业员工在什么方面缺乏就补什么。

多样性

层次多样性。企业人员并不是所有的人都在同一水平，不同层次的人员需要不同的培训，有效的培训体系应该能满足这一需求。能适应员工在年龄、教育程度、技术水平、岗位要求和发展趋势等方面呈现出来多样性。要适应员工的多样性，当然培训也就只能多样性了。

培训类型多样性。一个企业需要多种技能，通常包括：新员工上岗培训、技术培训、职业技能培训、经理技能培训、总经理技能培训、安全和健康培训、组织发展培训等。任何一个类型对企业的发展都是必不可少的。

内容多样性。企业需要的培训内容是多种所样的，既有技能、技术方面的需求也有思想方面的需要。岗位操作技巧、思想政治教育、企业价值观教育、基础文化知识教育、法律政策及制度培训、行为规范及礼仪培训等等，都可以成为企业培训的内容。

形式多样性。企业人员培训的形式有多种，主要有定向培训、在职培训、脱产培训、实践中培养及企业员工自学成才等。高效的培训体系应考虑好这些形式的运用，不能要求所有的员工都千篇一律地培训。

实务篇

科学性和集中性

科学性就是能满足企业长远发展的战略需求。因此企业培训应进行系统规划，统筹安排及对培训的集中统一管理，企业人员培训不是企业任何一个单独的部门可以单独进行和处理的，而是关系到人事、经费、工资福利、工作安排等一系列问题。要想使培训工作富有成效，客观上也必须进行集中统一管理。具有科学性、集中性的培训体系应能做到有计划、有步骤地开展培训工作，既有近期目标，又有长期战略，并制订切实可行的方针和政策。

4.8 如何创建企业培训体系

虽然企业的发展程度不一，培训文化的成熟程度就不同，培训体系也就可能有所不一样，但建立一个成熟的企业培训体系，一般都会有以下几个步骤：

步骤一：培训需求分析；步骤四：培训实施；
步骤二：培训目标确定；步骤五：培训效果评估；
步骤三：培训计划确定；步骤六：培训效果转化。

释放你们的潜能，
就是我存在的最大意义……

培训需求分析

企业的培训不是随便做的，必要事先进行相关分析。企业的现实状况往往和理想或目标有所差距，因此产生了培训的需求。培训的目的就是要使企业尽量到达理想状态。

培训需求大体上可以分为组织需求和员工个人需求。组织需求就是为了达到企业经营目的、提升企业业绩，解决实际工作问题等所要的需求。个人需求使员工为了增强自身实力，或为了满足自身爱好、兴趣所产生的需求。优秀的企业往往都能将二者有机的结合起来，因为只有这样才能使员工更好地为企业服务。

培训需求需要收集相关的信息，也得使用一定的方法。至于有关培训需求的信息收集、需求分析方法、层次等具体内容将在实务篇的第五章进行详细阐述。

培训目标确定

有了需求分析，接下来就可以确定培训目标了。培训目标的设立要适当，因为不是企业所有的问题都能通过培训来解决的。培训目标的确立会涉及到企业培训制度、培训成本、培训受益等问题。具体内容将在相关章节进行阐述。

培训计划确定

培训计划的确定涉及许多内容，通常包括：培训内容的确定、培训师的选择、培训对象的确定、培训方式的确定、培训时间的确定、培训场地的确定、培训计划书的制订等等。

培训内容一般可以分为一般性培训、专业技术培训、管理培训、横向培训。一般性培训包括公司传统惯例、公司理念和价值观、行业现状与公司地位、公司制度与组织结构、产品制造与销售知识、语言、计算机技能、公务礼仪和行为规范等。专业技术培训是具体的技术培训，如：营销培训、财务培训等。管理培训可分为基层、中层、高层三个层次的培训。横向培训是指跨部门之间的培训，由于公司的运作是各部门之间协同合作进行的，一个部门的员工也需要了解其他部门的工作，比如：产品推广人员也必须了解产品的技术优势等。

培训计划的具体内容也将在相关章节进行详细阐述。

培训实施

前期工作完成之后，最重要的环节来临了，这就是培训的实施！培训的顺利实施需要企业软、硬环境的支持。软环境是指员工的支持、参与，培训师的素质、培训制度等内容；硬环境是指培训场地、培训设备、培训资金等。具体内容在实务篇的第八章进行详细阐述。

培训效果评估

培训效果评估是培训体系当中的一个重要环节，有的企业往往只是重视培训的实施，而忽视了培训效果的评估，这使得培训投入没有发挥出最大的作用。培训效果评估既可以为下一次培训提供参考，同时也是培训部门，相关工作人员的业绩评估，也是了解员工培训后情况的有力途径。具体内容将在实务篇的第九章进行详细阐述。

培训效果转化

不要小看了最后这个环节，即使前面步骤做得很好，培训效果确实不错，但员工下来之后没有积极地运用到实际工作中，这样的培训岂不是浪费了吗？因此，培训效果转化不但重要，更应该长期的坚持做好，使得培训能真正为企业经营服务。具体内容将在实务篇的第十章进行详细阐述。

释放你们的潜能，
就是我存在的最大意义……

范例——日本岗位培训体系

日本以技术立国，日本企业一向有重视人才、教育和能力的传统，它们往往认为开发"头脑资源"是企业的战略任务，用于能力开发的投资是"最合算的投资"，并形成自己独特的国家风格和企业文化。通过学习欧美的先进经验，日本建立了一套适应自身条件的、相当完善的职业培训管理体系。下面详细介绍其岗位培训体系，相信你能从中得到启示。

岗位培训体系表

全员岗位培训体系	
一般从业人员培训	管理人员培训
新进人员培训	监工培训
熟练工人培训	管理者培训
经营者培训	管理人员培训

一般从业人员培训

新进人员培训

对新进人员，各企业大致都安排以下培训内容，以使他们尽快进入角色，发挥作用。通常采用以下培训，即预备教育、入门教育、实习、第二次入门教育、综合性教育。

预备教育：对准备进本企业的人员介绍企业基本情况，具体如企业概况、规章制度、职工须知、一般礼节等，会要求他们根据指定的课题写一份报告和一份学习体会，上交人事部门，作为录用的参考。

入门教育：使新工人适应企业环境和生活，建立他们对企业的亲近感，消除新就业的不安感，并初步树立企业人应有的态度，了解本企业的一般业务知识和技能。教育的内容涉及较广，包括企业的历史与现状，企业经营方针，各部门的职能，上下级关系，主要产品的用途和价格，规章制度，劳资关系，企业成员必备素质，基本技能，安全标准等等。

实习：这个环节很关键，能培养员工诸多能力。新工人在师傅的指导下下车间参观、学习、操作，师傅对问题的回答是启发式的侧面的回答，并要培养他们独立观察和思考的能力。

第二次入门教育：进一步培养员工的能力，如操作能力进一步地提高。

综合性教育：在总结评估基础上的补课，使培训完整圆满地达到目的。

熟练工人培训

日本的熟练工人是分层次的。一般来说，3～5年工龄的，称为"一般层"，意思是技能一般；6~9年工龄的叫"中坚层"，意思为生产骨干；10~14年的叫"棒心层"；15年以上的叫"监督层"。后两个层次都是监工的候补人选了。

"一般层"工人培训的主要内容有：企业现状和经营方针，经营基础知识，提高专业知识与专业技术，一般管理技术（包括生产管理、TQC、人事管理、信息处理，等等）。

"中坚层"的培训内容有：企业经营目的和对社会的责任，生产骨干的地位与作用，企业年度生产计划和自己应起的作用，提高专业技术和知识，工作协调，人际关系，创造性思维，新技术新产品，等等。

管理人员培训

监工培训

在生产中起监督、指导作用的第一线管理者叫监工。他们是工人的技术传授者，也是工人能力的开发者，基层集体的领导组织者，上级的助手。他们不仅要很好地执行上级的指令，更要在自己判断能力的基础上，提出改进和创新的建议。

由于这一层次的水平，直接决定了生产的质量，在培训内容的选择上，就

释放你们的潜能，
就是我存在的最大意义……

主要强调以下内容：

管理知识：包括总体经营计划及分计划，监工的人、物、责任和权限，人际管理及工作方法，会议组织与控制，TQC及其实施，合理化建议的组织和产生方法，各类规章制度。

管理工作的实施：包括了解本企业经营中存在的问题，产业和同行的信息，生产组织，人员调配，成本管理，劳动管理，进度管理，对部下的评价和奖惩，安全工作，创造发明，新产品开发等等。

解决问题的训练：包括问题的选定、准备解决方法、实地解决、检查结果等。

管理者培训

这主要是指股长、课长等中层干部的培训。通过培训，开发他们的任职能力，具备关于企业内外形势的认识和发展观点，提高关于业务的决策能力、计划能力，深刻理解现代经营管理的体系和经营活动中人的行为，提高对人的判断和评价能力等。

培训内容主要有：本职位的任务、责任和权限，国际经济动向，本企业当前的问题，市场分析，顾客研究，同行情报，新技术及新产品开发，劳资关系处理，对部下的指导和培养，部门间协作，工作改善，等等。

经营者培训

经营者培训是岗位培训的重要环节。经营者主要是指董事、社长、厂长、经理等高层管理人员。作为企业的掌舵人，他们应具备广阔的视野，能系统地把握社会、政治、经济形势，深刻理解内外部各种因素的作用，提高从全局观点对企业业务方针及活动进行决策的能力，提高组织活力和效率，并有良好的统率力。

培训的主要内容有：企业环境（国内外形势）研究，经营的基本构想（经营哲学、基本方针和目标），对策研究，决策及执行，人际关系（劳资关系、职工能力开发、部署培养、组织的人性化），广泛的修养等等。

岗位培训的特点

日本企业内的教育已形成一个完整的体系，是强有力的再教育机制。有不脱产的学习，有集中的课堂学习，有系统的文化和专业知识的学习和岗位培训，并与职工的自我教育有机结合。优秀的培训往往都能将员工的自我提升与企业的发展有机的结合起来，日本企业在这方面也是值得我们借鉴的。岗位培训体系的特点具体有以下几点：

教育及工作，工作及学习，一切为了学以致用。

围绕工作，有计划地就企业所需的知识、技能、能力、态度、行为等方面进行培训。这样，培训不是即兴的、随意的，也不是单纯地，而是把职工培养成具有"企业人"的观念的做人态度，最终目的是使人人都能胜任工作。

每个部门的领导者既是实际工作的领导者，也是培训机构的领导者，同时还是教师。

培训的主要培训方式是示范、实践、自我学习、自我启发、相互启发等，这样能使受训者主动参与。

工作场所就是课堂，培训工作主要在工作场地进行和完成。通过一对一的辅导，使培训针对性强，能因材施教。

培训和人事管理、福利待遇、职位晋升、奖惩等紧密、有机地结合，增加外在驱动力，最终转化成员工的自觉动力。

释放你们的潜能，
就是我存在的最大意义……

5 建立完善的培训制度

不同的企业有不同的培训制度，同样的课程，同一个讲师给不同的企业员工授课，但最终的效果却很有可能大相径庭。这是为什么呢？除了员工自身的因素之外，健全、完善的培训制度也是一个关键因素。这也是企业培训制度重要性的体现，因此企业才想方设法建设自己的培训制度。没有规矩不成方圆，制度的约束是必不可少的，它能使员工的行为更为规范，合乎企业的要求。培训制度的建立不是一件轻松的事情，必须根据企业的实际情况，具体问题具体分析，否则制度也许制订得很好，但却不适合企业使用。

5.1 培训制度建立的原则

企业培训制度的建立必须遵循一定的"章法"，这个章法就在企业的实际情况中。虽然企业的实际情况千差万别，但一般而言，建立企业培训制度至少应该遵循以下原则：

保证企业培训正常进行

建立培训制度的目的就是要使企业的培训能顺利进行，企业人才培养计划可以顺利开展。现代企业的竞争涉及诸多的因素，但归根结底是企业人才的竞争，特别是科技型企业更是如此。企业没有人才，一切宏伟的计划或远大的目标都不能得以实施。健全的培训制度，能从根本上保证企业的人才培训不会脱节，企业人才输送能及时到达。有的企业经营者也非常重视培训，但由于没有

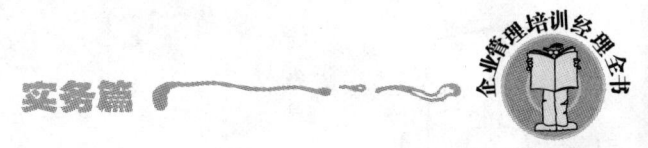

实务篇

完善的培训制度，培训就时常没有自己的目标，培训的实施、员工的参与、培训效果等各方面也问题不断。培训不能只靠培训人员和员工的自觉性，必须用制度加以规范。

保证培训资源

培训的正常开展，离不开培训资源的支持。其中，培训资金和培训师资是最关键的培训资源，当然，其他诸如培训设备、场地之类的资源也不能少。培训资金的多少得看企业经营者对培训的支持程度。但是，我们也不能说老板支持就随意向他要钱，必须有完善的培训制度，每次培训需要多少经费，能够有多大的受益等问题的解决都需要一定的程序。每年的培训经费不是凭空要，而是应该根据科学的依据来决定。同样，培训讲师的培训内容也不是想当然的事情，都得有一定的目标和计划，培训制度就是这些得到保证的前提。高效的培训制度是在培训资源的开发、利用、维持等各个环节都应该是非常明确的。

激励员工

人都有主观能动性，怎样尽量发挥人的主动性来为企业服务呢？方法之一就是用培训制度给与激励。人的需求是多方面的，被自尊和认可以及自我实现是高级需求，如果企业能满足员工这些方面的需求，员工就会忠诚的为企业服务。因此，好的培训制度可以将企业的培训战略和员工个人的职业发展、兴趣爱好有机、紧密的结合起来，以到达满足员工个人高层次需求，又能让企业受益最大的目的。当然，激励也应该同物质挂钩，进行适当的物质奖励，这些奖励在制度上首先要得以保证。

约束员工

员工不但需要激励，也需要约束。培训制度应该和员工绩效考核相结合，参加培训的员工要达到一定的目标，否则就要受到相应的惩罚。员工的上岗、升职都必须进行相应的培训，没有培训或者培训不达标者不予上岗或升职。培

释放你们的潜能，
就是我存在的最大意义……

训了就应该取得应有的效果，否则培训就是做无用功，白白浪费企业的资源。培训有了约束，员工在一定程度上就能用心参与、积极参与！

5.2 必须的培训制度

培训制度非常多，对于建立培训体系而言哪些制度是必须的呢？一般说来，培训保证制度、培训考核评估制度、培训质量跟踪制度、培训档案管理制度是必须的培训制度。

培训保证制度

培训计划制度

培训必须要有计划地进行，根据企业的发展目标与计划来制订。可以对应企业的长期、中期和短期发展战略而制订出长期、中期和短期的培训计划，并由专门人员定期检查培训计划的实施执行情况，同时根据企业发展的需要适时调整培训计划。每一次的培训也应该有详细的计划，培训计划应该成为培训的向导。

培训上岗制度

让企业的工作岗位要求和培训相结合起来，可以规定新进员工、新提拔员工、到新岗位工作的员工必须首先参加培训。培训后，不合格者不得上岗。培训上岗制度，可以保证员工最低限度能正常工作。如果不培训就上岗，就有可能造成一些无法弥补的损失。

培训奖惩制度

培训奖惩制度就是将培训结果与奖惩挂钩，把是否接受培训以及受训学习的好坏作为晋级、晋职、提薪的重要依据。考核不只是对员工进行，对培训工作的主管部门及执行部门也要进行考核，培训工作的好坏就是评价其工作实绩的重要依据。培训考核制度有了之后，就要坚决执行，对达不到规定培训要求的受训者给予一定的行政降级和经济处罚，对情节严重的予以辞退开除。

培训资源保证制度

没有培训资源，再好的培训计划都不可能实施。培训时间，培训经费等等都需要提前预先准备好，比如：要对员工的人均培训经费、培训经费占企业全部支出的比例做出明确的规定。当然，一般培训经费都是随着企业的发展、利润的增长而逐步提高。同样，员工的培训时间也得有具体、明确的规定，根据员工岗位特点、工作性质和要求的不同，制订不同的培训时间标准。

培训考核评估制度

设立培训考核评估制度的目的既是检验培训的最终效果，同时为培训奖惩制度的确立提供依据，也是规范培训相关人员行为的重要途径。培训考核评估制度通常包括以下内容：

考核评估的对象；

考核评估的执行组织；

考核的项目范围；

考核的标准区分；

考核的主要方式；

考核的评分标准；

考核结果的签署认证；

考核结果的备案；

考核结果的证明（发放证书等）；

考核结果的使用（使用奖惩制度）。

现代的企业用得最多的一种考核方法就是全视角绩效考核法。工作是多方面的，工作业绩也是多维度的，不同个体对同一工作得出的印象是不相同的。该系统方法就是通过不同的考核者（上级主管、同事、下属和顾客等）从不同

的角度来考核，全方位、准确地考核员工的工作业绩。这种考核有很多优点，具体情况就不在这里分析了，企业可以考虑使用这种方法。

培训质量跟踪制度

培训质量跟踪是培训部对人员培训的质量负责，没有质量跟踪，就难以在以后做到更好。在受训者返岗工作后定期跟踪反馈，以发现受训者在各方面的进步，也可进一步发现工作中仍然存在的问题，为制订下一批人的培训计划提供现实依据，也为对该受训者的下一轮培训做好准备工作。质量跟踪调查的方法有：普查法、抽样调查法、匿名调查法、用户反馈调查法等等。普查法包括员工自查、互查及主管部门发表意见等。抽样调查法是由培训部随机从员工中抽取人员按照一定的标准进行质量调查。匿名调查是采取问卷调查的方式，一般也是在企业员工中随机抽取样本，填卷人将不被别人知道也完全不必对所填内容负责。用户反馈调查法是设计用户反馈调查表，随服务项目送达用户手中，注意要采取适当激励形式确保调查表的回收率。每种方法有各自的优点，需要根据不同情况进行选择。

培训档案管理制度

培训档案管理也是重要的制度之一，它能让我们了解培训工作开展的各个环节及情况。培训档案通常包括培训部的工作档案、受训者的培训档案、与培训相关的档案。培训档案管理制度应该将这些培训部的工作情况、受训者的受训情况等清楚、明晰地记录下来。培训档案管理制度的具体内容将在实务篇的第六章详细讲解。

5.3 岗前职前培训制度

顾名思义，岗前职前培训制度就是规定员工上岗之前和任职之前必须要经过全面的培训，没有经过全面培训的员工不得上岗和任职。每一个员工上岗和

任职之前都应该得到岗前培训，这关系到员工进入工作状态的快慢和对自己工作的真正理解以及对自我目标的设定。现代企业已经普遍采取这种做法，因为它是企业的需要，是提高企业员工素质的有效方法。员工需要接受岗前职前培训主要有如下几种情况：

企业招聘的新员工；

进行岗位调整的员工；

与企业引进的新技术、新产品工作相关的人员；

降职使用的员工；

升职的员工。

岗前职前培训制度的制订，并不只是培训部门就能做好的，需要其他部门的有力配合、通力合作，特别是部门经理的积极参与对制度的制订有重要作用。因为，他们清楚自己部门各方面的情况，需要怎样培训、培训多长时间、培训的内容又如何等等，他们都最有发言权。同时，有他们参与制订的培训制度，实施起来也会得到各个部门的积极响应。岗前职前培训制度需要包括以下内容：

岗前职前培训制度的意义和目的；

参加人员的界定标准；

岗前培训的主要责任者的确定（是部门经理还是培训管理者）；

特殊情况不能参加岗前职前培训的解决措施；

岗前职培训的基本要求标准（内容、时间、考核、信息反馈、方案调整等）等；

岗前职前培训的方法。

岗前职前培训的资金、讲师、场地等培训资源的确定。

5.4 培训奖惩制度

培训奖惩制度可以让培训工作进行得更加顺利，也能使培训的效果更好，效率更高，它是其他培训制度的保障！培训奖惩制度的关键在于执行，只有执

释放你们的潜能，
就是我存在的最大意义……

行到位，才能让其发挥作用。如果参加与不参加岗前职前培训一个样，培训考核评估好与不好的结果都一个样，相信谁也不会引起对这些制度的重视，同时也不会对培训本身引起足够的重视。因此非常有必要设立执行培训奖惩制度。居然是奖惩制度肯定就应该有奖励，也有惩罚。奖励的设置可以按照以下的原则进行：

将考核的成绩纳入个人奖金发放的岗位责任范畴。根据考核成绩来确定奖金发放情况；将考核的成绩作为个人升职的主要参考标准之一，同等条件下培训考核较好的优先给予升职。

设立专项培训先进奖，可以是有形的物质奖励，也可以是无形的精神激励，也可以因为培训考核成绩优秀从而放宽其他相关的条件要求。同样，对于惩罚应该有具体的说法。比如：培训不合格者不能上岗，并且扣除相应的培训费用；企业给予第二次机会，如果还不能通过，就进行降职或者辞退等惩罚。当然也可以参照以上原则，培训与个人绩效考核结合起来。培训效果在某一个程度扣多少奖金，在某一个程度又扣多少工资，都得有明确的规定。

在进行惩罚时有一定非常关键，这就是对各种优劣情况的认定标准以及对各种优劣结果的奖惩标准，同时还应该明确培训可能出现的各种情况。如果奖惩标准不一或不明确，则失去了此制度的有效性。具体的标准需要根据企业的实际情况，不能生搬硬套！

培训奖惩制度应该包含以下内容：

培训奖惩制度制订的目的和意义；

奖惩对象说明；

奖惩情况认定标准以及相应的奖惩标准；

奖惩制度的执行组织和程序；

奖惩的执行方式和方法。

现代很多企业都采用了培训奖惩制度，它们的经验和教训都值得我们学习，最重要的一点时要符合企业的自身情况，不能人云亦云、随波逐流，在一个企业执行得很有效果得培训奖惩制度在你的企业就不一定实用。

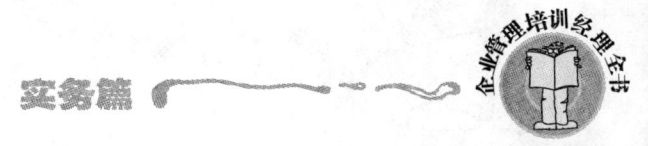

范例——美国联合航空运输公司的训练与发展政策

　　一个企业的培训制度直接关系到企业的发展，怎样制订出合乎自身的培训制度是各个企业的培训经理都伤透脑筋的事情。美国联合航空运输公司是一家著名的企业，它们在培训政策上有自己的特色，并不是很复杂的培训制度能让其组织有机、良好的运行。它的培训制度从根本上规定了公司在人力发展和培训方面的原则、立场、哲学和执行框架，从而把它确定为一种规范，避免了"每次都要从头来过"的低效率和麻烦，也从根本上堵死了反对者的借口。洋为中用，我们不妨借鉴其中对自己有益的部分，以下是其培训训练与发展政策全文。

　　联合航空运输公司为一服务性组织。在对待顾客上，我们的价值和我们的事业的成功，取决于本企业的成员有效地履行自己的职责。

　　像本公司这样以人为中心的组织，必须同时是一个人力开发组织。各级管理部门必须明白，把时间和金钱明智地运用于我们的人力开发，乃是我们系统最关键的投资部分。

　　本公司的每一个人最终都应为自己的发展负责，应变为本公司工作队伍中日益能干的成员。

　　各个经理和监督人都有责任为其下级工作的发展创造气氛、提供条件和指出方向（此责任不能由他人承担，因为不断的训练总是日复一日地发生在工作之中）。

　　每一个训练专家和训练管理员都有责任与经理和监督人一起不断创造条件和提供机会，以发展下级的技能、知识和态度。

　　本公司的工作必须灵活，能适应变化。这种灵活性取决于我们迅速有效地训练人们的能力。因此，我们的政策的重要的一点是雇佣一批训练专家，以确保很好地组织、协调、执行训练计划，确保使用最恰当的方法。训练需要一笔很大的投资，必须仔细地规划、评价和做出预算。公司各级组织都必须认识这一点。

释放你们的潜能，
就是我存在的最大意义……

为使训练工作有效地进行，公司将规定：

一种为整个系统都理解的训练政策，能够懂得、从开头就对需要有清楚的了解，最终能达到实际训练目标的训练方式。

一种为各级理解的程序，这种程序应能就训练的所有费用做出预算、解释和报告。

一种系统的方法，此种方法应能估计工作能力、说明改进工作能力的训练的有效性。

一种组织气氛，它应能鼓励、承认、奖励各部门在执行训练计划中的合作。

保持一个专业训练部门，负责定期地审查训练人员的素质、技术和方法、媒体的质量，使公司的训练现代化。

一种组织结构和程序，此种组织结构和程序应保证各部门间的合作，使用专门的训练潜力。

一种承认和报酬制度，该制度应能吸引有能力的专家从事训练工作，并能鼓励他们发展其专业训练工作的能力。

使训练人员参与有利于训练工作的规划。

范例——在职员工培训制度

美国联合航空运输公司的训练与发展政策是从"战略"的高度来说明其培训制度的，以下这个范例将是非常具体的，使从不同的角度给予借鉴意义。

第一条：目的

本制度的目的在于提高本公司从业人员职业素质，充实其业务知识与技能，以增进工作质量及绩效。

第二条：适用范围

凡本公司所属从业人员的在职培训及其有关作业事项均依本规定处理。

第三条：培训工作权责划分

（1）教育培训部

①全公司共同性培训课程的举办。

② 全公司年度、月份培训课程的拟订、呈报。
③ 制订及修改培训制度。
④ 全公司在职教育培训实施成果及改善对策呈报。
⑤ 共同性培训教材的编撰与修改。
⑥ 培训计划的审议。
⑦ 培训实施情况的督导与考核。
⑧ 外聘讲师对企业的全体在职员工进行教育培训,每季举办一次。
⑨ 全公司派外培训人员的审核与办理。
⑩ 派外受训人员所携书籍、资料与书面报告的管理。
⑪ 其他有关人才发展方案的拟订与执行。
⑫ 各项培训计划费用预算的拟订。

（2）各部门
① 全年度培训计划汇总呈报。
② 专业培训规范制订及修改,讲师或助教人选的推荐。
③ 内部专业培训课程的举办及成果汇报。
④ 专业培训教材的编撰与修改。
⑤ 受训员训练结束后的督导与追踪,以确保训练成果。

第四条：培训规范的制订

（1）教育培训部应召集各有关部门共同制订"从业人员在职教育训练规定",提供培训实施的依据,其内容包括：
① 各部门的工作职务分类。
② 各职务的培训课程及时数。
③ 各培训课程的教材大纲。

（2）各部门组织机能变动或引进新技术使生产条件等发生变化时,教育培训部应立即配合实际需要修改培训规范。

第五条：拟订培训计划

（1）根据培训规范及配合实际需要,各部门拟订在职培训计划表单,送教育培训部审核,作为培训实施之依据。

（2）教育培训部将各部所提出的培训计划汇编成年度培训计划汇总表单,呈报人力资源部核签。

释放你们的潜能，
就是我存在的最大意义……

（3）各项培训课程主办单位应于一定时期内，填写在职培训实施计划表单，呈报核准后，通知有关部门及人员。

（4）临时性的培训课程，亦需填写在职培训实施计划表单，呈核后实施。

第六条：实施培训

（1）根据在职培训实施计划表单，培训主办部门按期实施并负责该项训练之全盘事宜，如训练场地安排、教材分发、教具借调、通知讲师及受训单位等。

（2）如有补充教材，讲师应于开课前一周将讲义原稿送教育培训部统一印刷，以便上课时发给学员。

（3）各项培训结束时，应举行测试，由主办部门或讲师负责监考，测试题目分3~4种，由讲师于开课前送交主办部门。

（4）各项在职训练实施时，参加受训学员应签到，教育培训部应确实了解上课、出席状况。

（5）受训人员应准时出席，特殊情况不能参加者应办理请假手续。

（6）教育培训部应定期召开检查会以评估各项训练课程实施成果，并将记录送交各有关单位参考予以改进。

（7）各项培训的测试缺席者，事后一律补考；补考不出席者，一律以零分处理。

（8）培训测试成绩及成果报告，列入考核及升迁之参考。

第七条：呈报培训成果

（1）每项培训办理结束后一周内，讲师应将学员的成绩评定出来，记录于在职培训测验成绩表单，连同试卷送人力资源部门，以建立个人完善的培训资料。

（2）主办单位应于每项（期）培训结束一周内填报在职培训结果报告表单及讲师钟点费申请表单，连同成绩表单及学员意见调查表单，送教育培训部门，凭此支付各项费用及归档。

（3）如需支付教材编撰费用时，主管部门应填写"在职培训教材编撰费用申请表单，送相关部门核签后凭此予以支付。

（4）各部对所属人员应设立"从业人员在职培训资历"表单。

（5）每3个月，各部门应填写在职培训实施结果报告单呈教育培训部，以了解该部门最近在职培训实施状况。

第八条：培训评估

（1）每项（期）培训结束时，主办部门应视实际需要分发在职培训学员意见调查表单，供学员填写后与测验卷一并收回，并汇总学员意见，送讲师转人力资源部会签，作为以后再举办类似培训的参考。

（2）教育培训部应对各部门评估培训的成效，定期分发培训成效调查表单，供各部门主管填写后汇总意见，并配合生产及销售绩效，比较分析评估培训之成效，做成书面报告，并呈报核准后，分送各部门及有关人员作为再举办培训的参考。

第九条：派外培训

（1）因工作或晋升就任新工作前的需要，各部门应推荐有关人员送教育培训部审议，呈总经理核准后派外受训，并依人力资源管理规章办理出差手续。

（2）派外受训人员返回后，应将受训的书籍、教材及资格证书等有关资料送教育培训部归档保管，其受训成绩亦应记录于受训资历表。

（3）派外受训人员应将受训所获知识整理成册，列为讲习教材，并举办讲习会，担任讲师传授有关知识给本公司员工。

（4）差旅费报销单据呈核时，应送教育培训部审核其派外受训的资料是否交回，并于报销单据上签注，如未经过审核，会计部门不予付款。

（5）本条款适用于参加企业外的培训，因升迁、储备需要，在任职前可集中委托外协部办理培训，但每年以3次为限。

第十条：附则

（1）各项培训的举办，应以尽量不影响工作为原则，如上下午均排有培训时，应由主办部门负责申报提供学员午餐，学员不得另报支加班费。

（2）从业人员之受训成绩及资历可提供给人力资源部门作为年度考核、晋升的参考。

（3）本制度呈总经理核准后颁布实施。修改时亦同。

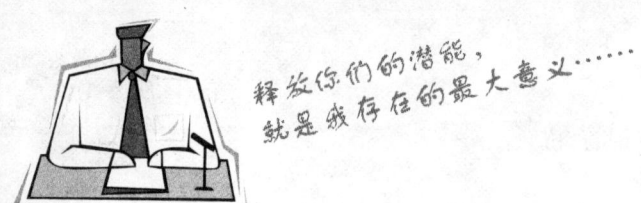

6 拓展企业培训资源

企业的培训资源对培训效果的影响是显而易见的，没有培训资源，一切培训计划都只能束之高阁。每个企业的培训资源都不一样，有的要丰富些，有的要匮乏些，但不管是丰富些还是匮乏些，都还是应该尽量拓展企业培训资源，这样可以让企业的培训更上一层楼。

企业的培训资源包括很多，如：培训资金、培训器具、培训讲师等。这一章主要阐述讲师的各种要求与训练。

6.1 讲师的基本要求

讲师的角色要求

讲师面对的员工是各个层次的，并且都是成人，因此讲师的教学和传统教师的教学有很大的区别。讲师在每一个培训活动中不能仅仅将自己定义为传授知识、态度和技能的角色，而应该成为受训者积极主动、独立探索的引导者和帮助者。

这样的角色定位对讲师提出了高于传统教师许多的要求。仅仅从教学方式上就能看出其差别之大，传统教师教学一般都是讲授式或演讲式，而培训讲师的授课方式应该式多种多样的，要能根据内容、场地等条件来选择合适的培训方式。培训讲师既要能指导学员学习方法，批评现有的原理法则及结论，又要能耐心接受学员的提问、意见、赞扬、鼓励和批评，引发学员的学习动机，引导他们的学习兴趣，并进一步提供问题，让学员有深入研究的机会。作为一个讲师，必须对教学的活动有充分的了解和准备，知道如何去启发学生的观察、推测、建立假设、设计实践、增强实际经验等方面的能力，同时还应培养学员动手能力、创新能力。这样的效果才是企业培训真正所期望的，而不是其他表面上很好看的东西。

讲师的职能要求

讲师具有多重职能，至少具有以下几种职能：

诊断职能：在特定的环境下能帮助受训者诊断具体的学习需要。

计划职能：能指导受训者制订确实有用的学习、培训计划。

动机职能：能创造一种条件、一种氛围，以便让受训者提高学习兴趣。

资源职能：能准备好必要的培训资源，以便能使受训者进行最有效的学习。

方式职能：能选择最有效地培训方法和技术，以此开展最有效的培训。

评价职能：能帮助受训者评价学习结果的好坏。

优秀讲师的特点

优秀讲师是企业渴求的人才，那怎样的讲师可以称为优秀的讲师呢？研究者们经过研究，认为优秀讲师常常具有以下特点：

能够很好地组织。

为课程提供一个框架。

为了最大程度的学习安排材料的顺序。

强调概念的理解。

讲座时组织得很好，能够轻易地列出框架。

把讲座同课程的其他方面相结合。

清楚完整地回答问题。

使用例子。

设定难的但可以达到的目标。

鼓励学员使用他们的才能去获得进步。

释放你们的潜能，
就是我存在的最大意义……

指出他们学习的材料如何才能有用。
鼓励课堂讨论。
很好地利用课堂时间。
测验能够揭示优势和弱点。
解释课程上各主题之间的关系。
准备充分。
鼓励学员学习材料。
设计课程能够使学员显示出他们已经掌握了什么。
在每个课堂序列中能够介绍许多观点。
允许学员提出同课程相关的问题。
鼓励学员分享他们的相关知识和经验。
有效使用黑板或声像辅助设备。
完成课程目标和目的。
对主题表现出热爱。
刺激学员对主题的兴趣。
在课堂外是可以接触的。

实例

下面用网络公司IT讲师举的一个实际例子来具体说说讲师的要求，以资借鉴！

IT讲师基本要求：

良好的团队合作精神，强烈的自我驱动力；
认真刻苦负责的工作态度；
丰富、广泛的知识，知识面广；
丰富的培训技巧；
优秀的道德素质，良好的个人魅力；
普通话标准，口齿清楚，良好的口头表达能力；
较好的形象和气质；

一定的英语阅读能力（CET4级以上）。

系统网络IT讲师专业要求

扎实的计算机网络理论基础知识；
了解主流操作系统；
了解Cisco网络技术和网络安全技术知识；
精通Windows Server或Red Hat Linux系统。

软件开发IT讲师专业要求

扎实的软件开发理论基础知识；
参与过大型项目的开发经历；
精通J2EE或.NET的开发技术。

数据库管理IT讲师专业要求

扎实的数据库理论基础知识；
精通SQLServer或Oracle；
有大型数据库项目管理经历。

6.2 讲师资源内外两途径

讲师对培训成功与否有着决定性的作用，没有好的培训讲师，其他培训条件再优越也于事无补。企业对讲师的选择无外乎两种途径，一是从企业内部挑选，二是从外部引进。

企业内部挑选

企业内部挑选就是将自己的员工逐步培养成讲师，然后再加以运用。内部

释放你们的潜能，
就是我存在的最大意义……

挑选一般都是选那些资深的、爱动脑筋的员工。他们往往具有外请讲师不可能具备的优势：对企业文化、市场环境、实际经验、培训需求等方面的极端熟悉。内部培养讲师是途径之一，企业应该有自己的长远规划，有目的、有计划、有步骤地培训"本土"讲师。

挑选内部员工的注意要点

怎样的人可以成为企业优秀的讲师呢，这些员工一般具有什么样的特点呢？在挑选员工作为讲师培养时应优选选出具有以下特征的人。

喜欢培训工作，熟悉成人教学的安排。

有一定的实践经验；能够赢得受训者的尊重。

有丰富的知识，教学善于判断，能够应变以满足成人受训者的需要和兴趣。

善于进行信息沟通，而不是仅仅表达出自己掌握的知识。

善于语言表达，态度友好、幽默、谦虚而自信。

心态较积极，善于学习。

在培训过程中充满热情，并且关注受训者的成长。

内部讲师的主要优势

对内部实际情况的非常熟悉，因而能知道员工最需要什么，能教到点子上。

通过讲师自身地成长能激励员工地上进心，有利于树立榜样，有利于形成学习型组织和企业文化的形成。

培训总体成本低。

容易控制。

内部讲师的不足

"近亲繁殖"，不易提升境界。

选择范围小、受制大，往往无法培养出"大师级"的讲师。

没有权威性。

可能引不起受训者足够的热情。

外部引进

培训讲师的类型

根据培训讲师的知识与经验、培训技巧、个人魅力这三个方面可以将培训讲师分为以下类型。见下表：

标准\类型	知识与经验	培训技巧	个人魅力
大师型讲师	非常丰富	丰富	高
专业型讲师	比较丰富	一般	一般
技巧型讲师	偏下	丰富	一般
演讲型讲师	一般	丰富	高
一般型讲师	一般	偏下	一般
肤浅型讲师	偏下	一般	偏下
敏感型讲师	一般	偏下	偏下
弱型讲师	偏下	偏下	偏下

对于企业来说重要的是挑选符合自身实际情况的讲师，大师型讲师当然好，但费用昂贵，也并一定就适合企业。比较理想的选择是选用专业型讲师，这类型讲师既能较好地控制培训气氛和场面，又能传授丰富的知识和经验。

了解培训讲师的途径

联系和了解培训公司

这种方法一般都能够挑选到中意的专业讲师，是当下企业采用最多的方法。怎样才能知道培训公司讲师的好坏呢？最有用的办法之一就是去听讲师讲课，但自己花钱去听又有点不合算了。不用着急，培训公司为了拓展培训业务，通常采取先让客户试听培训课程的方式进行洽谈合作的业务。

为了能全面了解讲师的素质，因此企业很有必要让一个对选择讲师有经验的人去试听课程，主要是在现场观察学员的反应、培训场所的气氛和培训师的讲解、组织水平。同时，应该有所准备，将一些能试探出讲师水平的问题及时

释放你们的潜能，
就是我存在的最大意义……

向讲师提问。

并且，要特别注意培训师的资历，因为培训师是影响培训质量的最为关键的因素，一个一流的培训机构会有三流的培训师，一个三流的培训机构可能也会有一流的培训师，因此，在决策前先与培训师进行交谈增进了解，或看其是否有先前培训过与自身企业相类似的其他企业，都是可行的方法。如有可能，最好到先前培训过的企业对该培训师的培训效果进行了解，另外，对培训师所提供的培训方案要进行仔细的审查，看是否适合本公司的实际情况。

熟人介绍

这是一种很好的途径，因为你可以从熟人那里得到很多有用的信息来判断这个讲师是否适合你的企业。如果有可能，你可以找个机会到培训现场听培训师授课，并且和他沟通你的需求。一般说来，既是熟人介绍，沟通起来就相对容易，可以省去一些中间过程，找人的成本也可以大大降低。

去高校旁听

高校教授也许没有很多实际操作经验，但他们往往有丰富的理论知识，并且一般都能知道相关专业最前沿的知识。高校是人才济济的地方，一些一流的培训师是先在高校的MBA或学术研讨会上被发现的。对于一些主要为提高受训者知识面、开阔眼界的课程不妨到高校去发现适合的讲师。

参加各种培训班

这种方法会花费大量的资金，但对于那些不了解培训资源和培训师的企业来说，是一种积极尝试。企业可以预先初步了解培训班的相关信息，然后选一些可能适合企业的培训班去参加，这样可以避免漫天撒网、徒劳无功。通过参加培训班不仅可以了解相关的、感兴趣的课程，而且可以相一相合意的培训师，正可谓一举两得。

外部引进的优势

外部引进讲师有许多优势,主要包括:

选择范围广,可以聘请到大师型讲师。

可提升培训的档次、开阔受训者视野,引起企业内各方的重视。

带来许多全新的理念,可令人在眼界大开、耳目一新的同时积极思考自身工作的改进。

讲师往往有权威性,对受训者有好奇心和新鲜感,有利于受训者的认真学习。

容易酿造培训气氛,从而促进培训效果。

外部引进的劣势

外部引进虽然有诸多的优势,但同样也有许多的不足之处。主要包括:

容易被对方的学术成就和头衔光环掩盖其不足之处。

培训成本往往偏高。

因接触时间短(甚至根本就没有接触),对人无法做精确的判断,容易选错,而选错的代价是巨大的。

可能被对方说服,而忘记了自身培训的本来目的。

因各种条件的限制,沟通相对困难,以致培训效果没有预期的好。

因对本企业的陌生,传授的内容难于转化为企业的业绩提升。

可能是理论丰富,而实际经验欠缺。

实际的管理和控制存在不少难度。

6.3 内部讲师的训练

讲师的训练在这里是指企业内部讲师的训练。讲师是企业培训流程的各个环节当中最重要的"软件资源",企业应当高度重视他们的培养。想要长期发

展的企业更是应有不惜血本来培养大师型讲师的决心、毅力和勇气。讲师的训练可以从以下几个方面着手。

掌握有效的教学原则

讲师要掌握的教学原则非常多，比如，掌握成人学习的规律和原则就非常重要，除此之外还有其他一些相对"更小"的原则也需要准确掌握、确切运用才能让培训更有成效。教学原则往往是和受训者的一定条件相关联的，下面的表格就是从受训者的学习条件来讲述讲师应该掌握的教学原则。

学习条件与教学原则对应表

学习条件	教学原则
受训者觉得需要学习	讲师应帮助受训者看清自我实现的新的可能性 讲师应帮助受训者弄清他们自己改善行为的愿望 讲师应帮助受训者诊断他们目前的操作水平与愿望之间的差距 讲师应帮助受训者弄清因差距而引起的工作中的问题
受训者觉得需要交流和研讨	讲师应要求适当的物质条件，这些条件应当是舒适（如坐位、温度、通风、照明、装饰等）、有利于相互作用（最好是不要有人坐在别人的背后） 讲师应尊重受训者的价值，尊重他们的感情和观点 讲师应尽力在受训者之间形成相互学习和相互帮助的关系，方法是鼓励合作，避免引起竞争和猜疑 讲师应作为一个共同学习者，以相互探讨的精神，暴露自己的感情，并提供资源
受训者将学习活动中的目的看做是自己的目的	讲师应使受训者共同确定学习目的的过程，这一过程应全面考虑受训者的需要、教育机构的需要、讲师的需要、课程的需要和社会的需要等
受训者接受分担计划和进行学习的责任，因而产生一种献身学习活动的感情	讲师应提出自己的观点，说明这些观点可以用于设计学习活动、选择材料和选择方法，并与受训者共同决定采用哪些观点

续表

学习条件	教学原则
受训者积极参加学习活动	讲师应帮助受训者自己组织起来（项目小组、自教小组、自学小组等），以便分担共同探讨过程中的责任
学习活动与受训者的经验有关，并利用学习者的经验	讲师应帮助受训者利用讨论、角色扮演、举例等方法，将自己的经验作为资源运用于学习 讲师提供的资源应符合受训者的特定的水平 讲师应帮助受训者将新学到的东西运用于自己的经验当中，以便使学到的东西更有意义，也更完整
受训者觉得自己在向学习目标前进	讲师应让受训者参与制订可以共同接受的标准和方法，以便用来测定向学习目标前进的情况 讲师应帮助受训者根据这些标准来确定并运用自我评价的步骤

通过这些教学原则的确立、理解和应用，可以使讲师的水平得以迅速的调整和提高。特别是企业刚刚选拔上来的讲师应该首先在这方面多下工夫。

加强讲师相关素质的训练

讲师所需要的素质归纳起来可以分为三个部分，即知识、技能、态度与人格魅力。这三个部分的修炼与提高是永无止境的，不管你已经达到什么层次都有进步的必要，因为时代是不断进步的，你不学习就会逐渐落后直至被淘汰。

知识的培养

讲师所需要的知识可分为三类，一类是培训工作相关的知识，比如企业培训的基本理念、培训工作的内容、流程等。二类是与培训课程相关的知识，比如专门从事财务培训的讲师，需精通有关财务的知识。最后一类就是综合的、广泛的各门各科知识。

与课程有关的专业知识和与培训工作相关的知识，相对来说更容易积累，最后一类的知识是比较难积累到高层次的，这往往也是讲师质量差别的重要体现。因为，讲师是否有足够的知识底蕴来理解和吃透培训的内容和某个理论，这与讲师本身的学识、知识体架构和知识面的宽度密切相关。作为一名讲师，首先要教给学员的是一种思路而不是空洞的泛泛而谈。讲师对于企业的人事管理、市场管理、财务管理都要有一定深度的认识和独到的成功经验。一句话，一名出色的企业讲师就是一名能把自己的知识与成功经验有效地传授给他的员

释放你们的潜能，
就是我存在的最大意义……

工的高级职业经理人。

企业在培养讲师的知识时，应采取"重点突破，全面培养"的原则。重点突破是指对前面两类知识的培养，这有助于讲师能尽快上岗培训员工，全面培训有助于提高讲师的综合素质，以期能成为"大师型"讲师。

技能的培养

顾名思义，技能包括技术与能力两部分。技术是指讲师的授课技术，比如能不能灵活运用各种教学方法和手段，能不能灵活运用各种教学方法和手段，能不能根据成人的学习特点安排教学等诸如此类的技术。这些技术的掌握需要多次的实践，只是纸上谈兵是无法做到灵活运用这些技术的。

能力所包含的内容就很多了，比如：思维能力、表达能力、分析能力等等都在它的范围之内。这些能力的提升和上面所说的最后一类知识的增长与丰富是密切相关的，可以说能力就是这些知识的积累、沉淀之后的升华。

对讲师既能的培养也可以采用"重点突破，全面培养"的原则。重点突破用于对授课技术的提升，只要上讲师多进行授课联系就会提升很快。对于能力的提高因为不是一朝一夕的事情，所以应采取全面培养的原则。

态度与人格魅力的培养

态度与人格魅力对讲师授课的影响也是很大的，因此企业必须加强这方面的培养。有句话"态度决定高度"，意思是说人所能达到的高度将由他的态度决定。态度对我们的影响是显而易见的，比如，一个人对工作、对人生的态度会直接影响工作的效率，并影响着其所在的企业的绩效和他自己的职业生涯。作为一个优秀的讲师应该有积极向上的人生态度，因为他的职责不仅仅是传授知识，还应启发培训对象思考，开发培训对象的热情和潜力。

并且，态度还会影响到人格魅力的形成。"人格"就是一个人在生理基础上，受到家庭、社会环境等影响而逐步形成的气质、能力、兴趣和性格等心理特征的总和。因此，可以说，前面知识与技能的培养都能为人格魅力的提升打基础。所谓"人格魅力"指的就是一个人的修养。修养是事业成败的关键。没有内在的修养，也不可能有瞩目的成就。同样，人格魅力对讲师的成功也是至关重要的，它能在无形中影响到学习的学习态度、目的、方向和效果。讲师的人格魅力是讲师综合素质的集中表现。在培训过程中，讲师将演着多种角色，从多方面影响着学员。讲师不仅仅只是知识的传递者，还可能是学员的榜样、培训课堂上的领导者、人际关系的艺术家、学者和学习者以及学员的朋友和知己。

良好的态度与超然的人格魅力的形成都不是容易的事情，因此必须长久地坚持培养才能逐步显出成效。不过，一旦形成，就能让培训讲师产生质的飞跃。

范例——讲师任用资格

目前，国家对培训讲师还没有统一的任用资格。参照行业特征，提出一些任用资格，企业在参考讲师的基本要求的同时可以再参考这些任用资格来选拔、任用企业讲师。

助理培训讲师资格要求

从事企业内部培训课程辅导、实习辅导、操作示范等工作，除本部门强化训练外，一般不正式授课。

其资格为组长级别，有两年以上相关课程工作经历，或任科长级别半年以上相关工作经历。

初级培训讲师的资格要求

助理讲师见习1年期满的大学专科及以上学历毕业生，并受过不少于100学时的教育学、心理学和教学法基础知识的培训。

需讲授过新进人员职前训练各班的课程，以及讲授过领班级别、组长级别资格晋升教育的相关课程。

能独立担任一门课程的教学工作，教学效果较好。

经培训讲师进修班成绩及格结业，获得该课程试教通过后，方可取得该课程的"培训讲师资格证书"。

释放你们的潜能，
就是我存在的最大意义……

中级培训讲师的资格要求

大学本科及以上学历，担任初级讲师两年以上或助理讲师职务4年以上，能承担1～2门课程的讲授和全部教学工作，质量较高，教学效果好。

基本掌握一门外国语，借助辅助工具（如字典等）能阅读本专业的外文书籍和资料。

经培训讲师进修班成绩及格结业，获得该课程试教通过后，方可取得该课程的"中级培训讲师资格证书"。

高级培训讲师的资格要求

大学本科以上学历，担任中级培训讲师3年以上或助理讲师职务6年以上，能联系实际进行比较深入的研究工作（包括主编质量高的教材等），或者在生产技术方面有较大的贡献，能指导提高讲师的业务水平。

能熟练地担任两门以上课程的讲授和全部教学工作，教学工作经验丰富，教学质量高，能起到学科带头人的作用。

并有著作或论文经上级有关部门审核通过者。

熟练地掌握一门外语，能基本独立阅读本专业的外文书籍和资料。

经培训讲师进修班成绩及格结业，获得该课程试教通过后，方可取得该课程的"高级培训讲师资格证书"。

这些任用资格不一定非准确，企业可以根据企业自身的情况，加以灵活运用，找出相对优秀，又能适合教学工作的员工来培养成培训讲师，级别的认定同样应根据企业实际的层次加以鉴别，切记不能生搬硬套。

7 落实培训管理工作

管理是企业必不可少的"活动",是企业正常运营的基本保障,可以让企业更为顺利地实现有关组织目标。作为企业组织中的培训机构也同样需要管理。只有通过良好的培训管理,才能保证培训工作健康有序地运作。

要做好培训部门的管理工作,培训部的工作人员须清楚自身的权责和相应的工作内容,如果不明白应该做什么,那培训部门的管理工作也就无从做起。

培训部门的工作内容很多,它囊括了培训工作的前前后后,从培训需求的分析到培训计划的制订、实施再到最后的评估与效果转化,都是其工作范围。同时,培训部门还要管理培训资源,比如:培训资金、培训讲师等等。做好这些工作都是培训部门落实其管理工作的具体体现,本章主要从其工作内容和培训资源的管理方面进行阐述。

7.1 培训部的工作内容

培训部要做好工作,首先应该明白自身的权责,清楚什么是自己应该做的,什么是不应该做的。该做的就一定要做好,并且只有踏踏实实地做,才能让培训管理工作取得成效。

培训部的权责

培训部的权责通常包括:
制订企业的整体培训规划及月度、年度培训计划。

制订、修改企业培训制度。
编撰有关的培训计划。
拟订、呈报企业年度、月份培训课程。
举办企业共同性培训课程。
编撰、指定共同性培训教材。
审议培训计划。
检查、考核培训的实施情况。
上报企业在职培训的实施成果和改进方案。
加强培训效果转化,并制订提高转化成果的方案。
审查、办理企业外派培训人员。
研究、执行其他有关人才开发方案。
拟订各项培训计划费用,加强资源的建立、使用与监管。

培训部的工作内容

培训部应该成为一个服务部门,而不是一个"管理"部门,为整个企业的培训工作服务。下面就按照培训流程来阐述培训部的工作。

收集与分析培训信息

培训的第一步是要进行培训需求分析,首先要对相关信息进行收集,然后才能分析,它应从以下几个方面着手:
企业现在有关培训的信息。
企业的文化、战略、目标和发展。
确认和了解培训服务对象的信息。
了解企业业绩情况以及外围情况,比如:市场信息、行业发展等。
了解人力资源开发与管理的其他相关部门,如录用、奖惩、工资等的信息。
采用适当的方法对收集的信息进行分析。

确立培训目标

培训目标的确立可以从以下几个方面入手:

实务篇

制订培训与具体实施的全面目标。
完成本次培训与具体实施目标的分析，将目标细化。
提出培训与具体实施建议。
选定培训与具体实施的对象。
确定培训与发展工作的程度。
确定培训与具体实施工作的评价标准。

制订培训策略

培训策略的制订通常需要回答以下问题：
培训的具体组织与实施者是谁。
进行预算，要知道投入多少及何种资源。
选择什么培训方式与方法最为有效。
需要使用哪些培训技术。
采用哪些培训设备。

实施培训

培训的实施应该是一项组织化的工作，这样能使培训得益于组织化的系统、协作等优势而更有成效。培训实施要组织化通常应回答以下问题：
参加实施人员都各自做什么。
谁来领导谁的工作。
人员和行动该如何配备。
参与人员都该如何开展自己的工作。

评估培训

培训评估可以发现培训的不足，是以后改进培训工作的依据。通常包括以下方面：
确立评估的标准。
测定培训的实际情况。
将实际情况和标准进行比较，得出差距。
反馈评估结果。

释放你们的潜能，
就是我存在的最大意义……

实现培训效果转化

培训效果转化是将培训中所学到的知识、技能等东西持续地运用到工作中地过程。这个过程是长期的，坚持越久，转化的效果就越好。培训部在这方面可以做的工作有：

制订培训转化制度，并且让各个部门配合。

采用分阶段培训方案，以使培训效果转化更有成效。

积极引导受训者做好效果转化，并随时跟踪与反馈信息。

范例——某知名企业培训部管理功能

上一节阐述了培训部的工作内容，这一节再列举详细实例加以说明其管理功能。以下是一家知名企业培训部管理功能的具体内容，对我们是很有借鉴意义的。

培训部管理功能

在总经理领导下，根据企业的经营方针制订各个不同时期的培训计划，并在各部门的配合下组织实施：

新员工的入职培训；

员工升职培训计划；

在职部门经理、主管级人员培训计划；

与各有关部门配合，制订岗位职责、操作规范、服务技巧等方面的培训计划；

外语培训计划、出国培训计划；

员工再教育培训计划；

提高员工素质的培训计划（包括仪容、仪表、礼仪、礼貌、语言艺术、业务知识、专业知识、专业技术、文明教养、遵纪守法、理想及事业心等）。

结合企业各部门存在的突出问题，分轻重缓急协助各部门制订经常性的培训计划，提供教学设备、教室和教学参考资料，并检查督促落实，随时将有关情况向总经理汇报。

协助各部门编写出各项培训课程的教材，并使之完整配套，同时根据形势发展变化，不断修改补充完善。

协助并督促有关部门制订各级员工的考核标准，作为今后考核、晋升及制订培训各级人员的依据。

建立图书资料室，检索、搜集国内外有关管理的图书资料及教材，编写、翻译、复制、印刷给各有关部门参考使用。

摄制、购买和转录培训教学录像带、录音带、幻灯片等，按各种培训需要，不定期地组织员工观看、收听，提供给本部门及其他部门培训使用。

对培训部各种培训设备、设施进行管理。

对不同外语水平的员工，按照部门岗位的要求，组织他们学习外语，训练听说及反应能力，达到能熟练使用外语的水平。

组织做好对外培训：凡企业要外培的，均需经总经理办公室批准，通过培训部接纳和安排，并按一个完整的培训计划进行，负责对接受培训者进行考核。

负责组织安排外出培训的人员及教学计划，并提供必要的教学参考资料。

7.2 培训资金管理

资金是开展培训的命脉，没有资金，培训工作将无法开展，更不可能取得良好的效果。中国企业对培训的投入普遍偏低，一些著名国际大企业每年培训预算已经达到了上一年度总销售额的1%~3%，最高的达7%，平均为1.5%，国内企业一般不到1%。本来就十分有限的培训资金只有用在了刀刃上才可能将培训工作做得更好，这也是加强培训资金管理的意义所在。

培训资金的使用范围

培训资金的用处非常多，很多地方都需要用到培训资金，如比：培训物资

释放你们的潜能，
就是我存在的最大意义……

的购买、培训人力的投入等等。一般说来，培训资金的使用范围有以下方面：

宣传费用，包括制作海报、电视节目和宣传册子等等；

教材资料费，包括培训教材和培训用资料室建设费用；

教学及管理设备费，主要包括电脑、多媒体教学、复印、录音摄像等设备；

教学参观实践费，即受训者到企业外参加实习研究的费用；

培训师酬金；

日常办公费；

接待费等其他必须开支的费用。

培训资金的管理

不管是企业对于培训的投入是多一些还是少一些，但培训经费毕竟是有限的，对于效益不太好的企业就更不用说了。因此，培训经费的使用应该严格控制，可以采用以下措施。

加强经费制度管理

建立健全经费管理制度，以避免使用失误和浪费。一方面要设置专门的经费管理机构，配置专门的财会人员，依照国家财政部门及本部门的有关条例，照章办事；另一方面制订经费管理的实施细则及严格的经费使用审批制度，以防止经费被挪用、滥用，从而保证经费的有效使用。

履行培训经费预算决算制度

要保证培训工作有计划地进行，就必须结合培训工作实际，在经费使用上统筹兼顾，分清先后主次、轻重缓急，有计划、有目的地使用培训经费。

培训经费预算大体由三部分组成：编制预算科目和各项支出明细账；列出培训经费计划指标，包括经费的收入和支出；说明每一项目支出的核算根据及其个别因素。在编制预算时，要留有一定的机动经费数额，以便应付一些突发事件。经费预算要上报主管部门或有关部门，履行审批手续之后，才能执行预算。

精打细算

培训资金的使用要做到精打细算。比如：外请培训讲师的钱是应该花的，但怎样才能请到好的讲师又花钱最少，这就需要精打细算。各种类型的培训经费支出，都应该尽量做到"少花钱，多出成果"。要精打细算的花钱，这需要培训工作者的高度责任心。

培训的规模和速率要适当

培训工作的规模、速度和水平质量受培训经费的制约，就是说，要根据经费的情况，在不影响培训质量的前提下，科学合理安排培训类别及规模等次，实施有计划有步骤的培训。

突出重点，统筹兼顾

培训经费的使用要与培训工作的总体思路统一起来，体现轻重缓急。在培训经费相对紧张的情况下，如何用现有的资金办出超效益的事情来，关键就是要分清主次，突出重点。把培训经费的使用与培训的效益结合起来考虑，避免人力、物力及财力的浪费。

7.3 培训档案管理

培训档案详细描述了以往培训活动的相关信息，这些信息许多方面都是很有参考价值的。培训记录一般是按照企业要求进行记录，所有的记录就形成了培训档案，它至少在以下方面可以提供帮助。

对今后的培训计划有指导意义。

可以提供员工成长的准确记录。

帮助确定以后培训的培训需求。

为管理部门及各部门经理提供已经完成的培训总体情况，以及仍需完成的

释放你们的潜能，就是我存在的最大意义……

培训。

帮助跟踪及控制企业培训预算的有效使用。

受训者的培训档案

受训者的培训档案的内容应该包括：

员工的基本情况，包括学历、进企业年限、所经历的岗位、现有岗位工作情况等；

上岗培训情况，包括培训的时间、培训次数、培训档次、培训成绩等；

专业技术培训情况，包括技术种类、技术水平、技能素质以及培训的难易程度；

晋级升职培训情况，包括任职时间、任职评价、任职提拔晋升等情况；

其他培训情况，比如在其他地方参加培训的经历、培训的成绩；

考核与评估情况，包括考核定级的档次，群众评议情况等。

培训部的工作档案

培训部工作档案的内容应该包括：

培训工作的范围；

如何进行入职培训；

如何进行岗前培训；

如何进行升职晋级培训

如何进行其他技术性专项培训；

如何进行纪律培训；

员工派出培训情况；

如何进行对外培训；

如何考核和评估；

企业人员已参加培训、未参加培训的情况；

列入培训计划的人数、培训时间、班次、学习情况；

特殊人才、重点人才、急需人才的培训情况。

实务篇

与培训相关的档案

其他与培训相关的档案内容应该包括:
培训讲师的教学及业绩档案;
培训用财物档案;
培训工作往来单位的档案。

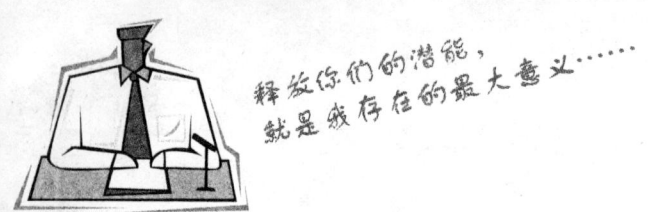

释放你们的潜能，
就是我存在的最大意义……

8 做好培训需求分析

很多企业对于培训，都没有经过系统地分析，往往是头痛医头、脚痛医脚；越是高层的培训越是缓不济急，不是培训没有落实，就是培训失去时效。培训没有有的放矢地进行，往往难以取得良好的效果。

随着社会的飞速发展，作为培训活动首要环节的培训需求分析在培训中的地位愈为凸显。过去那种拍脑袋式决定培训需要，而不进行系统的培训需求分析的做法，无疑已经在冷冰冰的现实面前撞了个头破血流。

培训需求分析既是确定培训目标、设计培训计划的前提，也是进行培训评估的基础，是一个健全、完善的培训体系当中不可缺的一部分。

8.1 培训需求分析概述

何谓培训需求

顾名思义，培训需求就是还需要培训的意思。培训在企业中要完成的使命可以归纳为两点：一是帮助企业解决现存问题，二是帮助企业补充为实现发展目标所需的不足。我们可以将这两点归纳为一个公式：

要求具备的全部＝现在已有的＋还需要的

其中，"还需要的"就是我们所说的培训需求。形象一点说，企业的培训需求就像一个人的饥饿，吃饱了之后还会出现，企业的培训需求在一定程度上得到满足之后仍然存在，只是这种需求可能完全不同而已。

培训需求分析

培训需求分析是指在规划与设计每项培训活动之前，由培训部门、主管负责人、培训工作人员等采用各种方法与技术，对参与培训的所有组织及其员工的培训目标、知识结构、技能状况等方面进行系统的鉴别与分析，以确定这些组织和员工是否需要培训，以及需要如何培训的一种活动或过程。

从这个定义我们可以很容易看出培训需求分析所具有的特点，比如：需求分析的主体具有多样性；需求分析的客体具有多层次性；分析的核心是通过比较现有状况和应有状况以确定培训需求；分析的方法具有多样等等。

影响培训需求的因素

影响培训需求的因素总体可以分为两大类，一类是常规性因素，另一类是偶然性因素。常规性影响因素主要是指在确定培训需求时要考虑的一般性因素，而偶然性因素就具有一定的偶然性、特殊性。这两类因素又包括诸多种类，具体如下表所示：

因素对照表

常规性	偶然性因素
企业发展战略对培训需求的影响	新员工加入对培训需求的影响
企业发展的长期、中期、短期目标对培训需求的影响	员工职位调整对培训需求的影响
社会发展环境对培训需求的影响	企业内部损耗升高对培训需求的影响
同类企业发展对培训需求的影响	发生生产事故对培训需求的影响
员工个人生涯规划对培训需求的影响	产品生产质量降低对培训需求的影响
员工考核对培训需求的影响	顾客抱怨对培训需求的影响
员工行为评估对培训需求的影响	产品销售量下降对培训需求的影响
企业资源状况对培训需求的限制	员工工作效率下降对培训需求的影响
	与企业相关事件发生后员工思想波动
	士气低落对培训需求的影响

释放你们的潜能，
就是我存在的最大意义……

培训需求分析的作用

培训需求分析的作用如下：

> 了解员工现有信息。
> 了解员工的培训态度。
> 确定培训内容。
> 提供培训素材。
> 使培训做到量体裁衣。
> 获取管理者的支持。
> 培训成本预算与控制。
> 避免浪费。
> 为培训评估提供依据。

了解员工现有信息

对员工现有情况了解、掌握得越多，对培训活动就越为有利。培训需求分析就能到达这个目的，通过培训需求分析可以了解到可能参加培训的人数，他们的年龄范围，工作、生活的地点、职业、兴趣等信息。

了解员工的培训态度

员工的培训态度对培训的成败有着至关重要的作用，如果他们不积极、不配合，培训效果多半只能很糟糕。通过培训需求分析，可以了解员工对培训究竟持什么态度，同时还可以借机向有关人员强调培训的重要性并灌输某种观念，从而有助于提高培训效果。

确定培训内容

培训需求分析能够确定员工的培训需求，比如需要的是知识培训还是技能培训。例如，岗前培训的需求分析应确定组织需要新员工知道的，他们应做哪些调整，面临哪些困难。知道了培训需求进而就能确定相应的培训内容。比如，新员工入职培训，它就应该包含企业的历史、宗旨、使命的培训；企业文化的培训；组织结构，各部门的职能和责任的培训；企业的人事和福利政策培训；企业的奖惩措施培训等等。

提供培训素材

有的培训方式是需要在各个部门去收集相关材料的，比如：案例研究和角色扮演。通过培训需求分析，可以收集到相当丰富的材料，包括工作手册、组织流程图、岗位介绍、各部门的形式和工作程序以及工作实例等。有了这些材料，培训就可以做到更有针对性，对员工解决实际的工作问题就更有帮助。

使培训做到量体裁衣

培训的目的就是能让员工提高工作业绩，因此它具有服务性。怎样才能更好地为员工服务呢？只有最大限度地了解他们，培训需求分析就提供了这样一个机会给培训部门。在了解员工的实际情况的基础上就可以量体裁衣地进行培训了。

获取管理者的支持

培训经过了需求分析，可以让管理者知道企业是重视培训的，同时能充分听取他们的意见来参考员工究竟需要什么样的培训。在各中接触中，自然能增强培训部门和管理者的交流、理解和信任，因此能得到他们的大力支持。

培训成本预算与控制

在确定培训内容的时候，就需要分析一些与培训成本有关的问题，比如：培训需要多少工作人员；培训需要所少时间；培训需要哪些相关教材、设备等等。这些都是可以计算出成本的，通过培训需求分析，培训部门心中就先有了底，到真正培训实施的时候就能按照既定的标准去进行，这无疑对节约培训经费十分有益。

避免浪费

有的企业培训没有效果的一个重要原因就是没有进行培训需求分析，不管

释放你们的潜能，就是我存在的最大意义……

某种培训是否合适自身情况，都跟着潮流去做，最后才发现没有丝毫的成效。如果培训不能满足需求，实际上浪费的不仅仅是金钱，更重要的是时间。培训需求能避免这样的事情发生，经过分析，需要培训才进行培训。

为培训评估提供依据

培训评估的一个重要环节就是制订评估标准，培训需求分析能为培训评估标准的制订提供有用的资料。员工现有的状况通过需求分析可以了解得再和培训后的状况进行对比，培训的效果也能很轻易地显现出来。

培训需求分析的任务

培训需求的任务，我们可以把它概括为对以下几个问题的回答。

为什么要培训。

谁需要培训和需要什么培训。

培训的时间。

培训的成本。

如何进行培训。

培训的地点 。

为什么要培训是找到企业问题的症结所在，并且这些能通过培训来解决，否则就无需进行培训。

谁需要培训和需要什么培训弄清楚了两个问题。受训者是谁，这需要明确；然后就是需要给他们加强什么东西，这就是培训的内容。

培训的时间安排也是很有学问的，它与企业的战略方针紧密结合在一起的。对于基本的知识、技能和素质，应尽早在员工上岗前就进行培训。而进一步的技能培训，则可能要求学习者具备一定的工作经验。培训的时间进度需要根据培训的内容、方式等来确定。

培训成本是企业考虑最多的因素，很多企业都是把培训成本定得很低。在这样的条件下，要做好培训确实很不容易，这就需要培训经理和培训部门能拿出最省钱又最有效的培训方案来。

如何进行培训是培训活动种最重要的环节，需要确定的内容很多，比如：培训的方式、方法等等。假如要采用案例研究法，那么应该准备哪些案例与材料，培训部门就应该事先做好周全的准备。

培训场地对培训效果也是大有影响的，内部课程和公开课程采用的场地往往就大不相同，场地应有什么布置等，都需要在培训前就有周密的计划。

8.2 培训需求分析的程序

培训需求分析的程序可以按照这个顺序进行：

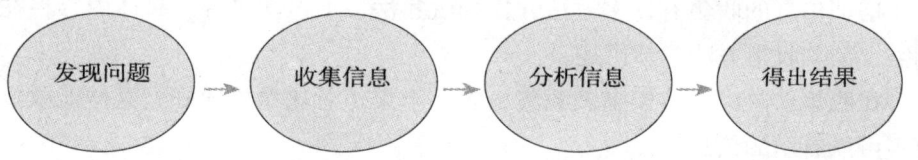

发现问题

不管是什么情况，在它发生之前，或多或少都有一些苗头，企业的各种情况也不例外。有些状况是企业进展良好的表现，有的状况却是企业问题的征兆。发现这些征召，就可以有针对性地去收集相关信息。要发现企业问题，可以从两个方面去着手：即个人层面和组织层面。如下表所示：

问题分析表

个人层面	组织层面
工作效率：效率低下，达不到要求的标准 员工情绪：员工敌意、懈怠、气馁、旷工、交流困难、服务质量出现问题	

释放你们的潜能，就是我存在的最大意义……

续表

个人层面	组织层面
工作胜任度：出现几次表现不佳的情况就能体现个人的"技能差距"	业务变化或新增业务导致需要新技能
员工对复杂的情况难以适应	新的标准导致需要新的技能
技术问题：需要学习深入的技术	人员调整，调换工作，导致需要新技能
员工想实现职业生涯规划	企业发展所需要的人才培养
	企业战略改变
	行业出现显著变化

上面只是列举个人层面和组织层面中一些最容易出现的情况，还有许多情况需要培训部门和各个部门用慧眼去发现。发现之后就可以进行相关的信息收集。

收集信息

培训信息的收集有许多方法，比如观察法、面谈法等等。具体内容将在培训需求信息收集方法一节讲述。

在收集信息时要多渠道去收集，多一个渠道总比单渠道好，这样能收集到更多可能有用的信息。

信息的收集一般是收集越多信息越好，但也不能毫无原则的收集，这样既费时费力还可能无丝毫用处。收集的资料要能对培训需求分析起到作用。收集资料时要确定好收集的范围，比如组织资料可以包含以下几个方面：企业经营目标等；岗位（职位）资料：职位说明书、员工个人资料等。

收集信息时，尽量和信息的源头接近，因为信息在传播过程种总会"走样"，并且经过的中间环节越多走样的程度就越严重。因此越接近信息源头收集到的信息就越准确。如果要收集有关员工的信息就应该到员工当中去，而不应该听一些人的反映或报告来获取信息。

分析信息

收集到的资料对培训需求的价值只有通过分析才能得以体现出来，如果不加分析，哪些信息是最有用的，哪些信息是一般有用的，哪些信息又是基本无

实务篇

用的就不可能非常清楚。这样既浪费时间、财力，更为严重的是降使培训效果大打折扣，信息分析不够准确，采用的培训方法等都可能有所失误，培训效果当然难于保证。

信息分析对培训效果的影响如此之大，所以在分析数据、信息时要注意去伪存真，去芜存菁，要将对培训有决定影响的本质因素找寻出来。分析培训需求信息不可孤立、单一地看待问题，应该从知识、能力、态度的角度，以及从组织、个人、职务等多层次，用联系的观点来分析获取的信息。分析信息还要选用合适的方法，分析方法对信息分析的效果有着至关重要的影响，不能不慎重考虑。具体内容将在培训需求分析层次、训需求分析方法等小节谈到。

得出结果

信息分析最终需要得出结果，否则分析就没有结束。并且这个结果正确与否还得通过员工、管理层的检验。

培训结果一旦形成就确定了谁需要培训、需要接受什么方面的培训，培训的次数、时间等问题的答案。这些结论需要向管理层发表，并且应该向员工发表，进行确认工作，这样可以对培训需求进行纠偏，保证了以后工作的有效性。

最后的步骤是降纠偏的地方和原来的结果一起进行总结，得出培训的各项相关内容。在做这些事情的时候应细致、耐心、准确，这些都是做好需求分析的基本因素。

8.3 培训需求分析层次

为了对培训需求有更加科学、准确的把握，我们可以从不同的层次、角度去对其进行分析。经典的培训需求分析一般有三大层次，即：组织层次分析、任务层次分析和人员层次分析。但是，从现在企业的发展可以看出战略性资源

释放你们的潜能，
就是我存在的最大意义……

管理在组织存续与发展中所起的作用越来越大，因此，我们将战略层次分析从组织层次分析中单列出来，予以区别，从而培训需求分析就成为四大层次，即：战略层次分析、组织层次分析、任务分层次析和人员层次分析。战略、组织、任务、人员三个层面的培训需求分析是一个有机的系统，缺少任何一个层面都不能进行有效的分析。从这几个层次对培训需求进行分析，可以对其有全面、深入的认识。

培训需求分析四层次

战略分析
组织分析
任务分析
人员分析

战略层次分析

培训需求的战略分析也被称之为"未来分析"，这是因为它具有很强的预测性与前瞻性。企业要连续发展必须要进行战略考虑，企业没有战略指导迟早会走向没落。企业的培训也不例外，也得有一定的前瞻性，培训需求的战略分析就能满足这一要求，这需要注意三个方面：改变组织优先权、人事预测与组织态度。

改变组织优先权

组织优先权的改变会对企业的发展产生重要影响，培训需求的战略分析应重点考虑它，通常应该考虑以下情况。

组织的撤销、重组或合并。企业未来的组织结构设计、管理和监督层次、决策机制、劳动组织方式、劳资关系、组织文化等。

资金约束。资金是企业发展的命脉，如果由于财政紧缺，企业一般会将财政预算削减到前所未有的程度。

新技术的运用。企业新技术的运用也会对组织造成一定的改变，如计算机的使用，由于其处理资料的能力迅速提高，使各种组织的机构、功能、性质等发生革命性改造。

领导人意向。领导人的意愿会直接对组织产生影响，如新任部门领导人的处事方式与前任不同，可能引起机构的变革。

各种临时、突发任务或事件。各种变化的产生需要组织也以一定的改变去适应它，比如外部环境的变化。它可以包括：产品市场状况、劳动力市场状况、生产和管理技术的研究与开发潮流、劳工组织和工会组织、法规法令等。

人力资源预测

企业内部未来的人力资源状况，其中包括理想的年龄构成、知识结构、技艺水平、工龄搭配、劳动报酬构成及其水平、雇员的出勤率、离职率和保有率等。人力资源预测主要包括三种类型：短期预测，主要指对下一年的预测；中期预测，指2~4年的预测；长期预测，指5年或5年以上的预测。人力资源预测包括需求预测与供给预测。需求预测主要考查一个组织所需要的人员数量以及这些人员必须掌握的技能。

组织态度

组织态度是指员工对所具有的一系列态度，包括对其工作、技能及未来需求等的态度以及对企业的接受程度等等。调查、收集与分析这些态度对培训是很有用的。一来可以通过态度调查帮助查出企业内最需要培训的部门；二来也可以发现一些不能用培训解决的问题。

组织层次分析

培训需求的组织分析主要是根据组织的目标、资源等因素对企业组织中存在的问题进行分析，以此对培训作出指导。经过这样的分析，可以确定培训是否能派上用场，同时确定哪些部门、业务以及人员需要培训等。培训需求的组织分析包含影响培训计划的有关组织的各个方面，主要有以下内容：

释放你们的潜能，
就是我存在的最大意义……

组织层次分析

组织目标分析帮助培训者明确组织的目标，组织目标分析主要围绕组织的达成、政策的贯彻是否需要培训或与培训有关等展开。组织目标对企业发展有着决定性的作用，也对培训计划的制订与执行起决定性作用，如果没有分析好组织目标培训则很有可能"牛头不对马嘴"。组织目标的范围很广，组织当前开展的生产经营活动，采用的生产技术和手段都可以看成是组织的目标。具体"目标"可以包括：生产所用的机器设备，工艺流程，技术专利，能源原材料，产品批量等。

培训活动应该密切注意这些"组织目标"，培训是为它们服务的，培训活动的宗旨必须和它们一致。假若组织目标模糊不清时，培训规划的设计与执行就显得很困难。目标分析就是要让目标清晰地展现出来，培训活动才能根据其进行设计。

组织特征分析

组织特征对培训也有着重要影响，如果培训计划工作和组织的价值不一致时，培训的效果则很难保证。组织特征有诸多的表现形式，如：员工的工作精神、工作态度、对企业的向心力、凝聚力以及对企业文化的理解、接受程度等。组织特征分析主要是对组织的系统结构、文化、信息传播情况的了解。

组织的系统结构特征分析即通过审视组织运用系统能否产生预期效果、组织结构是否需要改变以及有否相应的培训需求等。它能使培训组织者系统地面对组织，避免组织分析中出现以偏概全的现象。

文化特征分析是对组织的规章制度、企业价值观、企业文化等的深入了解。不同的企业文化往往需要不同的培训方式，价值观的不同也会对培训造成影响。

信息传播特征是指组织部门和成员收集、分析和传递信息的分工与动作形式或方式，信息传播特征分析能使培训组织者了解组织信息传递及沟通的风格和特性。不同的工作需要不同的信息，也会有特定的最有效的信息传递方式，有针对性的对其进行培训一般能收到更好的效果。

组织资源分析

组织资源是组织生存与发展的必要条件，没有它们企业不可能得到发展，培训就更不可能做好了。组织资源分析包括对组织的资金、时间、人力等资源的分析。有了人力、物力和财力的支持，培训目标才可能完成得更加完美。在这些资源中，任何一项都是非常重要的，缺了任何一项培训都不能顺利进行。资金是指组织所能提供的经费，它将影响培训的宽度和深度。它直接决定培训费用的多少。没有了培训费用，培训就无从谈起。时间对一个组织而言就是金钱，培训需要相应时间的保证。如果时间紧迫或安排不当，就会影响培训效果。人力则是决定培训是否可行和有效的另一关键因素。组织的人力状况包括：人员的数量、年龄、技能和知识水平，人员对工作与单位的态度及工作绩效等。对这些资源进行详尽分析是很有必要的，同时对它们的分析也不要孤立地分析，尽可能地降它们进行有机的、整体的分析，这样会让培训更有针对性。

组织环境分析

组织环境包括内部环境和外部环境，这里主要讲述外部环境。环境对企业的影响是不容忽视的，培训也应考虑这个因素。比如：市场上同类企业的增加，同类产品的更新、增加都会影响组织战略与目标，当然对培训也就有了不同的要求。

再如，各种法律、法规的出台也将对企业产生重要影响，每当国家和政府的一项涉及劳动的法律颁布时，组织进行相荚的遵守法律的培训总是可取的做法，比如说，请一位专家给每一个可能受此法律影响的员工讲课，以避免可能产生的问题。外部环境瞬息万变，要对各种变化都了如指掌是不可能的，但至少我们应该对企业发展有决定性影响的环境变化有深入的理解，并且及时做出相应的、正确的反应，培训就是其中的一个措施和手段。

任务层次分析

任务分析能对培训做出更有针对性的指导。那么何谓任务分析呢？所谓

释放你们的潜能，
就是我存在的最大意义……

任务分析，即按照企业职务工作标准、担当职务所需要的能力标准（职能标准），对各部门、各职务工作（岗位）状况进行比较分析，以确定企业组织成员在各自的工作岗位上是否胜任所承担的工作。其中工作状况主要是指员工的知识、能力、态度、行为和工作绩效等，对这些状况进行分析从而有利于确定企业的培训需求。

职务分析是培训需求分析中最繁琐的一部分，但是，只有对职务进行精确的分析并以此为依据，才能编制出真正符合企业绩效和特殊工作环境的培训课程来。因此，为了保证培训效果，培训之前应坚持做好培训需求的任务分析。任务分析可以从以下几个方面来认识它。

任务分析的一般顺序

任务分析一般可分为四个步骤：

第一步，选择对培训影响最有代表性的工作。

一个企业、一个组织不可能只有一项工作，因此我们必须选择对培训影响最大的工作来进行需求分析，这样才能受到事半功倍的效果。

第二步，根据该工作岗位的工作说明书或职务说明书列出初步的任务及完成这些任务所需知识和技能的清单。

工作所需知识、技能、态度的确定是任务分析的重点。

第三步，对工作任务既所需知识、技能的确认。

培训需求分析者对工作任务既所需技能不可能都熟悉，因此在确定是就有一定的方式方法。首先，可以可对员工的工作过程进行反复观察，特别是操作性、重复性较强的工作，以确认工作说明书中的工作任务、工作技能要求是否符合实际。其次，尽量利用有相关经验人员的智慧。比如：与有经验的雇员、离退休人员、部门主管以及制订工作说明书的部门负责人进行访谈和观察，以对工作任务和所需技能进行进一步确认。最后，可以让权威人员来对自己所得到的结论进行认证。可以向专家或组织顾问委员会提出求证，以确定任务的执行频率、完成每一项任务所需的时间、完成的关键、完成任务的质量标准、完成任务的技能要求及规范的操作程序等。经过这样的程序，对工作任务既所需知识、技能的确认才能更科学、准确。

第四步，为该工作岗位制订针对培训需求分析的任务分析表。

该任务分析表包括已经量化的指标，如工作量要素、工作质量要求、工作技能要求、工作操作规范等内容。

任务分析的主要方面

任务分析是分析员工工作所需的知识、技能、态度等内容，因此它和员工的"工作"相关。任务分析主要方面有：工作的复杂程度分析、工作的饱和程度分析以及工作内容和形式的变化分析。

工作的复杂程度分析。这里的复杂程度主要是从工作对思维的要求来说的，需要更多创造性思维的工作我们称之为"复杂"的工作。

工作的饱和程度分析。工作饱和程度主要是指工作量的大小和工作的难易程度，以及工作所消耗的时间长短等。例如，行政工作和技术开发工作相比较就有显著的不同，行政工作大多是琐碎而繁杂的，但是工作时间则相对固定；而技术开发部的工作具体而复杂，工作时间弹性大。不同饱和程度的工作对培训的需求内容自然也不同。

工作内容和形式的变化分析。企业会需要发展，工作内容和形式也就可能跟着变化。例如，市场部的工作会随着企业业务的发展迅速变化。当然也有变化不大的部门，如财务部门。因此，在进行培训需求分析时应注意这一点，对于未来所发生的工作变化应有一定的前瞻或预测。

任务分析的种类

依据不同的分析目的，任务分析通常可分为一般任务分析和特殊任务分析两种。一般任务分析的主要目的是使人能尽快地了解一项工作的性质、范围与内容，并作为进一步分析的基础。它的内容包括任务简介和任务清单。

特殊任务分析是以任务清单中的每一工作单元为基础，针对各单元详细探讨并记录其工作细节、标准和所需的知识技能。特殊任务分析又可分为程序性任务分析、程式性任务分析和知识性任务分析三大类。

程序性任务就是具有固定的工作起点、一定顺序的工作步骤和固定的工作终点等特性。程序性工作分析是通过详细记录工作单元的名称、特点、标准、应具有的知识技能、安全及注意事项、完整操作程序等，为员工的培训和培训评估提供依据。程式性任务分析多无固定的工作程序，对工作原理的了解和

释放你们的潜能，
就是我存在的最大意义……

应用程度要求也较高，其工作内容主要强调工作者和系统间的互动。知识性任务属于内在思维的工作行为，可以说是人与人，或人与知识间的交流互动，而且是以不具形体的知识为桥梁，进行理性的思考、沟通与协调，以达成工作需求。知识性任务分析是一种研究程序，它能够帮助管理者确认影响工作绩效的有关重要知识。

培训需求的任务分析需要根据不同的工作内容选择好不同的分析类型。

人员层次分析

人员分析是从培训对象的角度分析培训的需求，通过人员分析确定哪些人需要培训及需要何种培训。人员分析一般是对照工作绩效标准，分析员工目前的绩效水平，找出员工现状与标准的差距，以确定培训对象及其培训内容和培训后应达到的效果。员工是培训的对象，对它们的分析能让培训者更好的运用各种培训技巧，以此提高培训效果。人员的培训需求分析主要是对员工的工作背景、学识、资历、年龄、工作能力及个性等进行分析。

员工的知识结构分析

对员工知识结构的分析，不仅是为了准确地制订培训方案，更是为了充分地利用各种有效的资源，从而是使得培训取得最大的经济效益。员工现有的知识结构如果不能满足工作需要，就要有针对性的进行改进。

员工能力分析

员工能力分析，即分析员工实际拥有的能力与完成工作所需要的能力之间的差距。员工的工作不可能是一成不变的，一旦工作有所变动，则所需的能力也就会变动，员工是否有这样的能力是胜任工作的关键。比如：一个销售业绩很好的销售人员不一定能当好销售经理。这是因为，销售经理必需具有管理能力、领导能力、协调能力等一些销售人员不具备的能力。

员工的专业（专长）分析

在企业里工作的有些员工并不是在从事自己专业（专长）的工作。进行专业（专长）结构分析主要应解答以下问题：有多少员工在从事和自己专业对口或不对口的工作，有多少员工在从事自己喜欢或不喜欢的工作，有多少员工认为自己有必要换岗位并认为这样会有更大的能力和发挥余地。是不是从事自己所学的专业并不重要，重要的是自己对所从事的工作是否充满兴趣，愿意将它做好。一些大企业普遍实行定期换岗，特别是中层管理人员最频繁。这种制度可以让企业储备更多的人才，也能让员工培训多方面的能力。培训需求分析时应注意员工自身有无这样的趋向，如果他认为现在的工作自己一点兴趣都没有，那培训对他的效果是很小的。

员工的个性分析

性格一旦养成就很难改变，有句话说，性格决定命运，从中我们可以看出性格对个人成败的影响之大。每种工作都有一种和其相适应的性格。因此，员工个性分析就是看员工是否具有其所从事工作要求的个性特征。例如，一个财务专业人员如果具有大大咧咧、易激动、情绪变化大、持久力不够等个性特点，则在一定程度上不适合要求稳重、细心和耐心的财务工作。如果员工具有这样工作所需个性潜质，只是暂时没有发挥作用，则应强化培训。

员工年龄结构分析

员工的年龄不但影响其工作速度、工作效率，也会对培训效果有非常直接的影响。比如：年龄越大，其反映能力、理解速度就越慢，这就会非常影响培训效果。因此，在培训需求分析时应考虑合理的年龄搭配，并以此决定岗位的培训内容。

范例——组织自查表及管理人员自查表

上一节，我们讲述了培训需求分析的几大层次，每一个层次的分析都设计许多内容，任何一个层次的分析都应该准确无误，并且这几个层次应该有机地联系在一起分析。下面的组织自查表及管理人员自查表对培训需求分析有极大的助益，特别是对组织分析和人员分析更是如此。具体内容如下：

释放你们的潜能，
就是我存在的最大意义……

组织自查表

	自查项目：基本项目	优	良	中	低	差
1	信息： 组织是否建立了畅通的信息系统，内外信息是否全面快速地得到传递？					
2	营销： 组织是否能够根据环境的变化不断调整营销策略并得到很好的贯彻？					
3	人力： 组织是否能够根据企业发展目标的需要不断调整组织结构和人力配置？					
4	管理： 组织是否制订了适合自身需要的管理机制并得到很好的贯彻执行，且能够根据不同的时期进行必要的调整？					
	自查项目：计划职能	优	良	中	低	差
1	目标： 组织是否制订明确的发展目标，并能够不断检讨，并且员工都清楚？					
2	策略： 组织是否根据发展目标制订相应的发展策略，并能够不断检讨？					
3	行动计划： 组织是否制订了整体的可行的长期、中期和短期工作行动计划？能够不断检讨吗？					
4	销售： 组织是否在深入分析市场形势的基础上制订现实可行的长期、中期和短期销售计划？能够不断检讨吗？					

		优	良	中	低	差
5	产品： 组织在产品管理方面是否有明确的长期、中期和短期计划？能够不断检讨吗？					
6	人员： 组织是否制订长期、中期和短期的人员开发、储备计划，能够在实施中不断检讨吗？					
7	资本： 组织是否制订长期、中期和短期的资金及资本管理计划？能够不断检讨吗？					
8	同步： 组织内部各部门之间的工作计划是否出现矛盾？矛盾的出现是计划之间缺乏沟通吗？					
9	总结： 组织内部是否具有全面的阶段性的工作总结，工作总结得到认真的对待吗？					
	自查项目：组织职能	优	良	中	低	差
1	架构： 组织架构设计是为了完成组织目标进行的吗？					
2	职能： 每个部门都具有明确的职能吗？部门之间的职能存在重叠或漏项的问题吗？					
3	权力与责任： 每个人的权力和责任都进行了详细的描述吗？本人清楚程度如何？					
4	标准： 每个人的工作目标进行标准化量化描述了吗？个人清楚吗？					

释放你们的潜能，就是我存在的最大意义……

5	行为：组织内部行为标准制订了吗？每个人都清楚吗？					
6	条件：对于组织内部的每一个岗位人员的条件（知识、技能、态度）进行明确的描述了吗？能够在内部形成竞争上岗的环境吗？					
7	流程：对于组织内部上下级之间的工作流程和部门之间的工作流程进行科学化、合理化设计了吗？能够严格按照流程执行吗？					
8	纪律：组织内部是否规定了明确的奖励或惩罚制度，并具有详细的执行标准？能够执行吗？					
9	报酬：组织内部是否具有合理的薪酬体系？薪酬体系能够体现多劳多得和公平公正的原则吗？					
10	绩效：组织内部是否进行定期的绩效评估？对于绩效评估的结果是否被合理应用？					
11	创新：组织中是否鼓励创新？对于合理创新所导致的失败是否被认为正常？					
12	领导：组织内部管理者是否对其上司负责？是否对其所管辖的人员负全面责任？					

	自查项目：协调职能	优	良	中	低	差
1	政令协调： 领导者是否能够很好的协调组织内部出现的不同意见？					
2	计划协调： 组织内部各部门之间的工作计划是否能够步调一致？有没有脱节？					
3	行动协调： 各部门之间或部门内部工作时，是否能够以大局为重，进行必要的配合？					
4	关系协调： 领导者是否能够很好的处理各部门之间因考虑各自利益而产生的矛盾？					
5	疑问处理： 当下属在工作中出现无法解决的问题并向上级提出意见及请求指示时，领导者是否能够正确及时给予答复？					
6	信息传递： 部门之间、上下级之间的文件、通知等各种信息传达是否准确、及时？					
7	自我管理： 组织内部是否强调自我管理意识和自我发现问题和解决问题能力？					
8	变化协调： 领导者是否固执己见，是否能够对环境的变化产生快速的反应并采取适当的方法？					

	自查项目：指挥职能	优	良	中	低	差
1	目标： 领导者是否使每个人都明确共同的目标，并指挥为共同目标的实现分别行动？					

释放你们的潜能，
就是我存在的最大意义……

2	时间： 领导者是否能够合理安排工作时间？并对各相关工作岗位的时间进度进行有效安排？					
3	通告： 组织中的相关人员之间是否可以及时获悉来自组织内部或组织外部的信息？					
4	会议： 组织内部的会议是否能够真正解决问题，小组会议、部门会议是否充满开放的气氛？					
5	参与： 管理者是否让工作相关者参与一起进行工作计划制订和发现问题、提出解决问题办法？					
6	激励： 管理者是否鼓励开诚布公？能否在员工产生懈怠或丧失信心之前就采取令大家备感振奋的措施？					
7	指导： 在属下工作不利的情况下，领导者是否能够给予恰当的工作指导？					
8	批评： 管理者在下属工作出现问题的时候，是严厉谴责还是悉心分析问题出现的原因和导致的不利后果，帮助下属改进？					
9	表扬： 工作出色能否得到领导和他人的承认？					
10	晋升： 组织中每个人的晋升是否都是因为工作出色，业绩突出，让晋升者具有成就感？					

	自查项目：控制职能	优	良	中	低	差
1	控制职责： 组织内部是否明确管理者的控制职责，是否充分利用人力资源、财务审计等职能来强化控制能力？					
2	控制方法： 是否经常对员工工作进行必要的检查、绩效考核？					
3	控制标准： 检查员工工作和绩效考核是否与各部门或员工的本职工作职责有关？					
4	事前、事中、事后： 组织控制是仅注重事中事后控制，还是只注重事中或事后控制，做到全程控制了吗？					
5	控制力度： 组织控制职能的工作重点是否以影响组织目标实现程度为标准？					
6	控制频率： 组织内部监督、检查等控制行为是否尽可能减少对工作的影响？					
7	控制工具： 在开展有关控制行为时采取的方法和工具易于使用和理解吗？					
8	控制成本： 开展有关的控制工作产生的效益足以抵消控制工作本身的开销吗？					
9	控制结果： 进行绩效考核、检查等控制工作后其结果得到重视了吗？					

释放你们的潜能，就是我存在的最大意义……

		优	良	中	低	差
10	控制改善：对于控制工作中发现的问题得到改进了吗？					

管理人员自查表

	自查项目：工作自查	优	良	中	低	差
1	您能够完满完成自己的本职工作吗？					
2	您是否为使工作成效更加出色而竭尽所能？					
3	您是否对组织的整体目标非常了解，并清楚自己管理的部门在实现组织整体目标中的任务？					
4	您是否对组织的整体战略有着深刻的认识，并清楚自己所管部门在实现组织战略中应做的贡献？					
5	您是否能够及时制订本部门的工作计划并在实施过程中实行控制？					
6	您是否能够经常采取措施来改善自己和部门的工作效率和成绩？					
7	您是否能够授予部下与其工作职责相适应的权力？					
8	您是否能够与部下开诚布公，给予每个人发表意见的机会？					
9	您是否能够给部下以很好的工作指导和激励？					
10	您是否在致力于本部门工作系统的改良、组织再造、制度的创新？					
11	您是否能够对本部门的所有工作进行跟进并不断发现和解决问题？					
12	您是否做好了与上级和其他部门之间的协调和沟通？					

	自查项目：技能自查	优	良	中	低	差
1	您是否需要并具有很好的会议组织技能？					
2	您是否需要并具有很好的当众讲话的技能？					
3	您是否需要并具有很好的人际交往技能？					
4	您是否需要并具有很好的商务谈判技能？					
5	您是否需要并具有很好的时间管理技能？					
6	您是否需要并具有很好的观察技能？					
7	您是否具有很好的工作管理技能？					
8	您是否需要并具有很好的分析判断能力？					
9	您是否需要并具有很好的倾听技能？					
10	您是否需要并具有很好的决策能力？					
11	您是否需要并具有很好的自我形象管理能力？					
12	您是否需要并具有快速的反应能力？					
13	您是否需要并具有很好的创新能力？					
14	您是否需要并具备很好的团队领导技能？					
15	您是否需要并具有提出有效问题的能力？					
16	您是否需要并具有激励员工的技能？					
17	您是否需要并具有影响他人的技能？					
18	您是否需要并具有信息发现和分析的技能？					
19	您是否需要并具有通过他人表情和动作、语言等表象来洞察他人心理的技能？					
20	您是否需要并具有培育指导下属的技能？					

	自查项目：知识自查	优	良	中	低	差
1	您是否在工作中经常忘记工作程序？					
2	您是否对组织新变化的一些制度或政策完全掌握？					
3	您是否对企业新开发的产品有着全面的了解？					
4	您是否缺乏对其他部门工作情况的了解？					
5	您是否会感觉到以现有的与工作相关的专业知识不足以出色地完成工作？					

释放你们的潜能，
就是我存在的最大意义……

			优	良	中	低	差
6	您是否需要对网络、电子商务等新技术知识有更多了解？						
7	您是否在管理知识或营销理论知识方面需要了解更多？						
8	您是否需要国际贸易（举例）等对工作有所帮助的知识？						
9	您是否经常感觉到自己的观念和知识已经陈旧？						
	自查项目：工作态度		优	良	中	低	差
1	您是否对完成本职工作充满自信？						
2	您是否每天都充满热情的工作？						
3	您是否能够正确面对来自领导和员工的建议？						
4	您是否以积极的方式来解决对组织的不满？						
5	看到别人升职您是否心中感到不满？						
6	您是否愿意并积极与他人合作？						
7	您是否觉得自己是在为上司或老板做事？						
8	您是否认为自己做现在的职位是牛刀杀鸡？						
9	您是否能够主动不断改进自己和部门的工作？						
10	您是否能够严格控制在工作中出现的浪费？						
11	您是否能够在工作与朋友交情之间把握原则？						
12	您是否能够常常在工作中感到快乐？						

8.4 培训需求信息收集方法

培训需求所需要的信息有很多种类，收集这些信息往往会耗费我们大量的人力、物力。不同类别的信息会有不同的收集方法，选择合适的信息收集方法可以省时、省力，还可取得良好的效果。培训需求信息的收集方法也有很多，这里谈谈常用的几种方法：访谈法、观察法、问卷调查法、测验法、档案资料法、关键事件法、自我分析法、集体（小组）讨论法。具体内容如下：

访谈法、观察法、问卷调查法、
测验法、档案资料法、关键事件法、
自我分析法、集体（小组）讨论法

访谈法

访谈法是通过与被访谈人进行面对面的交谈来获取培训需求的信息。培训需求的分析可以通过与企业管理层面谈，了解组织对人员的期望；也可以与有关工作负责人面谈，从工作角度了解需求。访谈法是经常使用的信息收集方式之一，它的形式应根据对象与内容的不同而灵活变化。它可以是正式的或非正式的，结构性的或非结构性的，或者两者兼而有之。访谈对象既可以是单个个

释放你们的潜能，就是我存在的最大意义……

体，也可以是某个特定群体，如董事会、委员会等。可以在工作现场进行，也可以在远离工作场合的任何方便之处进行。可以采用面对面的方式，也可以采用打电话等其他方式。

访谈有时也会用到集体访谈，使用集体访谈应注意以下几点：

访谈的内容如果实际个人隐私或缺点，则不应使用集体访谈。

如果有许多员工想对同一个问题发表意见，则集体访谈更见效率而且获得的信息更容易整理。

如果访谈的内容对在场人员均无威胁性，访谈的内容不涉及在场人员的任何利益，则无论主管或下属可一同接受访谈。

在希望集思广益的前提下，集体访谈比较有利。

优点

有利于发现培训需求的具体问题及问题的原因和解决办法。

为调查对象提供最大的自然阐述其观点和主张的机会（尤其是在无限制、非指令方式采访时）。

缺点

一般费时较多。

整理任务繁重，分析难度大，且多为定性材料，很难将其量化。

需要水平较高的访问者，否则容易使被访谈者紧张、不自然而影响所得信息的真实性、可靠性。

观察法

观察法是培训者亲自到员工工作岗位上去了解员工的具体情况。可以观察员工工作表现，从而发现问题，获取信息数据。

观察法一般是在非正式的情况下进行的，否则易造成被观察者的紧张和不适应。观察法比较适用于操作技术方面的工作，对于管理类工作也具有一定的帮助价值，但却不适于技术开发（无明显的外部行为特征，主要以内隐方式完成工作）、销售（成本过高，可行性差）等工作。由观察法得到的结果一般都是表面的，要想得到真正有效的结果，还必须与其他方法配合使用，才能收到良好的效果。应用观察法注意这两点更能收到良好效果，第一，进行现场观察，应不能干扰工作者的正常工作，应注意隐蔽。第二，采用观察法的人员必须对要进行观察的员工所从事的工作有深刻的了解，知道其行为标准。

运用观察法，首先要对所需信息做到胸有成竹，然后决定通过观察谁来获得所需信息。为了取得良好的观察效果，应该设计一份观察记录表，用来查核各个要了解的细节。

观察记录表

观察项目			
时间安排			
工作完成情况			
存在的问题			
拟改善的内容			
观察人	日期		编号

观察法优点

最大限度地减少日常工作或群体行为的干扰。

所得的资料与实际培训需求之间相关性较高。

当与反馈步骤相结合时，在观察者与被观察者的推断之间提供了对照物。

观察法缺点

只能在工作时收集资料，造成一定的局限性。

观察者个人成见对观察结果影响较大。

观察者必须十分熟悉被观察对象所从事的工作程序及工作内容。

观察对象有可能把观察活动误认为"间谍行为"。

在进行观察时，被观察对象由于意识到自己被观察而可能故意做出种种假象，这会加大观察结果的误差。

观察法的适用范围有限，一般适用于易被直接观察和了解的工作，不适用于技术要求高的复杂性工作。

释放你们的潜能，
就是我存在的最大意义……

问卷调查法

问卷调查法是当今收集资料最流行且最有效的方式之一。问卷调查法是以标准化的问卷形式列出一组问题，要求调查对象就问题进行打分或进行是非选择又或是程度选择。在进行问卷调查时，问卷的编写尤为重要。一份好的问卷通常需要遵循以下步骤：

列出希望了解事项的清单。

一份问卷可以由封闭式问题和开放式问题组成，两者应视情况各占一定的比例。

对问卷进行编辑，并最终成文。

请别人检查问卷，并加以评价。

在小范围内对问卷进行模拟测试，并对结果进行评估。

对问卷进行必要的修改。

实施调查。

下面是一份问卷调查所使用的表格范例：

培训需求问卷调查表

问卷说明	企业为了发展需要和为员工个人长远发展考虑，计划于近期对部分员工提供培训机会，请您据实填写有关内容或打"√"，以便我们做出合乎实际需要的选择，谢谢！			
调查对象基本情况	姓名		年龄	
	性别		健康状况	
	目前所在部门		目前所在岗位及职务	
	在本企业工作的时间		以前是否接受过培训	

实务篇

	您对现在岗位的工作程序	非常熟悉	比较熟悉	一般熟悉	不太熟悉	很不熟悉
	您对本行业的新知识	非常熟悉	比较熟悉	一般熟悉	不太熟悉	很不熟悉
	以您现有的知识,您对您现在的工作	非常胜任	比较胜任	一般胜任	不太胜任	很不胜任
培训需求信息	备选课程	培训需要程度				
		很高	高	中	低	不需要
	管理的原则					
	管理者角色					
	管理系统再造					
	管理流程革新					
	目标管理					
	人事管理					
	时间管理					
	信息管理					
	培训管理					
	薪酬管理					
	绩效考核					
	成本核算					
	沟通协调					
	授权艺术					
	倾听与观察					
	公众表达技能					
	会议技巧					
	团队领导					
	商业礼仪					

8 做好培训需求分析

优点

灵活的形式和广泛的应用面。可以以普查或投票的形式面向不同层次的对象征求意见。如可以同时征求管理层和员工对同一个培训的需求意见。专业培训调查可以限定在某一部门,而培训可以在企业范围内进行。

可在短时间内收集到大量的反馈信息。

释放你们的潜能，就是我存在的最大意义……

成本较低。相对于面谈和调研等形式，可投入较少的时间、人力和资金。

自主性。填写者可以随时随地在有时间的情况下完成，而培训部门不必投入大量人力进行控制、解释和管理。

无记名方式可使调查对象畅所欲言。

所得到的信息资料比较规范，容易分类汇总处理。

所得结果相对比较客观，因为时在标准条件下进行的。

缺点

针对性太强，无法获得问卷之外的内容。问卷是统一模式，缺乏个性发挥空间，不能照顾到每一个回答者的特性。

需要大量的时间和特定的技术，例如，问卷设计技术和统计分析技术。

深度不够。因问卷的简明性而不适用于探索深层次、较详尽的问题。

易造成低回收率，夸大性回答，无关性回答和不适当的回答等问题。当回答者需要通过邮寄等较麻烦的形式返回问卷，或者当回答者对题目不感兴趣或者设计说明不清晰都可能造成较低的返回率。

很多人不愿意提供太具体的回答，因此很难收集到问题产生的原因和解决问题的方法。

档案资料法

即利用组织现有的有关组织发展、职位工作和工作人员的文件资料来综合分析培训需求。组织系统数据通常包括组织发展规划文件、人力资源规划文件、人力资源信息等，企业和组织的总体培训方案就得利用这些书籍。现职者的培训需求，可以利用工作分析文件、工作日记表、人事档案、会计记录、项目报告等资料进行分析，把工作分析文件对任职者资格的规定与各项记录中反映出来的现职者的实际情况做一比较，由此确定现职者的培训需求。

我们通常用资料住处归纳表的形式达到运用档案资料法进行培训需求分析的目的。

资料信息归纳表

资料收集：	收集时间：
资料整理：	整理时间：
资料份数：	
资料完整情况：	
资料及时情况：	
来自于领导层的主要信息：	
来自于各部门的主要信息：	
来自于外部的主要信息：	
来自于组织内部个人的主要信息：	
整理人签名：	时间：

优点

成本很低，且便于收集，归类齐全。

耗费的时间少，资料都是现成的。

资料的质量一般都很高，真实性、准确性好。

缺点

资料一般都表示的是过去的状况，对现在和将来的情况一般很少涉及。

资料不能直接显示造成问题的原因和解决问题的办法。

要从技术性很强、纷杂的原始材料中整理出明确的模式和趋势，需要技术熟练的分析专家。在这一点上需要耗费人力、物力。

释放你们的潜能，
就是我存在的最大意义……

测验法

即用一套标准的统计分析量表，对各类人员的技术知识熟练程度、观念、素质等进行评估。根据评估结果，确定培训需求。

优点

能够容易知道问题形成的原因。

结果容易量化与比较，哪里有问题或者哪个员工不行，通过比较就一目了然了。

缺点

如果测验的项目数量少，则有效程度有限。

测试项目数量多，则费时费力。

需要专家来进行项目设计，否则可能效果不佳。

关键事件法

当组织内部或外部发生对员工或客户影响较大的事件时，往往采用这种方法来收集培训需求信息。关键事件是指那些对组织目标起关键性积极或消极作用的事件。确定重大事件的原则是，工作过程中发生的对企业绩效有重大影响的特定事件，如系统故障、获取重要大客户、重要大客户流失、产品交货期延迟或事故数量过高等。关键事件常常用到"关键事件收集表"来分析：

关键事件收集表

访问对象：	访问时间：	访问地点：
访问者：		
访问主题：		
访问背景：		
问题一：		
问题二：		
问题三：		

在记录关键事件时记录人员应特别注意记录事件发生的原因和背景,员工的特别有效或失败的行为,关键行为的后果,以及员工自己能否支配或控制行为后果。常见的典型事件有:重大事故;经常性的失误;员工违反企业纪律并造成损失;服务投诉;产品质量投诉;产品供应出现短货;员工集体辞职或大量换血;大批产品无法外销;代理商出现信用危机;新闻媒介等社会机构对组织的负面反应;竞争对手行动对组织产生重大冲击等。

优点

能够很容易判断问题能否由培训来解决。

易于分析和总结,容易抓住产生问题的根本原因。

缺点

虽然发生的时关键事件,但它具有偶然性。

易造成以偏概全,并且有将一般事件误判成关键事件的危险。

自我分析法

即通过个人对组织有关信息及岗位所需知识、技能、掌握程度来分析和判断自己的培训需要。有时企业为了让员工更好的分析自己,找出自己不胜任的地方,以及有待提高的各种能力,通常会发放一些表格给员工填写。以下是自我分析表及员工能力分析表范例:

自我分析表

姓名		职务	
今年工作成果			
本职务所需条件			
本人不足			
应学习内容及原因			
学习目标及标准			

释放你们的潜能，
就是我存在的最大意义……

员工能力分析表

能力种类	对我的重要性			我的水平			
	不重要	一般	重要	很差	一般	较好	很好
责任心							
计划性							
领导能力							
动手能力							
管理能力							
沟通能力							
判断能力							
条理性							
开拓性							
分析能力							
创造能力							
协调能力							
眼光							
品德							
工作态度							

如果自我分析要非常细致、详尽，则分析的项目更多，关键是看企业和工作岗位需要员工具有样的能力，这些能力按照一定的标准去分析就行了。

优点

容易知道哪些地方最需要培训。
没有传递信息的扩散误差。

缺点

容易受虚荣心影响而不说出自己真正的需要。
如果员工素质不高，则不知从何分析。

集体（小组）讨论法

集体（小组）讨论法可以标出多样的形式，应根据具体情况选用。其形式可表现为：第一，可以是正式或非正式的，结构性的或非结构性的，或者两者兼而有之。第二，可以集中于工作（角色）分析、一组问题分析、一组目标确定，或者任何数量的任务或专题（例如，董事会领导艺术培训需要）的分析。第三，可用一种或者几种比较熟悉的小组促进技术，如头脑风暴法等。从小组成员的发言中来找出需要用培训来解决的问题。

优点

可以发挥集体的智慧、群策群力，能够发现个人难于发现的问题。
能够有让众人发表自己观点的机会。
有利于最终形成决策。
由于数据分析是（或者可能是）由几个人共同进行的，因此减少了调查对象对调查员的依赖。

缺点

由于人数众多，讨论起来很耗费时间，同时也需要一定的资金作为支持。
如果是性格内向的成员，在公共场合很有可能不愿意发表自己的意见。
得到的数据很难合成和分析，特别是在讨论缺少结构性的时候。

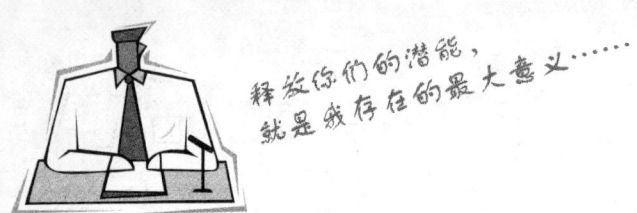

8.5 培训需求信息收集方法的比较与选择

培训需求信息收集方法的比较

到底哪一种方法才是最适用的呢？这里我们选用被培训者参与程度、管理层参与程度、所需时间、所费成本、可用数量指标衡量的程度等五项指标来对各种培训信息收集的方法进行比较。选用这几项标准是因为，被培训对象的参与有助于提高他们的内在动力和参加培训的责任感；管理层的参与则可保证培训对象在回到自己的工作岗位后能应用自己在培训中学习到的新技能；而在其他情况相同的情况下，花费的时间少，成本低，结果可用数量指标来衡量的培训需求调查方法理所应当首先选用。

上一节阐述了访谈法、观察法、问卷调查法、测验法、档案资料法、关键事件法、自我分析法、集体（小组）讨论法几种训信息收集方法。除此之外，有时还会用到绩效考核法、趋势研讨法、以前项目评估法、态度调查法、顾问委员会研讨法等，这里一并给予比较，以供参考。

培训需求信息收集方法比较

信息收集方法	被培训者参与程度	管理层参与程度	所需时间	所费成本	可用数量指标衡量的程度
访谈法	高	低	高	高	中
观察法	中	低	高	高	中
问卷调查法	高	高	中	中	高
测验法	高	低	高	高	高
档案资料法	低	中	低	低	中

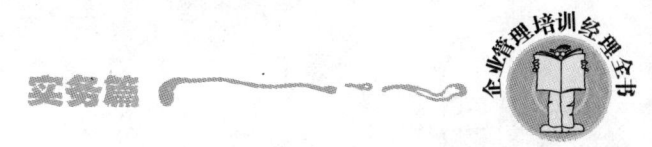

关键事件法	高	低	中	低	高
自我分析法	高	低	中	低	中
集体（小组）讨论法	高	中	中	中	中
绩效考核法	中	高	中	低	高
趋势研讨法	低	中	高	低	低
以前项目评估法	中	低	中	低	高
态度调查法	中	低	中	中	低
顾问委员会研讨法	低	中	高	低	低

培训需求信息收集方法的选择

从以上的比较可以看出没有哪一种方法是很完美的，但是收集培训信息则要求尽可能的科学、准确、完整。怎样才能做到这个要求呢？我们有如下建议：

混合使用。各种方法最好是混合使用，取各种方法之长处，在可以使用两种方法的时候绝不用一种。挑选两种或者多种方法，可以用某种方法的优点弥补另一种方法的缺点。只要使用得当，将改善所得资料的可靠性。

提高方法使用的自由度。在使用方法之时都应该提高使用各种方法的自由度，因为种方法都会对调查对象造成某种程度的控制。只有降低方法的控制程度，调查对象才可能就他们认为重要的问题各抒已见。

做好充分准备。那些得不到反响的需求评价工作是毫无用处的。应当清楚在培训需求调查中谁是决策人。在收集数据之前，应当知道哪些数据是需要的，然后集中收集。

培训需求信息收集方法的选择主要取决于培训本身的要求。在决定培训需求信息收集方法时，首先可将培训需求分为一般需求和特殊需求，然后再考虑培训需求分析对需求信息精度的要求，结合各种培训需求信息收集方法的优点和缺点，最后进行方法或方法组合选择。按此"方法"，我们可以用下表来归纳信息方法的选择。

释放你们的潜能，
就是我存在的最大意义……

培训需求信息收集方法选择表

项目	需求信息的精度要求较低	需求信息的精度要求较高
一般需求	观察法、档案资料法、顾问委员会研讨法、趋势研究法等	绩效考核法、关键事件法
特殊需求	访谈法、集体（小组）讨论法、态度调查法、关键事件调查法等	测验法、问卷调查法、以前项目评估法

总之，收集平时的一般需求信息且精度要求不是很高，可采用观察法、档案资料法、趋势研究法的组合来收集信息；如果要求精确度较高，便可采用绩效考核法、关键事件法或二者的组合来进行信息收集。如果在收集特殊需求信息时，对精度要求不高，可采用访谈法、集体（小组）讨论法、态度调查法、管理调查法或四者的组合来进行；如果对精度要求比较高，则可用测验（试）法、问卷调查法、以前项目评估法或其组合。在选用方法之时应以适用为准，尊重培训本身的要求，切不可生搬硬套。

8.6 培训需求分析方法

培训需求分析方法很多，这里介绍几种常用的方法。常用培训方法主要有工作职位分解法、工作盘点法、工作绩效评价法、错误分析法、技术分析法、心理测试法等。

工作职位分解法

顾名思义，工作职位分解法就是涉及一系列操作过程或任务的工作职位分解为若干部分。这就好比将复杂的数学运算分解成众多的简单运算一样，从而降低了难度。工作职位分解法是工作职位分解法当中比较简单和常用的一种，并且它还非常使用,已经被实践证明能用于非常复杂的情况。

在使用工作职位分解法的时候通常会运用工作任务分析记录表来帮助分析培训需求。在工作任务分析表中一般都包含了主要任务和子任务、各项工作的执行频率、绩效标准、执行工作任务的环境、所需的技能和知识等内容,因而能非常有效的了解到需要培训的地方。以下是专家设计的操作切割机任务分析记录表,可供借鉴。

操作切割机任务分析记录表

内容	操作切割机
工作的主要任务和子任务	开机 将被切割物品正确放入固定夹中 设置切割距离 固定 转动旋转装置进行切割
执行任务和子任务的频率	每小时做50次
任务和子任务的绩效标准	切割物品长度公差在0.02厘米之内,每小时切割50个
完成任务和子任务的环境	噪声 高温
每项任务和子任务所必需的技能和知识	必须学会使用卡尺 设置切割物品距离要精确 抗噪声干扰能力较强
在岗学习或脱岗学习	在岗学习

工作职位分解法虽然简单,但也有一定的步骤,一般可按照如下步骤进行:

培训人员、相关人员研究、分析工作职位的全部内容。

区分工作职位的步骤或单元,这些步骤或单元一般不超过普通学习者所能掌握的范围。当然,也不是分得越细越好,那样会浪费过多的精力,只要受训者能掌握所分步骤或单元即可。

培训人员检查工作职位,寻找适合的关键因素或关键点。这些关键点可能使得人们更加容易地对执行工作职位的过程给予特定的指导,或者使得完成工作职位的任务更加安全,或者能够保证完成工作的质量。最终针对关键点,同时考虑全面因素的条件下设定培训的项目、内容、目标等。

释放你们的潜能，
就是我存在的最大意义……

工作盘点法

　　工作盘点法也是一种比较有名的解析工作职位的方法。工作盘点法一般会列出了员工需要从事的各项活动内容、各项工作的重要性以及执行需要花费的时间。只要员工认真、负责地去完成这些表格，所得信息是非常有用的，可以负责培训的人员安排各项训练活动的先后次序。下表是一个轮胎商店主管的工作盘点表，可供借鉴使用。

轮胎商店主管的工作盘点工作表

说明：在能代表每个工作活动的重要程度和花费的时间的空格里打"√"	重要程度				与其他工作比较而言所花费的时间				
为所有新员工分配工作任务	不重要	有点重要	相当重要	很重要	极其重要	从未做过	很少	少一点	差不多	多一些	多很多
每月盘点仓库的库存											
指定各个业务员到供货商处进货											
在报纸和电台安排广告事宜											
监督加班费支领情况											
维护建筑物内外的整洁											
客户上门时做礼节性招待											
必要时签发支票到客户的银行											
指导会计人员如何申请赔偿损失											
安排新员工的实习训练并定期考核其业绩											
安排卡车的最佳运输路线											
确保广告上的产品能够及时供货											
打电话给客户招揽生意											

企业管理培训经理全书

召开安全会议									
与员工讨论前途问题									

工作绩效评价法

指对员工的当前工作绩效与要求的工作绩效间的差距进行考察，并确定是应当通过培训来纠正这种差距，还是应通过其他方式（如更换机器或调动员工）来纠正。工作绩效评价法的一般模式如下图所示：

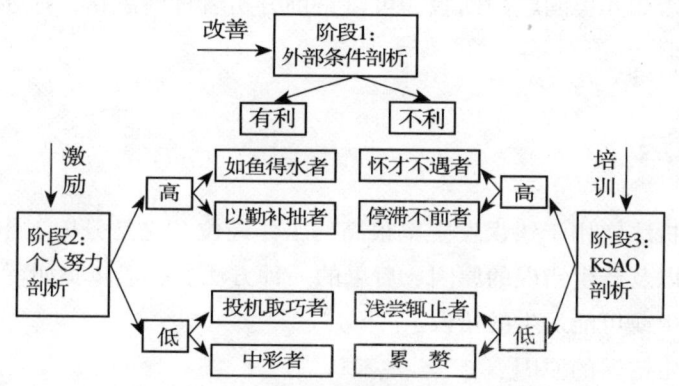

绩效诊断模式图

（注：在图中的字母意义为：K：知识，S：技能，A：能力，O：其他）

在分析整理资料的同时，可以通过回答以下问题来找到更多对培训需求分析有力的信息。

什么是绩效目标？发生了什么绩效问题？目前的绩效表现如何？有没有改善的必要？

为什么会发生这些问题？是知识或技术有所不足，还不清楚目标？是环境条件不好，还是缺乏意愿与态度？

如果是目标不清楚，是因为没有被告知目标或没有了解目标，还是目标本身就不清晰？从这里可以找出来缺少哪些知识或技术？

如果是知识或技术有所不足，以前有没有实施过培训？那些培训有哪些效果？为什么那些培训没有达到预期效果？如果要再次培训又需要注意些什么？怎样的培训又可以让培训效果保持更久？

如果是环境条件不好,是哪些方面不足?为了创造这些条件,需要哪些知识、技术和物质支持?

如果是缺乏意愿与态度,是因为缺少了如肯定、激励、报酬等的正面激励因素,还是有太多的如主管姑息他人不当行为的负面激励因素?是缺少了行动对象,还是缺少例如处理心情困境的知识与技术。

要核算对该员工进行培训投资的成本收益情况。如果该员工属于人员选拔失误,甚至不具备培训提高的潜力,则不需要对其进行培训。如果员工可以通过培训提高工作能力,从而改进工作绩效,则应对其进行针对性的培训。

通过对诸如此类问题的回答,可以帮助分析者理清思路,抓住分析关键,提高分析效果。

错误分析法

错误分析法实用于错误发生率很高的工作岗位,它是分析工作职位上可能产生的错误以及产生错误的原因、后果的一种方法。一般步骤如下:

罗列发生或可能发生的错误。

分析产生错误的原因。

分析错误可能导致的后果以及评估这些后果。

依据以上分析,设定培训的项目、内容、目标等。

技术分析法

指对工业或商业上无人监督的工作职位的必备技术进行分析的一种方法。它的关键是系统性,因此,必须提供足够的信息才能设定一个合适的培训项目。这种方法不是一般人能够运用得好得,它通常都需要专家指导或直接参与才能做好。

心理测试法

心理测试法不同于以上几种方法，上面得方法都是从工作方面或角度对员工进行检查，而心理测试法从人的角度出发，通过对个体的智力、人格、能力（倾向）、兴趣、价值观等心理品质进行系统化的标准分析来决定员工适合做什么工作或者获取员工是否适合做特定工作的证据。心理测试法一般也得有专家的帮助，或者借助专业化、标准化、信效度高的心理测试工具进行，运用这些工具可以节省很多时间和资源。

范例——业务员小李的培训需求分析

小李是一名业务员，他所在的公司为了让公司业务更上一层楼，公司决定对小李进行培训。在培训之前，当然是要找出小李的培训需求。上面谈到的一些方法将在这里得到验证，观察法、问卷调查法、档案资料法等都会用到。

初步了解受训对象

对受训者的初步了解可以通过各种档案记录资料来进行，比如：考核记录，工作日记，职位说明书等也可以派上用场！心态和工作的了解对找出其培训需求最有用。通过对其工作的了解可以知道他在哪些地方还不是很熟悉，存在障碍。当然，这只是一些间接材料，要更准确的找出其培训需求还需要相应的一手材料。

具体收集资料、信息与分析

工作组参与

要做好一个员工的培训需求分析不是一件容易的事情，一个人往往做不好，最好是一个工作组参与收集信息，进行分析更为全面。可以建立一个工作

释放你们的潜能，
就是我存在的最大意义……

组去确定培训需求，工作组可以由3~7人组成。若业务员较少，可由全部人员组成这一工作组；若业务员多，可由销售主管和一些有经验的人员组成。让工作组回顾并列出业务员们日常销售所做的工作，然后列出完成这些工作所需的知识和技能。工作组的参与可以集思广益，更好的找出培训需求。

一起工作

要准确地找出受训对象所欠缺的地方，最有效的方式是和他一起工作一段时间，从而得到最有效、最直接、最真是的信息。在工作不但能发现他哪些地方不足，还能观察到出现问题最多的地方以及时间。

在进行培训分析时，至少要和业务员小李待上一天，如果时间允许当然可以多待些日子。应该准备一些观察调查表格，用它来对小李的日常活动，特别是客户拜访活动进行详细记录。其中可以采用提问或访谈等，在一段时间的研究后，就有资料来作为选择培训项目的参考。下面是一个观察报告范例表。

观察报告范例

观察项目：   业务员姓名：
编号：   日期：   时间：

（1）拜访客户前
① 他是否做了充分准备，请他告诉您访谈前的主要问题，他的目标、他计划用的销售工具等。
② 他知道客户过去的交易记录吗？该客户现在的经营状况？
③ 他的工作日是否有计划？他走的路线是否很合理？
④ 该次访谈他有特殊目的吗？他希望得到什么？
（2）正式拜访
⑤ 他是否按原来的准备进行介绍？
⑥ 他的开场白能吸引客户的注意力吗？请他描述一遍。
⑦ 他是否既注重产品能给客户带来利益又注重产品特色？
⑧ 他用了多少助销工具？列举出来。
⑨ 要求订单时他说了些什么？列举出来。
⑩ 他是否错过了签单或意向签单的机会？
⑪ 他应付客户拒绝的能力如何？
⑫ 他与客户是否具有良好的关系？
（3）拜访后
⑬ 会谈时他手头是否准备了所有必须的助销工具？

⑭ 他是否马上记录下了这次洽谈以备将来参考？
⑮ 他是否取得了订单？
⑯ 订单是否达到了他的预定目标？
（4）时间管理
⑰ 当天上班时间：
⑱ 拜访时到达的时间：
⑲ 午餐开饭时间：
⑳ 短暂休息：
㉑ 当天下班时间：

销售活动报告和记录

业务员的销售活动报告和记录也是确定培训需求的重要途径，可以将小李的销售报告、记录同大家公认最好的业务员的销售销售报告、记录相比较，在对比的情形下做出分析。在分析时应注意以下问题：

小李的访谈次数是否比其他人少？如果比别人少，是正当原因还是他的弱点造成的？

谁拥有最高的访谈成功率？若最优秀的业务员与小李差距很大，这是否显示了某种需求？

访谈的预期客户数与最终成为实际客户数的比率显示出了什么问题（时间管理、洽谈能力等）？

经过对这些问题的分析，可以看出业务员小李的技能水平，比如时间管理、工作优先次序安排等。分析这些原因和销售工作的其他方面，是确定培训需求的恰当方法，通过对最优秀的业务员和较差的业务员进行比较，一些培训需求就显而易见了。

客户调查

通过小李服务过的客户来全面了解小李也是很有成效的，因为业务员就是要和客户打交道，客户的反映自然能体现小李的综合水平和一些存在的问题。客户调查最好是采用简洁的形式，这样易于让客户完成。可用一份客户们容易回答的简明调查表可以帮助获得极好的线索。采用画勾的形式并留些空白以便他们想强调某些看法时做些注记或者写下简短文字。让他们配合调查的时候向

释放你们的潜能，
就是我存在的最大意义……

其申明公司正在编制一份培训计划，目的是向他们或顾客提供更好的服务和更好的协调销售关系。因此非常希望能得到他们的配合，说明来自他们的任何帮助对公司都是有用的，同时不要要求他们签名，并且对对他们给予的合作和帮助表示感谢。

给予的调查表中可以包含类似以下的问题：
我公司的业务员在拜访您之前做的准备：
A 很少准备　　　B 大多数做了准备　　　C 几乎每次都有准备
与其他拜访我的业务员相比，我公司的业务员表现：
A 差　　　　　　B 较好　　　　　　　　C 优于多数人
您觉得我公司的业务人员在做推销介绍时：
A 只介绍公司产品 B 既介绍产品也介绍企业情况 C 还介绍了其他客户的使用效果

作为调查，不能只用表格让客户填写，在填写表格之余应和客户进行面对面的交谈。在交谈时也不必只局限于某个业务员，话题可以宽广一些。比如可以询问：一个优秀业务员应具备什么样的特性？业务员什么样的行动可以让他中断洽谈？在让客户阐述完业务员一般性的优缺点后，再请他评价小李的表现，并保证他的意见决不会传到小李本人那里。让客户明白这一切只是帮助小李分析培训需求而已，只要态度诚恳，客户一般也会给予配合的。

需求调查

可以通过面谈法让小李说说自己的想法，来分析他的培训需求。但有时这并不是弄清他真正需要的最佳方法。因为他有可能自己也没有弄清楚自己真正需要什么。他本来需要更好地了解产品相关知识，但却有可能说要求在订单方面需要帮助。造成这种状况往往是因为业务员没有认真分析自己拜访客户不成功的真正、内在原因，而是就没有成功销售这一结果找直接原因。但应该明白，直接原因一般都是由更为根本的原因造成的。

因此，在使用面谈法时应该同时兼用其他方法。方法之一可以列出清单，将你看到的他们工作的每一组成部分都列上。然后，让每个人按他的需要进行评定，用一份评定清单来显示需要某种帮助的程序。例如：

问题清单

渠道管理：不需要　需要一点　需要很多　非常需要

在小李认真回到了类似问题之后，就能了解小李需要哪些培训了。当然，还有其他方法可以知道了解小李哪些地方有待提高。比如：弄清楚造成小李交易失败的症结所在，同时再排除不受培训影响的因素（比如公司规定），剩下的就是小李有待提高的地方了。

在通过以上资料、信息的收集、分析之后，小李的培训需求就已经相当明显了，接下来要做的就是选择怎样的培训方式等工作了。

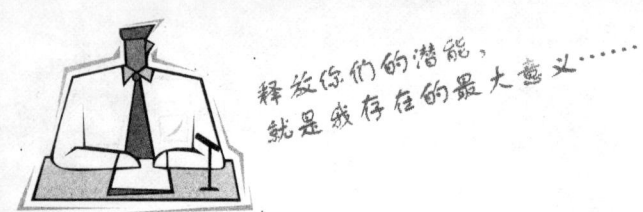

9 计划和设计培训

作为企业培训经理,则一定要有制订企业系统培训计划的能力。只有站得高,才能看得远,有了培训管理,计划方面的能力,才能让培训目标不出现偏差,采取最有效的措施来分配培训资源,并让培训为企业的长远发展做出越来越多的贡献。

9.1 培训计划概述

培训计划的定义

什么是培训计划,根据专家的阐述,我们可以为其下一个如下的定义:所谓培训计划是按照一定的逻辑顺序排列的记录,它是从组织战略出发,在全面、客观的培训需求分析基础上做出的对培训时间(when)、培训地点(where)、培训者(who)、培训对象(whom)、培训方式(how)和培训内容(what)等的预先系统设定。

培训计划必须满足组织及员工两方面的需求,兼顾组织资源条件及员工素质基础,并充分考虑人才培养的超前性及培训结果的不确定性。同时,我们还必须清楚,不管多么完美的计划总有预想不到的地方,因此,培训计划需要信息反馈及修正。

实务篇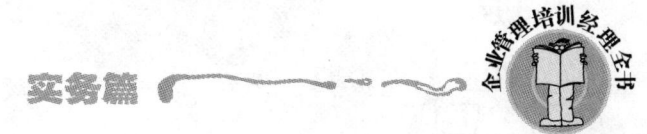

培训计划的类型

按时间跨度划分

按时间跨度为分类标志可以将培训计划分为三类，即长期计划、中期计划和短期培训计划。中期培训计划是长期培训计划的进一步细化，短期培训计划则是中期培训计划的进一步细化。因此，这三者时一种从属的包含关系。

长期培训计划

长期培训计划的重要性在于明确培训的方向性、目标与现实之间的差距和资源的配置，此三项是影响培训最终结果的关键性因素，应引起特别关注。长期培训计划一般指时间跨度为3~5年以上的培训计划。时间过长有些变数无法做出预测，时间过短也就失去了长期计划制订的意义。长期培训计划通常应明确以下事项：

组织的长远目标分析。

个人的长远目标分析。

外部环境的发展趋势分析。

目标与现实的差距。

人力资源开发策略。

培训策略。

培训资源配置。

培训支援的需求。

培训内容整合。

培训行动步骤。

培训效益预测。

培训效果预测。

中期培训计划

中期培训计划是长期培训计划的进一步细化，同时又为短期培训计划提供了参照物，因此它有承上启下的作用。中期培训计划是指时间跨度为1~3年的

释放你们的潜能，
就是我存在的最大意义……

培训计划。中期培训计划通常应应明确以下事项：

培训中期需求。

培训中期目标。

培训策略。

培训资源分配。

培训支援的需求。

培训内容整合。

培训行动步骤。

培训效益预测。

培训效果预测。

短期培训计划

短期培训计划是指时间跨度在1年以内的培训计划。在制订短期培训计划时需要着重考虑的两个要素是：可操作性和效果。因为没有它的点滴落实，组织的中、长期培训目标就会成为空中楼阁。短期培训计划应明确以下事项：

培训的目的与目标（why）；

培训时间（when）。

培训地点（where）。

培训者（who）。

培训对象（whom）。

培训方式（how）。

培训内容（what）。

培训组织工作的分工和标准

培训资源的具体使用。

培训支援的落实。

培训效果的评价。

除非特别指明，我们一般所指的培训计划大多是短期培训计划，并且从目前国内组织的培训实践来看，更多的是某次或某项目的培训计划。

按层次划分

培训计划按照层次可分为三个层次，即企业整体培训计划、各部门培训计划和个人培训计划。三种培训计划，分别处在宏观、综观和微观三个不同的层次。企业整体培训计划，好比是大厦的屋顶，指向未来的发展方向和目标；部门培训计划则是房子的支柱，是整体培训计划得以贯彻的基础保障，没有它，企业培训计划只能是空中楼阁；个人培训计划则是大厦的地基，对前者提供最有力的支持。下面分别对三个层次的培训进行叙述。

企业培训计划

企业培训计划是囊括了企业各个部门、各个岗位的综合培训方案，它将保障组织内部的整体培训目标和培训战略的贯彻。企业培训计划应考虑周全，要有具体、多样的培训主题，如ISO9000培训、项目管理培训、销售培训、技术培训，等等。每个培训都有具体的要求，这种要求决定了培训的方式方法。

企业培训计划既有从大范围划分的培训，也应有从岗位划分的培训。大范围划分的如岗前管理培训、岗前技术培训、质量管理培训、企业管理培训等培训计划。岗位划分的如生产、采购、财务、研发、市场与销售等等。岗位还可以按照一般员工、技术人员、行政人员、管理人员等类型来划分，多样的培训计划是企业培训计划全面性的保证。

企业培训计划更为看重的是企业的长期利益。虽然对企业目前在竞争激烈的市场上取得成功很重要，但致力于企业长期利益的培训正变得越来越重要。企业培训的整体性将使培训包括更深层次的技术和管理专业知识，这也是让企业顺利发展前进的保证。

部门培训计划

部门培训计划由各个部门根据部门情况来制订。企业的规模不一样，部门的多少则不一样，企业经营性质不一样，部门的种类也将不一样。通常的企业都包括采购部门、生产部门、研发部门、市场部门、财务部门、后勤部门等。

根据部门的特点来制订部门计划，部门计划通常由部门主管制订，因为他对本部门的情况最为了解。在制订前可以广泛征询部门员工意见，也可以参考

释放你们的潜能，就是我存在的最大意义……

其他部门制订计划的方法等。制订之后也应该征询员工的意见，以保证部门培训计划以后能落实到位。

部门计划制订时，可以让培训经理或负责人一起参与，这样对一些培训方面的专门内容可以把握得更好。因为部门主管虽然对部门情况很了解，但却不一定对制订培训计划的其他相关内容非常了解。当然，也可以在部门计划完成之后与培训经理进行商讨，然后进行必要的修改与补充。部门培训计划的制订以及计划的实施一般都时由部门主管主要负责，而培训部门只是从旁协助而已。因此，在计划制订和实施培训前就应该将责任明确，否则到时一旦有问题出现则可能导致推诿扯皮的现象。

个人培训计划

个人培训计划有两种意义上的计划，一种是员工本人的个人计划，另一种是企业给员工的个人培训计划。员工的个人培训计划就是员工根据自己的职业生涯规划，然后将所需培训的项目列出。当然，员工本人想要的培训也许和企业要给的培训并不一致，因此好的员工个人培训计划应既能满足企业培训需要，也同时能照顾到自己发展的需要。

企业将培训计划落实到个人身上，这就成了企业给员工的个人培训计划。它是保证部门培训计划、企业培训计划顺利实施的基础。如果没有了企业安排给员工的个人培训计划，部门培训计划、企业培训计划也就无从谈起。

培训计划的作用

培训计划的作用最为重要的一点应该是它为企业的培训指明了方向，确定了具体的前进道路。只要培训计划是科学的、正确的，那么沿着这条道路就可以把企业带到一个更高的、新的起点。具体来说，培训计划的作用可以归纳为以下几点：

它保证不会遗忘主要任务。

它清楚地说明了谁负责、谁有责任、谁有职权，谁该在哪里负责，谁该在哪里行使职权。

它预先确定了某项任务与其他任务的依赖关系，这样也就规定了工作职能

实务篇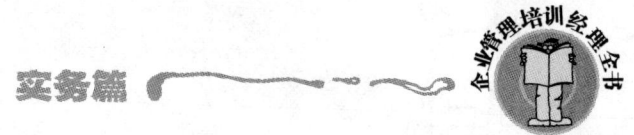

上的依赖关系。

它是一种尺度,可用于衡量对照各种状态,最后则用于判断项目、管理者及各成员的成败。

它是用做监控、跟踪及控制的重要工具,也是一种交流和管理的工具。

国外著名企业和国内有所成就的企业的实践经验都证明,一个企业要做好培训,科学、健全、完善的培训计划是必不可少的,同时也是功不可没的。

无计划培训的后果

国内很多企业现实的情况是还没有制订培训计划的理念,那么如果没有科学、健全、完善的培训计划又会有哪些害处呢?总的说来就是让企业的培训如盲人一样瞎走,使得培训不符合企业的实际需求,最终就是企业缺乏必要的人才而灭亡。这里主要讨论的是没有培训计划对培训带来的害处。缺乏培训计划通常容易导致以下问题:

培训时间安排不合理。

培训进度安排不合理。

培训内容先后程序矛盾。

培训顾问邀请缺乏可行性。

培训资金投入过多或过少。

培训场所选择不合理。

人员分工不合理。

人员分工不明确。

工作缺乏合理的量化标准,培训工作无法评估。

培训所需工具、资料准备不够全面。

培训形式说明不够具体。

对培训对象的接待安排欠妥。

培训的方式方法选择不当。

对出席培训活动的相关领导讲话安排没有通知。

培训动员没有与培训计划进度一致。

对培训实施过程可能出现的问题没有可行的防范措施。

释放你们的潜能，就是我存在的最大意义……

对培训的纪律、场所氛围要求不够，或要求不够实际。

对需要培训管理者提供的支援不够明确或者不够。

影响培训计划制订的因素

要制订出符合实际情况，并且比较完美的培训计划，就必须考虑影响培训计划制订的因素。能够影响培训计划制订的因素不少，我们关键是要抓住重要的因素来考虑，当然也应该力求全面考虑。对培训计划制订影响最大的几个因素如下：

员工的参与

让员工参与设计和决定培训计划，是让培训计划符合实际情况最为重要的手段。如果只是领导者去"观察、分析"员工的培训需要难免会有所偏差。让员工参与还能让他们加深对培训的了解与兴趣，可以让以后的培训更能实施到位和取得良好的效果。

管理者的参与

各部门主管对于部门内员工的能力及所需何种培训，通常较负责培训计划者或最高管理阶层更清楚，故他们的参与、支持及协助，对计划的成功有很大帮助。从管理者了解培训需求比直接从员工本人了解情况更能省时省力，如果管理者公正、客观，所得到的信息也是比较准确的。

成本

这里所说的成本主要是指资金方面。制订培训计划在力求保证培训效果的同时，要考虑企业最大限度能拿多少资金出来用于培训。能否确保经费的来源和能否合理地分配和使用经费，不仅直接关系到培训的规模、水平及程度，而且也关系到培训者与学员能否有很好的心态来对待培训。而培训者与学员的心态又对培训效果有着重要影响。

时间

在制订培训计划时,必须准确预测培训所需时间及该段时间内人手调动是否有可能影响组织的运作。编排课程及培训方法必须严格依照预先拟订的时间表执行。如果时间培训没有预计好,那就会影响到组织的运作,很有可能造成得不偿失的后果。

9.2 制订培训计划的原则与流程

制订培训计划的原则

制订培训计划实际上是对培训的目的、目标、对象、项目、组织者、方式方法等进行预先规划设计。而一个科学的培训规划设计应该遵守以下原则:

以企业政策为保证

企业有关培训方面的政策是培训经理制订培训计划的总依据,它是指南针,一切行动都应该按照它的方向进行。同时企业也唯有制订明晰的政策,才能保证培训规划设计的系统性、完整性和连贯性。

让计划系统、完善

要使培训计划设计更为系统完善必须在以下四个方面做出努力,即标准、广泛、一致与可靠。

标准是指制订培训计划需要遵守一定的规则,这些规则就是"标准"。它们制约着设计过程的所有决定,如做什么、何时做、如何做、何时换种方式做、要达到什么结果、适用什么标准、下一步做什么等。

广泛是指培训计划设计会牵涉到许多活动,由于彼此间存在密切联系,其

中任何一项活动的成功都依赖于其他活动的成功。任何一个活动出现纰漏，都会使培训计划有薄弱环节。只有考虑了所有问题，将一切重要活动容纳进设计过程和制约它的规则，培训计划才能确保成功。

一致是指培训计划所涉及到的各个活动之间必须要做到协调一致，否则培训计划就无法有序的进行。

可靠是指按同一种方式来遵守和应用培训计划。

讲究实效

培训计划当然也得讲究实效，因此制订培训计划时就应该做到以下几点：

以培训需求为依据。
以企业发展目标为依据。
以各部门的工作计划为依据。
以可以支配的资源为依据。

制订培训计划的流程

上一节按照计划的层次和时间跨度将培训计划分为了六种类型，这里要讲述的制订培训计划流程是针对短期培训计划（更多的是某次培训计划）而言的。

制订培训计划的流程主要有以下几个步骤，它们是：

确立目标
确定时间
确定对象
确定内容
确定培训者
确定方法
确定场所与设施
确定资金
确定效果评估

制订培训计划的流程图

确定培训目标

制订培训目标可以按照四个步骤来进行：提出目标；分清主次；检查可行性；涉及目标层次。

步骤1：提出目标。在课程设计工作开始之前，就应为培训提出明确的目标。但要注意，这一工作并不是一次完成的，它是一个在整个培训过程中根据不断增加的对目标人群的了解而不断修改的过程。

步骤2：分清主次。在需求调查中，可能会了解到参训者有很多需要。在确定目标时，对这些需求要分清主次区别对待。哪些是参训者必须掌握而且可能掌握的？哪些是参训者最好掌握而且可能掌握的？只有完成了"必须掌握"的目标之后，才能考虑"最好掌握"的。同时还得注意，不能在顾及员工个人目标之时将组织期待的培训目标给忘了。作为培训经理，完成组织的培训目标才是首要的，然后才是兼顾员工个人培训目标。

步骤3：检查可行性。根据参训者的情况、时间等条件，检查是否能完成目标并做出调整。不同的目标受训要实现所花的时间、精力都是不一样的。例如：知识目标通常容易实现，而且不需要花很多时间，只要"告诉他们"就行了，或者是做一次测验。技能目标则需要较多的时间，因为要通过大量的实践才能使参训者掌握。态度目标则需要更多的时间，因为这涉及到改变人们的观念。只有具有可行性的目标才能被纳入培训计划之列。

步骤4：设计目标层次。即使是具有可行性的目标，也有一个层次问题。对于受训者而言当然是要将主要时间和精力放在最高层次的目标之上。通常人们会把知识目标放在首位，参训者只有懂得了知识，然后才能去做。这样有一个弊端，就是会导致在开始时用大量的时间讲授，而用于实践的时间却很少，结果是参训者知道了怎么做，但却做不好。这就是目标层次没有分好而造成的恶果。

以上就是确立培训目标的方法与步骤。一个好的培训目标会通过指导员工对精力、注意力的分配，激励个人为达到目标而进行战略开发，以此来影响员工的行为方式，从而达到高水平的培训绩效。确立培训目标还应该注意做到：要和组织长远目标相吻合；一次培训的目标不要太多；要从学习者的角度出发，明确说明预期课程结束后，学员可以拥有哪些知识、信息及能力。

释放你们的潜能，
就是我存在的最大意义……

确定培训时间

确定培训时间包括两个方面的内容，一是选择培训时机，二是决定培训持续的时间。

培训时机选择是有讲究的，滞后于社会的发展、同业竞争对手的发展、组织自身的发展，部门及其岗位工作需要的培训是被动的，但过于主动、超前开展培训也是不可取的。该做培训时就应该做，而不是想做时就做，或者方便做时才做。但是，很多企业都是在时间比较方便或培训费用比较便宜的时候进行培训，而不是在组织需要培训的时候开展这项工作，这就使得培训的"预备"作用大打折扣，往往是"锦上添花"，而非"雪中送炭"。

不同的培训所需的持续时间可以相差甚远，因为它们受诸多因素的影响，主要因素有：培训内容、培训费用、学员素质、学员的工作与休闲时间的分配等。制订培训计划之时应参考这些影响因素来确定培训的持续时间。

确定培训对象

培训对象是培训的主体，他们的选择直接关系到企业的利益。虽然人人都可以被培训，所有员工都需要培训，而且大部分人都可以从培训中获得收益，但由于单位组织的资源有限，一般都不可能提供足够的资金、人力、时间让所有的员工参加所有的培训，而是有针对性挑选员工培训适当的项目。

根据经验，企业一般可以优先考虑以下三种人员参加培训：

可以改进目前工作的人。培训的目的是使他们能更加熟悉自己的工作和技术。

有能力而且组织要求他们掌握另一门技术的人。考虑在培训后，安排他们到更重要、更复杂的岗位上。

有潜力的人。组织期望他们能掌握各种不同的管理知识和技能，或更复杂的技术，目的是让他们进入更高层次的岗位。

列出培训对象后，最好能立即列出该对象的相关资料，如平均年资、教育背景、共同特质、曾参加过的培训等。对他们越了解，就越能找到合适他们受训的方式方法。

实务篇

确定培训内容

培训内容应服务于培训要达到的目的和目标。每一种知识和技能都是通过相关课程的教学来完成的。培训内容具体怎么确定,在理论篇的第3章第四节"培训课程开发的具体步骤"已有详细阐述,这里就不再赘述了。

总之,培训的内容一定要科学,既要考虑培训的系统性,又要考虑适用性,还要考虑超前性,并根据不同的对象和不同的时间有所变化。培训内容确定得是否得当,确定的好与次对培训效果有决定性的影响,必须高度重视。

确定培训者

培训者从广义上来应包括培训讲师、培训部门的领导、培训管理人员。培训讲师确定的相关内容在本篇的第3章的第一、第二小节有详细的介绍。培训讲师也是培训活动的重要角色,选择适当与否对培训效果有着重要影响。

至于培训部门领导、培训管理人员都是培训活动当中的"辅助者",当然他们的努力也将为培训效果锦上添花。培训部门领导包括如培训院校的院长、副院长、校长、副校长,培训中心的主任、副主任,培训部门的经理等。他们一般要求具有以下条件:

对培训工作富有热情,具有敬业精神。

有培训与发展工作的实际经验。

以身作则,对受训者和自己一视同仁。

富有远见,能清楚地分析组织的培训要求,对人力资源发展有战略眼光。

有良好的知识结构,特别是有培训与发展的专业知识。

有良好的职业道德品质与身体状况。

培训管理人员主要是指在培训与发展过程中为培训部门领导人、培训师、受训者等提供服务,从而使培训与发展工作有效进行的人员。诸如办公室人员、教学管理人员、后勤人员等培训辅助人员。培训管理人员应具备下列条件:

善于与人打交道。

工作主动、积极。

任劳任怨。

释放你们的潜能，
就是我存在的最大意义……

有一定的组织管理能力。

确定培训方法

培训内容、学员、目的、时间长短等因素都会影响到培训方法的选择。培训方法有多种多样，但不是每种方法都能用到同一次培训身上。培训需要根据具体情况来确定选用何种或几种培训方法。具体内容在理论篇的第1章"中的企业培训的方法"中有详细阐述。

确定培训场所与设施

场所与设施的确定只要应该由培训讲师来确定，作为企业培训经理应按照讲师的要求去完成就行了。因为需要什么样的场所与设施不但与内容等有关系，还和授课讲师有密切关联。场所与设施的确定在本系例《企业管理培训师训练全书》一书中有详细的介绍，有兴趣与需要者可参阅此书。

确定培训资金

确定培训计划阶段需要解决的主要问题是资金来源与预算问题。

培训资金的来源主要有三种方式：企业先承担培训费用后收回成本，企业和个人共同承担培训费用，个人承担培训费用。

另外，培训资金的来源还有一种方式就是社会集资，不过这在国内还应用不多。首先，它可由政府通过税收的方式征收培训费。其次，由国家组织、社会统筹各企业出资赞助。

例如，新加坡政府规定，所有企事业单位，都要向国家上缴技能发展基金，凡开展员工培训的，则可向国家申请技能发展基金，培训多，得到的经费也多。不培训的则白缴技能发展基金，这在一定程度上也刺激了新加坡企事业单位的培训工作。

确定培训效果的评估

培训计划实施需要用一定的尺度和标准来衡量，这就是效果评估。培训效果评估涉及的内容评估将在第12章进行详尽阐述。

9.3 如何编制培训计划书

何谓培训计划书呢？培训计划书是关于培训计划制订结果的一份文字总结。它既能让领导明白培训意图及效果，同时又能做到精简。其具体作用如下：

可对整个项目做一个清晰的交待，同时充分陈述项目的意义、作用和效果，简化培训程序。

信息与分析结果高度浓缩的培训计划书可为高层领导的决策提供必须的依据和便利。

可预先帮助管理者加深对各个环节的了解，从而做到统筹规划。

培训计划书编制技巧

上面的方法主要是从直接获得决策者认同这点来说的，而这些技巧则是针对加强计划书来增强说服力的。它们是：

项目名称要尽可能详细写出，不宜含糊不清。

应写明培训计划者所属总门、职务、姓名。若是团队形式，就写出团队名称、负责人、成员姓名。

培训计划目的要尽可能地简明扼要，突出核心要点。

培训计划书内容应在认真考虑接受理解力和习惯基础上详细说明，表现方式宜简单明了。

详细阐述所计划培训的预期效果与预测效果，并解释原因。

对计划中出现的问题要全部列明，不应回避，并阐述计划者的看法。

培训计划书是以实施为前提编制的，通常会有很多注意事项，在编写时应将它们提出来以供给决策者作参考。

下面是培训计划书的基本样式：

释放你们的潜能，
就是我存在的最大意义……

培训计划书示例

培训项目名称	
培训目的	
培训进度	
培训内容	
培训步骤	
意外控制	
注意事项	
策划人	日期
员工培训计划	
计划编号	月份
编号1□内部培训□外部培训	（注：选择并在□内打"√"）
培训项目	
培训名称	
培训时间、地点	
培训老师、教材	
培训目标	
培训费用（预算）	
考核方式	

范例——某著名企业新员工培训方案

这是某著名企业一份颇有启发意义的培训计划书，它既简单明了又切中要害，不妨参考使用，具体内容如下：

训练目的。

了解企业的经营理念、创业精神、企业文化、工作方针，加强职业意识，使新进员工深切体会企业使命。

了解企业的历史、现状及未来，调整个人心态，使其具有社会人、企业人的意识。

了解各部门功能职责，遵守企业的规章制度，产生对企业的认同感和对同事的亲切感，以达成团队精神。

熟悉生活流程，掌握标准的作业操作方法与技能，强化成本意识，培养品质观念，追求高档次质量生产。

培养良好的生活习惯和精神风貌，提高自我管理、自我控制能力及集体协作精神。

训练对象

新进全体员工、作业人员50人为一班，管理人员20人为一班。

训练方法

个人精神风貌训练和公共课程训练由培训中心主持；专业技能和实际操作训练由各相关部门自行主持安排，培训中心协办。

作息时间表如下：

起床	6:30	午休	12:30~13:00
晨起清洁	6:30~6:45	专业课及操作训练	13:00~15:00
晨练	6:45~7:15	企业生活礼仪和个人精神风貌训练	15:00~17:00
室内卫生	7:15~7:30	晚餐	17:00~17:30
早餐	7:30~7:55	室内卫生	17:30~18:00
企业生活礼仪和个人精神风貌训练	8:00~10:00	个人读书及文体活动	18:00~22:00
公共课程训练	10:10~12:00	洗漱	22:00~22:30
午餐	12:00~12:30	就寝	22:30

（注：星期六晚5:00至星期天晚10:00为自由活动时间）

训练课程及方法：

企业生活礼节和仪态培训课程以解说、幻灯图示、角色演练和现场检讨为

释放你们的潜能，
就是我存在的最大意义……

培训方式。训练课程如下表所示。

培训课程表

主要课程	培训要目	培训课时
企业人基本行为规范	企业人服饰（仪容审核要点：头发、指甲、鞋子、胡子）打领带的方法 打领带的方法 优美的动作姿势 行走姿势 站姿 坐姿 言语礼节 音容笑貌（"微笑运动"）	讲解4课时 角色演练4课时 现场讨论
宿舍生活规范	床铺、桌椅摆设 被褥折叠规范 起居作息规定 宿舍卫生清洁规定 寝室休息气氛维护注意事项（亲友拜访等）	讲解4课时 角色演练4课时 现场讨论
早操、早会与晨起清洁规定	"早安训练" 晨练规定 早会	讲解2课时 角色演练2课时 现场讨论
上、下班前后注意事项	工作服穿戴 精神状态 工具仪器准备 下班后操作现场清洁规定 工友告别的礼仪	

实务篇

续表

主要课程	培训要目	培训课时
用餐注意事项与规范	候餐队列 餐具使用 用餐姿势 如何进餐	讲解2课时 角色演练4课时 现场讨论
企业卫生环境保护及洗手间规定（卫生用厕须知）	卫生设施及花草树木爱护	角色演练4课时 现场讨论
企业内休闲娱乐生活规范及如何参加舞会及注意事项	观看电影、录像等文娱活动的注意事项	讲解2课时 角色演练4课时 现场讨论
写字楼行为规范及出入写字楼注意事项（包括楼梯里、电梯上、走廊上）	出入办公室注意事项（敲门、问候、致意礼貌等） 接、打电话礼仪	讲解2课时 角色演练4课时 现场讨论
乘坐班车规范及上下车、入座礼节规范	吸烟、谈论注意事项	

训练教材

由各讲师提供讲课提纲，交由培训中心打印分发。

训练师资

按师资表列名单，与各部门沟通，以征得各部门协调配合。

训练地点本企业内。

训练教具

白板、白板笔、白板擦、课桌、课椅、投影机、电视机、录像机。

绩效评估

测试、实做演练、成果追踪、所在部门工作评价。

释放你们的潜能，
就是我存在的最大意义……

10 确定培训预算

要认识到培训就是投资，对培训管理者而言是十分重要的，既然要投资就得控制，不然培训经费就不能发挥最大的作用。进行科学的、合理的培训预算就是对培训投资的很好控制。那些没有进行培训预算的公司，在培训上往往是随意、无序的。在培训项目上也往往存在多编、少编、漏编的情况，这不仅使培训没有收到良好的效果，也浪费了人力、物力、财力。

制订合理的培训预算是有效培训体系的重要环节，培训经理和相关工作人员应该尽力制订出符合企业实际情况的培训预算方案，尽可能减少预算偏差！如果每一分钱都用在了刀刃上，培训成本就能得到有效控制，这样的预算自然也是成功的。

10.1 培训成本投入与分析

培训成本预算与实际投入

预算总是和实际投入有所出入的，预算不是多就是少，从实际情况看，一般都是偏多！这也是正常的，培训经费只能多，如果少了，那准备的培训项目就无法完成。但，如果多得太多，则会给企业财务到来沉重压力，也很有可能造成浪费。因此，比实际培训投入稍微多一点的培训预算是比较成功的。下表是一家公司预算与实际投入的对比：

年度预算为100000元，而实际花费为95700元，差额为4300元，差额不到预算的5%，这家公司的培训预算还是非常成功的。培训在实际实施过程中会遇到很多意外情况，因此培训成本预算不可能分毫不差，并且也只能多预算一些以备意外情况和突发事件使用。

培训预算与实际投入对照表

成本中心：会计部门年度总预算：100000元			
	预算（元）	实际开支（元）	差额（元）
教师酬金	40000	38000	2000
员工工资	20000	20000	0
就餐费	30000	28000	2000
场租费	8000	7800	200
交通费	2000	1900	100
总计	100000	95700	4300

培训成本的组成

要做好培训预算就必须清楚培训费用都包含哪些部分，否则科学的预算根本无从谈起。培训费用的组成是多方面的，一般包括以下几个部分：

受训人员的工资；

受训人员的交通、饮食及其他各项开支；

负责培训的管理人员和主管的工资和时间；

外聘讲师、教师、演讲者、培训机构的酬劳；

受训人员因参加培训而减少工作的损失；

购买、租用器材、场地、教材及训练设备的费用；

这些项目会因参加培训者的工作岗位的不同特点、职位的高低、所在行业的不同，而引起培训成本构成的变化。培训所花费的直接费用一般只占培训总费用的少部分；大部分是由于员工工资以及因参加培训而减少工作所造成的损失。

释放你们的潜能，
就是我存在的最大意义……

培训成本分析

培训成本如何量化计算？下面的表格就是培训成本用的两种不同分析。员工培训费用计算公式表格是针对员工费用的细致分析，而培训项目成本费分类表则是另一种分析方法。

成本分析有时用到成本分类矩阵，它说明了账目分类系统中成本类型与成本职能间的相关关系。成本分类矩阵可以详细地看出培训成本费用的种类以及它的相对重要性，但它没有具体的数目。下面就是一个成本分类矩阵范例。

员工培训费用计算公式表

直接费用
① 设计费用＝1×设计小时×每小时设计费用×培训周次
② 师资费用＝1×课时×每课时讲课酬金×培训周次
③ 机会成本＝学员人数×培训小时×学员每小时工资×培训周次
④ 在岗培训费＝学员人数×每周工时数×学员每小时平均工资×培训周次

成本项目	按比例计算的	花费的
需求分析	√	
设计和开发	√	
购买		√
实施		√
工资福利：培训师和辅导员		√
工资福利：协调		√
工资福利：学员		√
差旅、住宿、用餐		√
培训项目资料和费用		√
设施		√
联系时间		√
差旅时间		√
准备时间		√
		√
评估	√	
一般费用（培训和开发）	√	

实务篇

成本分类矩阵表

开支账目分类	过程或职能分类			
	分析	开发	实施	评估
① 人力资源开发人员的工资与福利	√	√	√	√
② 学员的工资与福利			√	√
③ 公司其他人员的工资与福利		√	√	
④ 学员的用餐、差旅和杂费		√	√	
⑤ 人力资源开人员的用餐、差旅和杂费	√	√	√	√
⑥ 培训项目资料与用品		√	√	
⑦ 设备开支分摊	√	√	√	√
⑧ 办公用品与开支	√	√	√	√
⑨ 打印与复印		√	√	√
⑩ 外部服务	√	√	√	√
⑪ 租赁设备		√	√	
⑫ 维护设备		√	√	
⑬ 设施开支分摊		√	√	
⑭ 一般费用分摊	√	√	√	√
⑮ 注册费	√			
⑯ 设施租赁			√	
⑰ 其他费用	√	√	√	√

培训费用节省窍门

作为培训经理，有责任减产成本，提高培训成就，让公司明显看到培训所带来的成果。为公司减少培训费用的方法很多。以下列出常用的以供参考：

由公司总部进行集中培训，提高资源的利用效率。通过精心安排，尽可能将员工放在一起培训，可以减少时间成本。

减少购买、租用场地、器材及购买设备的费用。租用场地所花费的费用不少，场地只要能使用、能保证培训效果就行，没有必要追求高档。各种培训器材也应以使用为基础，并且最好是多功能的、耐用型的，这样可以减少购买器材件数和频率。

由公司向外聘请训练师，训练部分员工，等到这些员工熟悉训练主题后，再由他们训练其他员工。这种方法最能节约资金，同时还可以让当教师的员工更加熟悉的掌握所学内容。

释放你们的潜能，
就是我存在的最大意义……

范例——企业培训成本—效益分析

企业总是希望任何投入都能及时得到回报、收到效益，当然培训费用的投入也不例外。那么培训的收益怎么计算呢？对于培训收益一般有两种计算方法，一种是间接计算法，另一种是直接计算法。

间接计算法是指通过对与员工在职培训有关的指标的计算，来研究这种投资的收益。总的思路是：首先找出影响培训效益的因素，即把这种收益分解为一些具体指标，然后根据这些指标的相互关系进行计算。

直接计算法是指对员工接受培训后的效果进行直接观察，并加以评估。例如，可把接受培训者之工作绩效与未接受培训者进行对比或者将这些员工培训前后的工作绩效进行对比。这样就可直接估算出培训的经济收益。

间接计算法与直接计算法各有各的长处，应根据实际情况来选择计算收益的方法。下面是一个运用直接计算法来计算培训收益的例子。

某公司对20名机床工人进行了一次为期3天的技能培训，培训费为20万元，受训前每位工人一年创造的利润为10万元，受训后每位工人一年创造的利润为12万元，培训的效果可持续3年。

采用计算公式为：$TE = (E_2 - E_1) \times TS \times T - C$

式中：TE——培训效益；

E_1——培训前每个学员一年产生的效益；

E_2——培训后每个学员一年产生的效益；

TS——学员数量；

T——培训效益可持续的年限；

C——培训那投入；

由上述公式，可以算得：$TE = (12 - 10) \times 20 \times 3 - 20 = 100$（万元）

该公司培训效益为100万元，培训投资回报率为：500%。从这里可以看出培训收益是很大的，因此有远见的公司一般都会非常重视培训的。

10.2 企业如何收回培训成本

企业对员工进行了培训，必然就有所投资，那么企业该如何收回投资成本呢？员工参加培训，他们同样也会付出一定的成本，他们在培训之后通常也会要求加薪！这就往往会造成一个矛盾，员工在没有培训之前会因为没有培训而"出走"，培训之后被培训的员工流失倾向更为严重，特别是一些培训后的技术骨干员工。

为什么会造成这样的状况呢？员工认为，培训之后我的技能有所增长，为企业创造的财富会更多，自然也该得到更多的回报。而企业则认为，让员工参加培训使员工增长了工作技能，这本身就是企业对员工工作的肯定和回报，所以就不能再增加薪水了。

实际上，企业对员工的培训，投资是双方的，企业有投资，员工也同样有投资。企业的投资为：培训费用；培训期间员工工资；培训期间由于受训员工不在工作岗位而为企业造成的其他间接损失。受训员工的投资为：受训员工本身所具有的能够有效接受培训的能力；受训员工为接受培训而多付出的精力和时间。

既然双方都有投资，那么企业在收回培训投资时就得采用一定的方法来避免这样的矛盾。企业收回培训投资有以下三种方法：

培训前收回

即在培训开始之前，从员工薪酬中扣除培训费用。

第一种方法为：在制订企业的薪酬政策时，可以将员工薪酬的一部分划为培训费用。这样员工的薪酬水平越高或者员工在职的时间越长，这部分培训费用的积累就越大，员工的培训机会就越多。这种政策同时保证了骨干员工（薪

释放你们的潜能，
就是我存在的最大意义……

酬水平高）和稳定员工（在职时间长）在培训方面的优先权。

第二种方法是：企业还可以将员工年终奖励的一部分划为培训费用，在第二年培训时使用。这样可以保证企业中业绩突出的员工优先得到培训。

最后一种在培训前收回培训成本的方法为：先由员工个人承担培训费用，企业根据培训效果决定是否为员工报销。这种培训投资方式对员工有很强的约束力，员工会为了使企业报销培训费用而努力为企业展现自己的工作业绩。

培训前收回投资可以最大地降低企业的培训投资风险，并且会迫使员工主动参加培训。企业为了降低培训投资风险，比较稳妥的办法是推行风险共担原则，这样企业和员工都有责任也都能受惠。比如：对送国外培训人员和计划内培养研究生收取一定数额的押金，学完回单位工作后，连本带息一次性返还个人通过采取收取押金、自费公费相结合、设立培训奖学金等一系列措施，跨越有效的化解企业的培训培训投资风险，同时还能充分调动员工的学习热情，也唤醒了员工的回报意识。

培训时收回

培训时收回投资是指在培训过程中企业就开始收回投资。在培训结束时，投资已经回收完成。怎样的制度才能让在培训时就将投资收回呢？实际上，企业普遍存在的试用期制度，就可以理解为一项企业在培训时收回投资的培训制度。既然是"试用"，那么员工在试用期期间还没有足够的技能和经验来适应新的工作岗位，企业只能通过岗前管理培训、岗前技术培训、工作指导等各种培训方式使员工的知识和技能更快地适应新岗位的要求。试用期薪酬与同岗位正式薪酬的差异就是新员工为试用期培训所支付的费用。

如果某员工的知识和技能与岗位要求差距过大，那么企业需要增加对该员工的培训投资，所以在试用期时，该员工的试用期薪酬可以比其他试用员工更低。如果加大了培训力度，员工仍然不能适应新岗位，那他将被解雇，培训风险也就不复存在了。

培训后收回

培训后收回培训投资，这是很多企业的通常做法。最常见的形式是，企业与员工签订培训协议，在协议上明确规定，受训员工只有在企业工作满几年后，才能离开企业，否则需要按比例补偿企业的部分培训费用。

培训后收回投资对企业具有较高的风险。首先是培训效果风险，由于企业已经先期投资，员工会认为培训是一种福利，有时甚至将培训当成休息或旅游的绝好机会。其次是员工违约培训费用补偿风险，企业与员工的培训协议虽然具有法律效力，但如果发生员工单方面违约，企业有时很难追究员工的责任。有的企业为了避免员工违约之后再去追究员工，而在薪酬政策中设置了违约保证金。这虽然解决了追究员工责任的问题，保证了企业的投资的收回，但却很容易因严厉和苛刻，而引起员工的不满。

企业采用何种方法来收回培训投资，需要根据企业具体情况来选择，不能人云亦云。企业在不同的发展阶段，采用的回收方法往往是不同的。即使在一个阶段也可以根据员工的层次不同而采取不同的方法来回收。

10.3 如何制订培训预算

费用总额法

费用总额法一般多为中小型企业采用，它能在有限的资金内谋求最大利益，但却有死板的缺点。费用总额是指企业事先划定人力资源部门全年的费用

释放你们的潜能，
就是我存在的最大意义……

总额，费用总额包括招聘费用、培训费用、社会保障费用、体检费用等人力资源部门全年的所有费用。其中培训费用的额度可以由人力资源部门自行分配。

人均法

人均法是指按员工平均培训费用计算培训预算。确定了每个工的培训费用，然后再乘以在职人员数量，就得出了预算的培训费用。虽然在确定培训预算时，可能会采用人均培训预算的方式，但是在预算的分配时，往往不会人均平摊。为什么会这样呢，因为企业中80%的效益一般都是由20%的员工带来的。

由于上述原因，企业一般都会将大部分的培训费用花在少数员工身上。一些企业将80%的费用用于10%~20%人员的培训，有的企业会将70%的培训费用花在30%的员工身上。这种培训预算的不平均性，可能会导致普通员工的不满。所以在公布预算分配时，最好以部门或培训项目来分配，人均分配数额仅作为培训预算的一种计算方法。

推算法

推算法是根据企业历史培训预算的数据，来推算将要需要的培训费用。这种方法适用于已有多年培训经验的企业，制订预算额度时可参考上一年或前几年的培训预算，根据现实情况，做一些局部调整即可。

预算者在用推算法进行培训预算时，往往是将上一年"必需"的支出项目的费用再加上今年可能的费用来作为总费用。因此，推算法有一个很大的缺点就是，培训预算费用一年比一年高。从而造成领导和预算者讨价还价，而预算者又暗地里增加的预算的矛盾。最后的结果往往是预算终于确定下来了，但几乎人人都不满意，钱花了不少，效果却不如人意。

这种预算方法由来已久，但缺点太大，很多人都认为必须改进。那么怎么改进呢？答案就是"零基预算法"（ZBB）。零基预算法由美国德州仪器公司的彼得·菲尔于1970年提出，首先由乔治亚州政府采用，取得了很好的成效，然后广为企业界所应用。零基预算法，即不考虑过去收支项目和收支水平，以零为基准编制预算的方法。它的优点是十分明显的,把企业活动和企业培训目标紧密结合起来,真正做到了目标导向,从根本上避免了为培训而培训的低效行为。但它也有一定的缺点,那就是安排项目的先后次序有很大的主观性,并且审查每一个项目是极其繁重的工作,所投入的人力、物力和时间都较多。

比较法

既然是比较法,那就得有比较的对象。比较法的参考对象就是同行业关于培训预算的数据。一般都是参考同行业企业培训预算的平均数据,如果自己企业有能力则可以将企业的培训预算超出这个平均数据。

为了增加数据的准确性,培训经理可以找到行业内有影响、有知名度的相关企业的同行们了解对方企业情况,然后取平均值(由于各企业的规模不同,建议取人均培训预算)。将行业平均培训预算与这些优秀企业培训预算相比较,就可以看出培训费用对企业发展的贡献。因此,培训经理从长远出发应尽可能让企业增加培训投入。

比例法

比例法是对某一基准值设定一定的比率,来决定培训经费预算额的方法。如根据企业全年产品销售额的一定百分比,来确定培训经费预算额;根据全年纯收入的百分比,或总经费预算的百分比来确定培训经费预算额等。现在很多企业就是根据企业的销售额或纯利润来计算培训费用的。

计划法

企业先制订培训计划,根据计划的要求推算出培训预算,然后再根据企业的实际承受能力,再对预算进行调整。采用这种方法的多为大企业,它们有足够的财力来支持培训计划所设计的各项费用。

采用计划法应力求培训计划的准确性、可行性,只有这样培训预算才有实际意义。同时还要预留一部分的资金作为备用使用,在需要的时候才能调整预算费用。

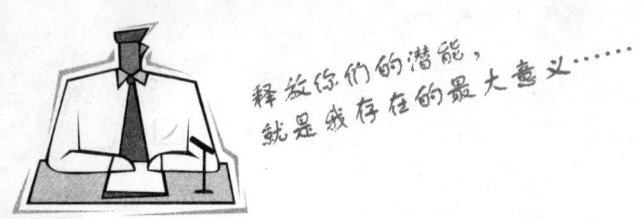

10.4 年度培训预算

年度培训预算可以将它分为三个部分,即职前训练预算、在职教育费用预算、在职训练预算。下面分别进行阐述:

职前训练预算

职前训练又可以粗略分为新进人员职前训练和储备主管职前训练,因此职前训练预算也得分为两部分了,即新进人员职前训练预算和储备主管职前训练预算。

新进人员职前训练预算

企业每年都会有人来也会有人走,但是人员的流动必须满足企业的正常生产。因此,人力资源部门每年的任务之一就是要根据企业情况制订出企业人力计划,详细的人力计划,应包括下年度的总人数、各职能的人数、各单位的人数、各阶层主管人员人数等,以显示出各级主管应该增加(晋升)的人数。

依据人力计划,并考虑人员离职率,即可汇编成"年度人力招聘计划"、"年度主管需求计划"等。再根据据人力招聘计划,则可编成新进人员职前训练开班的预算表,下表就是一个范例。

新进人员职前训练预算表

班 别	班数	人数	月份	费用(元)
职前训练共同课程班	5	200	2、4、6、8、10	800
业务员班	2	50	2、7	1200
办事员班	1	15	4	1500
技术班	1	20	6	1800
新干班	1	20	7	2500
合计	10	305		7800

具体费用计算如下：

讲师费：

内部讲师授课费每小时60元计算。

共同课程班

6小时 × 5班 × 60元 = 1800元

业务员班

36小时 × 2班 × 60元 = 4320元

办事员班

20小时 × 1班 × 60元 = 1200元

技术班

20小时 × 1班 × 60元 = 1200元

新干班

35小时 × 1班 × 60元 = 2100元

餐费：

全天上课者，供应中午快餐8元。

共同课程班

200人 × 1天 × 8元 = 1600元

业务员班

50人 × 5天 × 8元 = 2000元

办事员班

15人 × 3天 × 8元 = 360元

技术班

20人 × 3天 × 8元 = 480元

新干班

20人 × 5天 × 8元 = 800元

释放你们的潜能，
就是我存在的最大意义……

讲义费：

共同课程讲义每份10元，办事员班、技术员班讲义每份20元，业务员班、新干班讲义每份30元。

共同课程班

10元 × 200人 = 2000元

业务员班

30元 × 50人 = 1500元

办事员班

20元 × 15人 = 300元

技术班

20元 × 20人 = 400元

新干班

30元 × 20人 = 600元

储备主管职前训练预算

依据"年度主管需求计划"中各级主管需求的人数，在培训储备主管时，可比计划需求多增加几位，以备意外情况时所需，如：年度中组织临时扩编、人员离职、培训中发现性格不和或基本专长不符等情况。

如果是具有一定规模的企业，主管仍然需要细分，可分为基层主管和主任、经理级主管。当然，对不同级别的主管培训预算肯定是不一样的。对基层主管仍然是采用内部讲师授课为主，少部分课程由外聘讲师授课，而主任、经理级别的主管则几乎都由外聘讲师授课，并且多为参加公开课，而不是在企业内部的训练。下表是储备主管职前训练预算范例。

储备主管职前训练预算

班　别	班　数	人　数	费用（元）
基层主管储备班	1	12	11560
主任级储备班	1	5	32650
经（副经）理储训班	1	5	30520

这里需要说明的一点是：主任班、经理班之课程通常皆为10个以上，不可

能1年修习完毕，在2~3年应为正常，故预算得分年编制。基层主管12个课程则应该在1年完成。

储备主管职前训练比较准确的预算，只要列出培训的各个环节，再参考每个环节的价格就能计算出其具体费用，方法同新进人员职前训练预算一样。

在职教育费用预算

下面按照一般企业通常所采取的在职教育来进行预算阐述，将其分为职能资格晋升教育课程费用预算和各级主管在职教育预算。

职能资格晋升教育课程费用预算

图书室书籍增购：

以员工福利金资助18000元，另教育训练费用编列18000元预算，共计36000元，即每月3000元。

视听室教学带及软件增购：1000元。

内部讲师授课费用：

领班升组长共同课程由人力资源部安排开课，员工自由报名，课程共15小时。上、下半年各开一次。讲师费用为60元每小时。

15小时 × 2 × 60元 = 1800元

内部助理讲师辅导费：

领班升组长，至少有4门课程，各安排1名内部助理讲师。每人每周5小时，每月每人20小时，每年8个月。助理讲师每小时30元。

4人 × 20小时 × 8个月 × 30元 = 19200元

内部开课外聘讲师费：

人力资源部就其他各级别共同课程中，选择3门课程开课，每一课程为6小时，外聘讲师费每小时1000元计算。

6小时 × 3课程 × 1000元 = 18000元

外界训练班费用：

由于组长升主任、主任升经理、经理升总经理各职能专业课程的人数不多，因此一般都是参见外界的训练课程。企业可以用一定的预算经费加以控

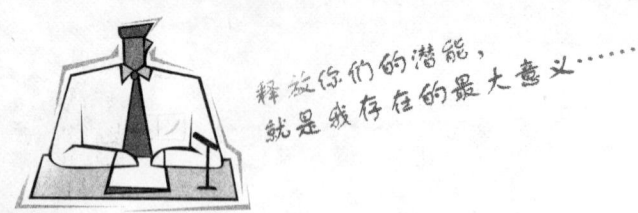

制，而不是让企业完全自由的进行选择。例如年预算固定100000元，可让30名员工申请，预算用完就只有等待下年度了。

专书选读、研究报告评审费：

应尽量采用内部主管为评审委员，这样可以节约费用，但是必须以保证评审质量为前提。每件可由两人评审，每人每件200，即每件评审费为400元，同时限供20人申请使用，则费用为：

400×20＝8000元

各级主管在职教育预算

各级主管在企业中有着举足轻重的作用，因此让他们的管理知识水平以及各种能力的提高也就更有意义。如果企业规模大，主管人数多，则可分基层、中层、高层主管3个班，分别开课。如规模较小，则分两班也可。对高层主管教育的安排，一般会较礼遇些，选择国内外风景度假区举办，顺便借开会检讨一下企业的政策或讨论未来的方向，制订企业目标等。基层和中层主管一般人数多，一般则选择场地费用相对便宜的地方，例如：企业内部教室（会议室）或其他不需住宿的地点。对基层和中层主管则以培训为主，开会则酌情安排。下表是各级主管在职教育年度教育费用的一个范例。

各级主管在职教育年度教育费用预算

班别	人数	次数	计划月份	预算（元）
基层主管班	35	1	8	26000
中级主管班	20	1	5	29800
高级主管班	10	2	3、10	28600
合计	65	4		84400

在对各级主管在职教育的费用中场地费、膳食费、讲师授课费是主要的费用。如果高层主管外面住宿，则住宿费也占很大一部分。

讲师费

高层干部两天课程，每天2000元

2天×2000元＝4000元

中层干部两天课程，每天2000元

2天×2000元＝4000元

基层干部一天课程，每天2000元

1天×2000元＝2000元

膳食费

高层干部

4餐×2桌×400元＝3200元

中层干部

3餐×2桌×400元＝2400元

基层干部

2餐×3桌×400元＝2400元

场地费及住宿费

场地一天以1000元计，共5天为5000元。住宿两人一间，每间300元。

在职训练预算

在职训练通常是有主管来完成，有的企业也采用"师傅带徒弟"的方式来指导员工。国内企业的组织多采用功能式的分工形态以职能、专业划分单位为基础。故各单位多为相同的专业员工所组成，在从事职能专业的教育或训练时，各单位分别办理是相当方便的。况且，主管对本单位的情况最熟悉，因此训练本单位员工的职责通常都是由主管承担。

人力资源部也可拟订"各单位强化训练实施及评鉴"办法。其方法如下：

根据企业实际情况，如果基层主管所管辖员工不是很多，则以其为单位，如果太多则可以班组为单位来实施训练及评鉴。

训练以每人每月2小时为最低标准。利用业余时间或工作空暇妥为安排，分批或全面实施。

讲师由单位主管亲自担任或指派单位内优秀人员担任为原则，邀请上级主管或其他单位主管、专业人员也可。训练课程主讲人或发表人如属内部人员，原则上不给讲师费。外部讲师授课费由人力资源部洽商议定，所需费用应记入预算内。

训练方式根据事情情况来决定，各单位应于每月25日前将次月"强化训练计划表"呈上级主管核定后送人力资源部汇总。

释放你们的潜能，
就是我存在的最大意义……

各单位应依既定的计划课程及时间实施，由人力资源部及评鉴小组加以督导。时间如有更改，应事先告之人力资源部。

强化训练每年办理一次评鉴，由人力资源部建立"评鉴小组"，小组成员由公司一级单位主管组成。

评鉴优秀的前三名，其单位主管可获得奖励；最差的单位，则给予适当处罚；这笔费用也应列入年度培训费用预算内。

在职训练最好的方式就是由企业自己的员工来当"老师"，这样既能节省讲师费用，同时也能让做老师的员工把各种技能掌握得更好。

10.5 培训预算的实施

培训预算的实施应注意以下几点：

预算为培训服务

不管是培训计划也好，还是培训预算也好，都只有一个目的，那就是为了将企业的培训在花费最少的情况下做到效果最好。因此，培训预算应服务于培训计划的实施，是为了服务于组织发展目标。但常常会出现严格按预算规定，始终围绕预算目标，而忘却了首要职责是实现企业目标的情况。究其原因，一是没有恰当掌握预算控制力度；二是预算指标没有很好地体现企业目标的要求，或是经济环境的变化造成预算目标和企业目标的偏离。因此，必须准确理解预算方案，让培训预算确实为企业的培训服务。

保证预算正确使用

企业的培训费用是非常宝贵的，没有费用的支持，一切培训计划都只能是空话。已经被通过的预算，在实施中就要100%地不打折扣地实施。培训费用

的使用，要严格按照规定的培训项目来投放。该花的钱，一分也不可少；不该花的，一分也不可以多花。要加强对预算项目的监控，避免偷梁换柱或巧立名目等不良现象的出现。将每一分钱都用在刀刃上是保证培训效果和减少预算有效手段。

避免过于繁细

有的企业认为培训预算应该对企业未来经营的每一个细节都做出具体的规定，这样有利于管理和控制。但实际情况真的是这样的吗？当然不是，从哲学的角度我们知道，什么事情都有一个"度"的问题，正所谓："过犹不及。"预算过于繁细只会有害无利。过于繁细的预算会导致各职能部门缺乏应有的余地，不可避免地影响企业运营效率，所以预算并非越细越好。究竟预算应细化到什么程度，必须联系对职能部门授权的程度进行认真酌定。只有做到恰到好处的预算才能真正取得最好的效果。

预算应有灵活性

既然是对未来的事情进行计划，因此不可避免有我们所不能预计到的事情发生，所以预算具有灵活性也就显得十分重要。预算制订出来以后，预算执行者应当对预算进行管理，促进预算的实施，必要时可根据当时的实际情况进行检查、修订和调整。尽管我们在制订预算时预见了未来可能发生的情况，并制订出相应的应变措施。但是，不管你怎么制订应变措施，也不可能面面俱到，因此，保证最重要的培训计划的于落实就成为关键。企业内部和外界情况总在不断变化之中，我们必须抓住最重要的问题，对于相对次要的问题就保留一定的灵活性来处理就可以了。可以对对预算进行定期检查，如果情况已经发生重大的变化，就应当调整预算或重新制订预算，以达到预期目标。培训预算既要按照既定步骤实行，同时又得关注各种之变化情况，用适当的改变以适应，这就是预算应具有的灵活性。

释放你们的潜能，
就是我存在的最大意义……

11 实施培训

培训实施以前的各个阶段都是在为实施培训做准备、做铺垫，整个培训活动的直接效果也体现在实施培训的阶段。厉兵秣马千日，只为作战一时，培训经理应切实在培训实施过程中做好准备、掌控与跟进工作。

11.1 做好培训实施前的准备工作

在培训实施前所需的准备工作有很多，总体可以分为三大类，即培训氛围准备、培训者的准备、培训工具的准备。

良好的培训氛围可以使培训的一切活动将有积极的导向性，最终培训自然也会取得最佳的效果。为形成这样的氛围，组织应做好以下两大方面的工作：一是让员工感到培训是必需的；二是为员工营造一个良好的学习环境。

让员工感受到培训的必要性

让员工感受到培训的必要性好处甚多，组织应通过种种激励措施来引导员工接受培训。应让员工感到培训不仅可以提高组织绩效，还可以对员工本身的发展有较大帮助，一旦做到形成积极参与的局面，至少可以获得以下益处。

员工有强烈的学习愿望。因为他们能深深认识到培训对其自身发展的价值和意义，于是会调动自身的所有资源，最大限度地利用培训给予他们的机遇。

学习兴趣变得越来越浓厚。在强烈愿望的驱使下，员工对培训的一切都会表现出巨大的兴趣，不仅会努力去掌握有关知识、技能，完成本次培训任务，而且也将对组织事务更为关注。只要有了兴趣，学习将是一件轻松、愉快的事情，学习的效果也不言而喻。

参与培训将更为主动。由于学员现在已将培训当成自己的事业，他们将积极主动地去完成各种任务。同时也会积极开动脑筋，为管理层出谋划策，从而使培训效果更好。

"鲶鱼效应"。部分学员积极参与培训对那些不积极者、驻足观望者会形成强烈的触动，从而在组织内营造积极追求个人进步的良好氛围，对组织文化建设起到积极的推动作用。最终将在工作上形成你追我赶的、互帮互助的良性循环局面。

营造良好的学习环境

为培训实施所营造的环境要让学员感觉安全，没有太多的压力，并且学员之间，讲师和学员之间都是相互尊重的。让学员能自由表达自己的观点，无太多拘束，同时它还应具有合作性而不是竞争性。学员乐于相互分享知识和技能，而不是怀有保守、猜忌，生怕他人超过自己的狭隘意识。有了这样的学习环境，学员就能积极主动地和授课讲师、培训管理人员配合，使培训取得更好的效果。具体的工作可以从以下几个方面着手：

积极创造诱因和提供必要行政支持

可以训练一部分人成为内部讲师。如遴选优秀人员加以培训使其成为内部讲师，训练各级主管使他们具备培训下属的能力。这样可以先调动一部分人的积极性，从而起到好的带头作用。

行政支持则包括提供合格、专业、舒服的培训场所等工作。行政支持属于"硬性"支持，可以显示出企业对培训的重视，也可以调动员工的受训积极性。

鼓励持续改善及创新活动

应对培训成果作追踪评估。将员工的知识、技能作为绩效考核的评价项

释放你们的潜能，
就是我存在的最大意义……

目。将接受培训的时间进行统计，作为晋升的评价项目。

培养员工创新、冒险的精神。创新和冒险没有明显的界限，一个新举措如果试用成功则是创新，否则就是冒险。有了传新活动则可以大大活跃各种氛围。

建立品质改善系统。对于生产性企业而言，品质改善的作用尤为突出。企业应该运用先进管理理论，持续不断地改进，使人人都追求突破，追求新知识和新技能。

确定主管人员角色

协助部属建立生涯规划并帮助其达成规划目标。员工对自己的职业生涯规划不一定都是非清楚，帮助他们完成规划，并在适当的时候运用培训来帮助他们。

以旁观者的身份来分析部属观念、态度、知识及能力的不足，并运用各种方法帮助其成长。有了这些做铺垫，对领导安排的培训自然非常重视。

适当授权，让员工有参与管理的机会

提供一定的机会，让员工参与目标的设定、执行、评估与决策。这样不但能锻炼他们的能力，同时也在很大程度上能调动其积极性。

培养员工自我管理的工作意识，逐步形成自我管理的团队。

11.2 培训实施的控制和纠偏

要对培训的实施控制到位，就必须掌握一定的方法。比如，进行专业、细致的分工就是常用方法之一，可以将培训实施过程所有涉及的工作按照类别进行分工，然后安排某一方面具备专长的人员具体负责相关工作的落实，培训管理者随后及时跟进和沟通，以便及时发现问题并采取纠偏。

培训实施要控制和纠偏得好，就必须要以培训计划为依据，同时收集相关信息来比较现状和计划之间的情况，从而采取一定的措施进行弥补未有达到的地方。

控制和纠偏步骤

培训控制和纠偏可以比喻成租车司机搭载乘客。出租车司机搭载剩客的思路是：首先要明确"到哪里去"；其次要明确"我现在何处"；然后检索"有哪些道路可通往目的地"；接下来检索"哪条道路是通往目的地的最佳选择"、"我们现在走的是这条路吗"，如果不是，则需要立即进行调整；最后一步则是"调动各种能力以最高的效率到达，并预防可能出现的交通事故"。培训实施过程也是同样的道理，其控制步骤具体如下：

步骤一：收集培训相关资料。
步骤二：比较目标与现状之间的差距。
步骤三：分析实施目标的培训计划、设计培训计划检核工具。
步骤四：培训计划纠偏。
步骤五：公布并跟进落实。

上面讲述了控制培训实施的几个步骤，下面就这几个步骤讲讲具体方法。

收集培训相关资料

培训相关资料的收集是给予培训实施者必要的信息，根据这些信息，才知道哪些地方有了问题，有多严重的问题，该怎样去处理等等。需要收集的资料可以分为如下几类：

组织内部中长期培训计划方案。
以往的培训实施计划方案及其评估报告。
培训需求评估报告。
培训实施计划方案。
来自高层决策者的意见。
本年度的培训资源分配计划。
在培训实施计划中拟订的课程大纲。

释放你们的潜能，
就是我存在的最大意义……

在培训实施计划中拟邀请的培训师资料。

在培训计划中拟订的培训地点及设施情况介绍。

其他部门的近期工作计划。

在收集培训相关资料时可以使用一些表格来询问受训者的相关信息，如以下两个范例所示。

个人培训简历表

姓名：		部门：		职位：
个 人 培 训 记 录				
	培训课程	时间（年、月）	总计（小时）	地点
入职前				
入职后				

注：本表用于记录员工入职前和入职后所受培训记录。通过两项的对比，反映出一个员工在培训中的认真程度。同时也反映这个员工的学习能力。

员工培训出勤表

项次	培训时职位	培训课程名称	课程编号	训练日期	时数	累积时数	成绩评核记录
①							
②							
③							
④							
⑤							

注：本表由员工自己记录所受训练的课程名称、时数及成绩，以便自己进行自我检查。

比较目标与现状之间的差距

通过所收集的信息就能比较出目标与现状之间的差距，这个差距就是实施计划所要解决的问题。在这个步骤可以使用下面工具：

实务篇

培训实施所要解决问题询问工具表

培训所要达到的目标：
目前的现状：
需要弥补的差距：

分析实现目标的培训计划，设计培训计划检核工具

培训计划制订也许非常合理，但在实施阶段就必须考虑现实的情况和条件。一些培训计划当中合理的事项，但在实际情况下却无法实现，这也是没有任何实际意义的，这就是设计培训计划检核工具的意义所在。分析实现目标的培训计划，设计培训计划检核工具掌控培训进程的主要标准在于培训计划是否符合实现目标所要具备的条件，同时对照实际情况看一下是否存在或可创造这些条件。

培训计划中有些事项是必须进行量化和标准化的，如果计划中没有量化和标准化，那么在这里就一定得完成，因为它们为培训实施控制确立了参照物。将这些经过量化和标准化的相关事项进行分类排列，就形成了检核培训计划的工具。不同种类的培训，其需要量化和标准化的事项是不尽相同的，因此，培训计划的检核工具也就不是完全相同。下面是一个检核工具范例。

培训计划检核工具表

实现培训目标需要具备的条件	培训计划是否明确	实际情况是否允许
20位员工参与培训组织筹备工作		
全体准备工作要求在两周内完成		
组织工作分工进行量化标准化		

释放你们的潜能，
就是我存在的最大意义……

续表

实现培训目标需要具备的条件	培训计划是否明确	实际情况是否允许
所有计划中的工作都是必要的		
培训需要准备的50项工作是否落实到个人		
预留机动人员随时待岗		
每个人所承担的工作量都均衡		
每个人已经明白自己承担的任务并相信有能力完成		
培训课程先后具有相关性		
需要电脑网络配合整个培训过程		
所有参加培训的员工都有参与机会		
培训地点保证在30分钟车程以内		
培训场所及设施准备齐全		
需要提供一间可容纳200人的培训课室		
邀请外部培训顾问专家5名		
培训资金总投入为20万元人民币		
需要培训部门提供10项培训支援		
全体员工脱产培训时间是5天		
对培训动员和培训对象的吃住行做了明确安排		
员工受训期间一切工资、福利和平时一样		
有生病等特殊情况允许请假		
中途有情急情况允许离开		
要为全体参加培训的员工提供吃住行服务		
课程安排要求设计管理、沟通、团队精神、心态等		
要保证培训工作的满意度达到80%		
培训结束后投诉率要降低20%		
培训结束后对表现优秀的员工给予奖励		
能及时评估的培训项目及时评估		
对可能出现的一些问题提供了防范和应急措施		

培训计划纠偏

在这个步骤，通常会有三种情况出现，我们一一讲述。

情况一：培训实施完全符合要求，不需要进行纠偏。当然，谁都希望是这种情况，但实际上这种情况基本上不会出现。因为，未来的情况复杂多变，现实情况总有和培训计划相出入的地方，一旦有所出入就需要纠偏。

情况二：轻度纠偏。这种情况是培训实施过程中发现原订计划中有些地方欠妥如人员分工、课程编排次序、工作进度的协调等。这种情况下一般只要对培训计划进行必要的修改即可达到要求。只要在制订培训计划时做得到位，并且对未来的变化情况又有一定的前瞻性预见，那么就可以轻度纠偏。

情况三：重度纠偏。出现这种情况就是培训计划和现实情况严重不符，如果处理不及时、得当将会对培训活动造成不可估量的损失。比如，原邀请的顾问不合适或不能出席、培训组织工作出现漏项、培训场地安排非常不合适等，都属于重度纠偏的范围。出现这种问题时就要召开培训计划专题讨论会议，讨论解决方法，并同时对培训计划的相应部分做出修改。在实际情况中，一旦出现属于重度纠偏的情况就很难调整过来，这是因为在时间上往往不允许了，所以应尽量避免此种情况的出现。

公布并跟进落实

了解了有关情况之后，不但要及时处理，同时也应该及时公布，并且要做好跟进工作。为什么要公布呢？它有两方面的作用：第一，可以让相关人员明确自己的具体工作职责，掌握整体培训项目的有关情况。第二，起到培训动员的作用，使培训对象做好参加有关培训的准备，不至于"上阵"之时没有心理准备。

这里介绍一些常用跟进工具表格，可以让培训管理人员更为轻松地完成此项工作。

培训日程跟进工具表

序号	时间	地点	进行项目	责任人	配合
①					
②					
③					
……					
⑨					

外部培训讲师（专家）邀请控制工具表

序号	姓名	性别	培训座位	就餐座位	住宿房号	乘车座位
①						
②						
③						
……						
⑨						

释放你们的潜能，
就是我存在的最大意义……

培训吃住行安排情况跟进工具表

序号	支援项目	提供支援者	标准	时间	住宿房号
①					
②					
③					
……					
⑨					

培训支援工作跟进工具表

序号	工作项目	完成标准	完成时间	责任人
①				
②				
③				
……				
⑨				

外部培训讲师（专家）邀请控制工具表

序号	物品名称	要求标准	到位时间	责任人
①				
②				
③				
……				
⑨				

培训动员跟进工具表

序号	物品名称	要求标准	到位时间	责任人
①				
②				
③				
……				
⑨				

培训所需物品跟进工具表

序号	物品名称	要求标准	到位时间	责任人
①				
②				
③				
……				
⑨				

培训成本跟进工具表

序号	用途	金额	时间	备注
①				
②				
③				
……				
⑨				

一旦发生什么情况，就用这些记录工具进行记录，这样可以一目了然，如是不利情况则及时给予控制。

培训实施常用技巧及注意要点

培训实施时使用一些小小的技巧和注意防范一些易犯的疏漏能令现场增色不少，非常有利于控制：

给培训项目起一个好名字，如"面试大观园"、"走向成功的捷径"、"精英的摇篮""组建招聘梦之队"等。一个好听的、响亮的名字可以让受训者眼前一亮，并且产生一种兴奋、好奇的心理。

要事先制订并公布培训时大家共同遵守的规则及注意事项，如培训期间手机、呼机使用的规定、请假规定等。没有规矩不成方圆，纪律是培训取得成功的必要保证。

要注意观察受训者的精力情况，不能"疲劳"受训，这样无法保证效果。一旦发现较多人都精力不济时，应及时调节或休息。

对受训者的参与要及时给予认可、表扬和奖励。培训讲师应努力成为协调员和促进者，而不是发号施令的"领导"。让学员积极参与，主动分享将能让学员学到更为深刻的经验教训。

在培训实施过程中可以穿插一些小游戏或活动，它们让参训者迅速相互熟悉，且能有效活跃课堂气氛。

给最先报到参加培训的学员一定的奖励。

每次培训结束前花一定的时间对培训内容进行总结，或者采用提问方式，让学员来总结，讲师再补充没有总结到位的地方。

注意检查培训教室以及相关仪器、设备。

务必守时，切忌拖堂和迟到。

释放你们的潜能,
就是我存在的最大意义……

11.3 培训实施后的跟进工作

"跟进"是在培训完成之后的一些"善后"工作。培训之后的跟进工作最重要的作用就是能增强培训效果以及为下次培训提供参考,除此之外还有获取学员反馈信息,激发许愿参与培训的积极性等作用。除了和培训有关的后勤工作等相关事项以外,更值得我们关注的是学员对培训的感受。我们要听取学员对培训活动的感受或是建议,并以此为改正的依据,使得培训活动开展得更加完美。这就是培训之后要做的主要"善后"工作。

培训实施后的跟进工作可以从三个方面去进行,即获取学员反馈信息、让学员交流心得、跟踪观察学员工作情况。

获取受训者反馈信息

企业开展培训的目的是为了让受训者通过培训提高自身素质和能力,并运用于实际工作中,提高绩效。那么,培训的效果究竟怎样呢?只有实事最能说明情况,因此,在培训一段时间之后,就可以从学员那里获取反馈意见。为了获取反馈信息,可以给学员的主管发送一份"培训跟进信息反馈表",请主管和学员一起来填写反馈意见。反馈表范例如下:

各部门经理:

您们好!

贵部门的×××按照原定计划已经参加了我部在×年×月×日至×年×月×日组织的××××××培训项目,本次培训活动重点学习了以下几个方面的内容:

① 。
②
③
……

为达到学以致用的目的,请您在工作中尽力安排其实践,同时请您费心观察、统计参加培训后的效果,并于3个月后将有关内容汇总填写。

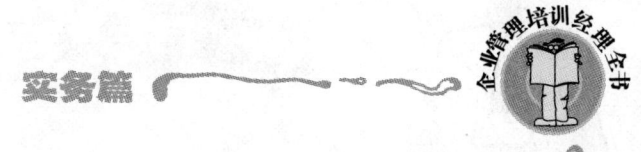

实务篇

谢谢合作！

培训部
×年×月×日

反馈信息表

学员姓名		培训项目		培训时间	
培训内容		应用情况		工作成绩	
主管总评： 签名：					年　月　日

　　收集到了反馈信息，就加以整理并分析得失，信息资料也应该妥善保存，以备以后再次参考使用。

让学员交流心得

　　让学员把自己的培训成果在工作的使用情况以及心得体会说出来，既能直接得到反馈信息，并且可以省时省力。具体的形式也可以是多种多样的，既可以同学员单独交流，也可以让参加过培训的学员集中交流。

　　由于每个人的经历、社会经验、工作经验、受教育程度、学习能力等的不同，导致了不同人对同一那同的掌握程度参差不齐，因此让学员们相互交流是很有必要的，不但彼此间能取长补短，也能让没有参加培训的员工得到宝贵经验。当然，培训管理者也能从他们的交流中得到有用的信息。值得注意的是，心得交流时不要让对方有压力，比如不让领导在场等。让受训者在自由、轻松

释放你们的潜能，
就是我存在的最大意义……

的氛围下用真话谈心得、讲疑惑。一旦造成吹嘘、说假话的局面，心得交流就毫无意义了。

跟踪观察学员工作情况

观察学员也是获得信息资料的一种方法，但是观察学员要耗费时间、精力，因此不可能对每个学员都进行观察，只能选择典型代表进行观察。

观察受训者在工作的表现最好不要让他们发现，如果他们发现有人在观察自己，则很有可能表现出一些"虚伪"的现象。在观察受训者的时候应认真仔细，观察次数要多一些，观察频率要高一些。同时也在观察期间可以让受训者主管安排一些最能运用受训内容的工作让其做，这样更能了解受训者究竟能从培训活动受益多少。

12 建立培训评估系统

培训评估系统是企业在建立培训系统当中容易忽视的一个环节,并且评估培训项目往往缺乏相应的量化标准,但是它却并非不重要。培训活动完了,并不代表一切事情都完了,培训成果如何,还得用培训评估来鉴定。

培训评估的意义不仅仅在于判断培训成果如何,还有一个重要的意义就是为下一个培训活动提供借鉴的经验和教训。

12.1 培训评估系统概述

培训评估的含义

对培训评估的定义,可描述为:依据组织目标和需求,运用科学的理论、方法和程序从培训项目中收集数据,以确定培训的价值和质量的过程。

这一过程首先会涉及如下四个关键性问题:

受训者有没有发生变化?

这种变化是否由培训引起?

由于受训者培训前后的行为和态度变化,不仅仅取决于培训过程本身,还取决于组织环境的变化、培训期间个体的成长成熟、受训者对培训的认知等多种因素的复合作用。因此,必须设法从诸多变异中区分出培训本身的影响。

受训者的变化与组织目标的实现是否有积极的关系?

要了解培训重点是否和培训需要一致,就必须澄清这个问题。

如果再有下一批受训者完成同样的培训后，是否还能发生类似的变化？

这是设计到培训的效果问题，换句话来讲是确定培训方案的推广应用价值——是仅仅局限于某个特殊群体？还是可以推而广之，应用到其他的群体和组织。对某些人有用的培训不一定对所有的人都会有用，培训适用度越宽、越高我们就说它越有效果。

为了回答上述四个关键性问题，又必须回答以下三个问题：

用什么标准评价培训，是否有效？

用什么方法测量出受训者培训前后行为和态度的变化？

需要通过什么样的实验设计来体现出培训的影响？

由此，我们不仅看出：培训评估是一个环环相扣的、极其复杂的系统过程。培训评估的核心内容是培训项目及其效果。

培训评估的原则

客观性原则

客观性原则是指评估人员在进行检测评估时，一定要坚持实事求是的态度，排斥主观臆断，真实地反映出培训的客观效果。

但在实际工作中有许多因素会干扰评估的客观性，比如，评估由企业内部人员完成许多人出于对自己前途的考虑，而不愿报告方案的消极因素；评估人员对某种现象有偏见；评估人员和被评估人员之间复杂人际关系造成评估失真；一些非定量性的标准也不同程度地影响着评估结果的真实性等等。

因此，要做到完全客观是很不容易的，何况每个人包括自己都有产生偏见的可能性。但是，对待培训评估应采取实事求是的态度，特别是要借助方法的科学性，来做出比较正确的评估结果。

实用性原则

评估不能走极端，不能为了获得资料与信息，把评估变成科学研究，把问题复杂化。评估也应该考虑一个成本问题。费用和时间要比较合理，评估方法要操作方便，评估要有利于降低成本，总之，评估要切实可行。

连续性原则

培训评估的连续性往往很多企业都没有做到，只是进行一次评估就完事了，这样的效果是很差的，其建设性远远不如破坏性。

连续性原则是指评估应是长期的、连续的，只有这样，评估才能真正发挥作用，给予管理者、受训者、教师以持续的动力和压力。一次性的害处在于人们可从"一次性"中感觉到领导的不重视和形式主义，从而产生一系列的消极行为，把原先辛辛苦苦追求的培训效果糟蹋殆尽。因此，为了确实保证评估的意义，评估应该持续不断地进行。

方向性原则

方向性原则是决定并保证评估活动正确取向的准则，而要保证评估活动的正确取向，首先就要求参与评估的人员就组织的价值观达成共识，这就要求评估人员时刻不忘培训目的和评估的基本要求。方向如果错误，评估则失去了应有地意义，但一样费时费力。但不容忽视的一种现象是：许多企业把全员参与、气氛热烈、领导重视、投资量大、教员名气大、报纸宣传等作为培训成功的标准。这显然与培训评估的目的与要求背道而驰。

相符性原则

相符性原则是指评估活动要与组织目标相符、与主题资料相符、与教学方针相符、与被培训者的水平相符。评估人员在进行评估设计之前，对设计的评估方案要仔细检查，要有助于实际管理者决策。

可靠性原则

可靠性原则是指评估结果应是可靠的，不应具有太大的随机性、特殊性。企业领导和被评估者一般都是只看评估结果，不会看具体过程，因此结果的可靠与否非常重要。评估人员要习惯于用批判的眼光观察事物，即便在观察自己的时候也应当这样。在观察没有被核对和复查之前，也暂不要下结论。

释放你们的潜能，
就是我存在的最大意义……

培训评估的标准

培训评估的标准可以分为四大标准，即反应标准、学习标准、工作行为标准、组织成果标准。

反应标准

用于对表面效果的测评，通过学员的情绪、注意力、赞同或不满等对每一个接受培训的人员对培训效果作出评价，结合所有人员的总体反应可以得出对培训效果的基本评价。

学习标准

学习标准是和培训学习内容相关的。比如，培训学习到了什么？培训内容方法是否合适、有效？培训的每一学习过程是否满足和达到了培训所提出的要求？诸如此类的都应该运用学习标准来衡量。

工作行为标准

顾名思义，工作行为标准就是分析培训给受训人员在行为上有没有提高和改进。培训的目的是提高能力，而能力是通过行为表现出来的。因此，评价培训的效果就要看受训者在工作行为上发生的可观察的变化及培训前后的变化程度。

组织成果标准

培训的最终目标是要改善企业的工作绩效，工作行为的改变最后也是体现在工作绩效上的改变，组织成果标准就是从这个方面来说的。组织成果标准以直接对接受培训之后的员工工作业绩，以及所在工作部门、科室的集体工作成绩进行测量、分析和判断，确定培训的效果。

以上几个标准是从培训实施者的角度对培训进行评价，不同的角度就产生不同的标准，但其核心应该在考察培训的手段和方法是否有利于提升工作绩效和实现企业的发展目标。

制订培训评估标准的步骤

培训评估的标准非常重要，但它该怎样确定呢？确定培训评估标准的一般步骤为：分解评估目标、确定评估的具体指标、集合组成指标体系、确定权重系数、设立指标等级、试评和修订几个步骤。

> 分解评估目标
> 确定评估的具体指标
> 集合组成指标体系
> 确定权重系数
> 设立指标等级
> 试评和修订

确定培训评估标准的一般步骤

分解评估目标

首先，要对评估项目进行适当的分解，分解出来的项目，内涵应当明确，外延应当清晰，便于操作。评估的目标如果太大则不利于评估操作，目标太细又浪费时间、人力、物力。因此，适当的分解评估目标是制订评估标准步骤的第一步。

确定评估的具体指标

根据培训目标的要求和受评对象的实际，提出评估指标。确定的具体指标要求概念清楚、言简意明、便于实施，评估者和被评估者都能理解和统一认识。

集合组成指标体系

通常由评估内容、具体指标构成一个指标体系。在实际操作时，要求对评估指标体系进行必要的分解，以便达到可以检测的要求，当然也不能太多太

细，要适度。高效的指标体系通常具有以下特征：

评估效果由多种因素综合而成的。

评估效果具有整体性和关联性，各项标准应当各有所长、互相补充，共同构成一个完成的整体。

具有协调性，各项标准能相互衔接、协同一致，反映出标准的同一性与和谐性。

具有比例性，标准之间应有一定的数量和权重关系，体现量的关联性和同一性。

确定权重系数

衡量评估指标重要程度的数据叫权重系数。权重系数能区分各指标在评估中的主次差别，同时可根据培训目标的要求，保证重点，因此确定权重系数是制订评估标准最重要的环节，一定要科学、合理、实用。

设立指标等级

用于检测评估对象要求达到的程度的衡量尺度，被称之为指标等级。比如设计的指标等级可以是四级制，如：优、良、合格、不合格，也可以是五级制，如：优、良、中、合格、不合格。指标等级的设计要根据不同的项目有所不同，同时还得讲究实用，不能一味追求高标准，也不能流于形式。

试评和修订

指标体系、权重系数、指标等级确定以后可以进行试评，对确定的方案进行检验。为了慎重起见，可先小范围试行，根据出现的问题，对原有标准进行修订。试评的目的是检验指标体系是否准确、可靠，操作是否方便、易行，结果是否符合实际等地那个，如果有偏差就应该及时给予适当调整。

培训评估的作用

培训评估需要耗费人力、物力、财力，那它都能给我们带来些什么好处呢？培训评估的作用主要有以下几个方面：

评估能对决策提供所需的信息

如何把培训工作做得更好？是保持、放弃还是扩充培训方案？决策需要高质量和高度可信的信息，评估是提供唯一逻辑依据的良好手段。

评估能提供比较和判断的依据

不同的方案可能产生同样的结果，除非作一评估，我们无法知道不同的实践在成绩、态度上取得的相对效果。评估就是一个检验过程，有了它就能比较各种方案。

评估可以促进培训管理水平的提升

培训评估能够让培训管理者全程审视培训的各个环节，如培训需求的确定、培训计划的制订、培训资源的利用和控制、培训计划的实施等等。经过这样的过程，培训管理者可以从中汲取经验教训，从而使培训需求更加准确、培训动员更有效、培训计划更符合实际、培训资源分配更为合理、培训内容与形式更加相得益彰，同时也利于对培训进行调整和纠偏。

评估可以使培训资源得到更广泛的推广和共享

通过培训评估，可以促使有关各方关注与培训活动相关的各种资料，同时使受训对象更清楚自己的培训需要与目前水平的差距，从而增强其未来参加培训的愿望，进而间接促进培训的深入开展。

对各种建议，评估是最好的回答

创新必须经过试验，各种建议的价值应通过科学的评估方法来作出判断。过于轻率的判断对提出方和接受方都是不利的，特别是从引起连锁反应的长远角度来看。同时，培训活动即使完了也难免有人会认为不值得，对这种争议，评估也能给予最好的回答。

每开展一次评估，都会有更多的人掌握评估技术

当越来越多的人通过实践，熟悉了评估的方法，管理者就能有更多的渠道

释放你们的潜能，就是我存在的最大意义……

去收集信息，以区别哪些活动是卓有成效的，哪些则是华而不实的。

培训评估的注意事项

如果对培训评估的各项注意事项都有所留意，那会少走很多弯路，而职大目标。培训评估注意事项归纳起来大致有如下几点：

培训评估的起点应是培训和组织战略目标之间的联系。换句话说，培训不仅应与战略目标相一致，而且还应是战略目标的组成部分。

应尽可能多地把评估放到培训过程中去进行，这样可适当降低事后评估的重复性。重复的评估会使成本成倍增加。

应按照培训内容对实现培训目标的重要程度来确定评估的优先次序

培训评估应建立正确的观念。评估是为了让培训工作更有成效，花最少的成本做最多的事情。一些错误的观念，如把评估视为增加控制和压力的手段等，应该及时革除掉。

培训评估的实施并不是只将结果提交主管人员就算完成任务，最重要的是要用于改善目前的培训设计和效果，因此必须建立完善的反馈系统。

培训评估应是一个长期的、连续的过程。

12.2 培训评估系统的构成

培训评估的意义不仅仅在于对培训结束后的评估，它的意义来源于对过程的全程评估。这是因为培训管理者和培训实施者提供的培训产品的好坏并非只决定于培训活动的最终环节，而决定于培训过程中的每一步做得好坏。

正是因为如此，培训评估系统可以分为三个阶段，即培训前的评估、培训中的评估、培训后的评估。

培训前的评估

培训前的评估包含内容有：
培训需求整体评估。
培训对象知识、技能和工作态度评估。
培训对象工作成效及行为评估。
培训计划评估。

培训中的评估

培训中的评估包含内容有：
培训组织准备工作评估。
培训学员参与培训情况评估。
培训内容和形式的评估。
培训讲师和培训工作者的评估。
培训进度和中间效果的评估。
培训环境和现代培训设施应用评估。

培训后的评估

培训后的评估包含内容有：
培训目标达成情况评估。
培训效果效益综合评估。
培训工作者的工作绩效评估。
　　国内的企业很少全有这三个方面的评估的，因此也就没有健全的评估系统。我们通常所说的培训评估都是指培训后的培训评估，以后的章节中除非特别指明，培训评估也是指的培训后的评估。

释放你们的潜能，
就是我存在的最大意义……

限制培训评估的因素

不管是培训前、培训中还是培训后的培训评估都不可能是十全十美的，它们都有局限性的存在。这些限制性条件如果不加注意，就足以使评估结果产生不准确性，而采用这些已受偏失影响的信息，就会误导正确的决策。理想的评估在企业中是难于实现的，困难主要来自以下方面：

因素一

许多企业的评估工作都是由内部人员进行的，这些人员可能为了今后再接受这项已熟悉了的工作，往往不愿报告项目的消极因素。有些企业甚至要求项目工作人员自己进行评估，这种倾向就更为明显。

因素二

评估委托方往往要求评估人员做出全面的总结，甚至提出改进方案，这样，当评估人员在详细审查一个方案后，可能产生自己个人的利害关系，从而经常丧失了客观性。因此，在评估时最好时不要给予评估人员任何压力，这样也许会更加公平、公正。

因素三

由于害怕项目产生不良后果，评估往往会缺乏客观性。在评估人员必须工作和生存的场所内，方案产生的不良结果对任何人都不会带来好处。评估人员所要承受的来自各方面的压力往往是很大的。但是，这些压力时很难完全消除的，最重要的是要得到企业高层的全力支持，这样才有可能将评估人员的压力降至最低。

因素四

同样由于评估人员与被评估方的共事性质，双方有着许许多多的社会背景、个人情感、权力斗争等关系，因而在讨论其缺点时，不自在、十分尴尬的情况经常出现，为降低各方的冲突，可能会导致评估结果失真，或无意义。

因素五

虽然订有评估制度，却对其结果难以使用。这是许多企业的通病，开始时雷厉风行，但经常虎头蛇尾，尤其当评估结果出来后，有关领导过目后就没了下文，不了了之，使评估的威严和价值丧失殆尽。

在培训评估过程中，不能依赖评估人员的良心和职业道德来保证评估的公正性，而是应该靠科学的制度，准确、清楚的信息来保证评估的客观性、公正性。

12.3 培训评估的种类

培训评估根据不同的标准有不同的分类，可以按照进行的时间、评估的目的、评估的方式来分类，下面一一阐述。

以评估进行的时间来分类

即时评估

它与培训刚结束时知识、技能和行为的改变有关，也就是说评估培训是否有效地交换了信息，如学员获得你传授的技能了吗？学员理解对他们的要求了吗？即时评估是非常常用的评估方式，特别是对知识性的东西往往采用这种方式。

中期评估

它用来判断培训中所学知识、技能和行为在工作中是否已得到应用，即学员、同事及其经理是否认为其行为、技能、态度因培训而发生积极的改变。中期评估是一个时间相对较长的评估，只有经过一定时间的"实践"才能看得出

释放你们的潜能，就是我存在的最大意义……

培训效果如何。

长期评估

一般企业都没有长期评估，因为它的难度相对比较高。它评估培训对学员与组织的长期影响，通常比较困难，除非培训从一开始就与组织的运作相联系才有可能做出。内容为学员对组织确实做出贡献了吗？或培训带来的变化到底有多大程度等。要做好长期评估，需要"从长计议"，早做准备，平时还应注意积累相关资料，才能将长期评估做好。

以评估的目的来分类

建设性评估

建设性评估是指以改进培训项目为目的，而不是以是否保留培训项目为目的的评估。它通常是一种非正式的主观的评估，可以帮助培训对象明白自己的进步，从而使其产生某种满足感和成就感。这种满足感和成就感在培训对象后一阶段的学习中，将会发挥巨大的激励作用。

进行建设性评估时需要注意一些问题，首先要保证定期评估不要过分频繁，同时也不能让培训对象有一种他们一直在进行简单乏味和重复学习的感觉。否则，建设性评估就无法发挥它的激励作用，其他一些优势也会因此而丧失殆尽。

总结性评估

总结性评估是指在培训结束时，对培训对象的学习效果和培训项目本身的有效性做出评价而进行的评估。这种评估经常是正式的、客观的和终局性的，它只能用于决定培训项目的生死，而不能作为培训项目改进的依据。

以评估的方式来分类

正式评估

正式评估往往具有详细的评估方案、测度工具和评判标准。它尽量剔除主观因素的影响,从而使评估更有信度。建议企业在评估时尽量采用正是评估,因为它有以下优点

在数据和事实的基础上做出判断,使评估结论更有说服力。

更容易将评估结论用书面形式表现出来,如记录和报告等。

可以将评估结论与最初的计划比较核对。

非正式评估

一般而言,非正式评估是主观性的。换句话说,它往往根据"觉得怎样"进行评判,而不是用事实和数字来加以证明。虽然此种方式不是根据事实和数据来评估的,但它同样有自己的优点。因此有的企业也常常采用它,其优点有:

可以更真实准确地反映出培训对象的态度变化,因为这些态度在非正式场合更容易表现出来。

不会给培训对象造成太大的压力。

可以使培训者发现意料不到的结果。

方便易行,几乎不需要耗费什么额外的时间和资源。

具体采用何种评估种类来对培训活动进行评估,需要根据不同的培训项目和相关情况、要求来确定。

12.4 培训评估的项目与形式

培训评估的项目通常可以分为三个，即培训本身、培训者和培训效果。这几个项目当中当然最重要的是培训效果，但其他两个项目也不能轻视，因为它的好坏将直接影响到培训效果。

培训本身的评估

培训本身包括了培训工作的所有方面，因此对它的评估也需要全面地去评估，可以采用以下方法：

外聘专家评估；　　　　由培训者做自我评估；
向受训人员调查；　　　检查考试结果。

外聘专家评估

外聘专家评估，能够对培训有准确的认识，得与失可以评估很准，但通常花费较大，因此一般的企业都不采用这种方式。如有需要，可以根据情况，衡量轻重得失之后采用此方法。

向受训人员调查

受训人员是参加培训的主体，培训做得如何，他们的感受最深，只要他们客观地回答相关问题，就能得到培训效果的准确资料。这里提供两个向受训人员调查的范例。

培训调查表

培训名称：

说明：

本表请学员详实填写，并请于培训结束时交主办部门。

请在选答项目之英文代号上画勾。

请你给予直率的反应及批评，这样可以帮助我们对将来的培训计划有所改进。

① 课程内容如何？

A. 优　B. 好　C. 尚可　D. 劣

② 教学方法如何？

A. 优　B. 好　C. 尚可　D. 劣

③ 培训时间是否适当？

A. 太长　B. 适合　C. 不足

④ 参加此次培训感到有哪些收益？

A. 获得适用的新知识

B. 获得可以用在工作上的一些有效的研究技巧及技术

C. 将帮助我改变我的工作态度

D. 帮助我印证了某些观念

E. 给我一个很好的机会，客观地观察我自己以及我的工作

⑤ 培训设备安排感觉如何？

A. 优　B. 好　C. 尚可　D. 劣

⑥ 将来如有类似的培训，你还愿意参加吗？

A. 是　B. 否　C. 不确定

⑦ 你认为还要补充的内容：

释放你们的潜能，
就是我存在的最大意义……

训练课程问卷

填答说明：

请针对本次训练课程，在下列的项目中勾选您认为合适的选项。

讲授技巧

☐非常好　　　☐还不错　　　☐普通　☐不太好　　☐差

上课用之教材（教具）

☐非常好　　　☐还不错　　　☐普通　☐不太好　　☐差

课程长度（时间）

☐非常适当　　☐还不错　　　☐普通　☐不太恰当　☐极不适当

环境及辅助设施

☐非常好　　　☐还不错　　　☐普通　☐不太好　　☐差

你认为讲师的授课方式好吗？

☐非常好　　　☐还不错　　　☐普通　☐不太好　　☐差

讨论内容与气氛

☐非常好　　　☐还不错　　　☐普通　☐不太好　　☐差

你认为其他学员在训练时，是否认真上课？

☐非常认真　　☐还算认真　　☐普通　☐不太认真　☐不认真

你认为此训练对你本身是否有意义？

☐非常有意义　☐有些意义　　☐普通　☐不太有意义☐全然无意义

其他学员对课程的反应怎样？

☐非常好　　　☐还不错　　　☐普通　☐不太好　　☐差

是否感觉增加自己的工作能力？

☐非常强烈　　☐强烈　　　　☐普通　☐不太强烈　☐不强烈

你是否认为课程内容应深入？

☐非常同意　　☐同意　　　　☐普通　☐不太同意　☐不同意

本次训练课程

☐理论与实务并重　☐太偏重理论，不实用　☐不够深入，效果有限　☐学习困难，难以理解　☐内容安排极恰当

其他意见和建议：_____

_____

由培训者做自我评估

由培训者自我评估主要是评估目标达成以否、完成目标的受益情况以及没有完成目标的因素等等。下表是目标评估范例，内容如下：

训练课程目标评估核查表

项目\目标	目标和工作是否相符			目标能否达成			完成的目标其效益是否值得				如果目标没有完成，主要的因素是							
主要训练课程	完全相符	有一些	不相符	完全达成	有一些	不能达成	非常值得	有一些	极不值得		教学者	课程内容	时间分配	教学方法	实务联系	训练支援	辅助设备	其他
①																		
②																		
…																		
⑨																		

检查考试结果

受训人员达到了预期的学习目标，则说明培训进行得比较理想。有关专家对培训项目的评估进行了科学、详细的研究，总结了一套行之有效的方法，这里也提供给大家借鉴，如下表所示：

结果评估表

我们想知道什么	衡量什么	衡量项目	获得信息的来源	获得信息的方法
受训者是否满意？如果不，为什么：① 培训与自身工作不相关；② 培训场所设计不合理；③ 受训者人选不合适。	培训期间受训者的反应	培训与工作的联系 学习的轻松程度	受训者对培训的教学、练习方式的评论	观察法 问卷法 面谈法
	培训之后受训者的反应	培训到底"值不值"？培训与学习有关吗？	培训产生的行为方式 对项目概念的理解	观察法 问卷法 面谈法

释放你们的潜能，
就是我存在的最大意义……

续表

我们想知道什么	衡量什么	衡量项目	获得信息的来源	获得信息的方法
教材是否教会了概念？如果没有，为什么？ ① 课程描述； ② 课程设计 ③ 培训目标	培训期间受训者的表现	是否理解 能否应用	学些时间 培训期间的测试成绩	观察法 文件检查
	培训期间受训者的表现	是否理解并应用内容的衔接	对未来行动方案的表达	观察法 面谈法 问卷法 文件检查
所学的技术是否被运用？如果没有，为什么？	绩效改进计划	分析行动计划和结果	讨论文件	观察法 面谈法 文件检查 问卷（关键事件）法
	解决问题工作中问题的技术	提出的问题 计划的行动 采取的行动	讨论文件	观察法 面谈法 文件检查 问卷（关键事件）法
	不断改进的管理方法	宣传的努力 人员管理的程序	讨论文件	观察法 面谈法 文件检查 问卷（关键事件）法
概念和技能的应用是否积极地影响了组织？如果不是，为什么？	难题的解决	问题的识别和分析 行动的结果	讨论文件	观察法 面谈法 文件检查 问卷（关键事件）法

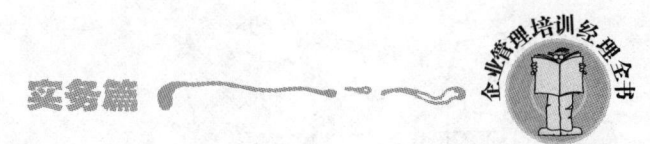

续表

我们想知道什么	衡量什么	衡量项目	获得信息的来源	获得信息的方法
	危机预测与预防	潜在的危机的识别分析行动	讨论文件	观察法 面谈法 文件检查 问卷（关键事件）法
	绩效衡量具体到一个特定的培训项目	产出的衡量过渡或诊断的方法	业绩数据	文件检查

培训者的评估

培训者主要指的是培训讲师。培训者的主要评估方面，其内容如下：

授课的准备工作。

对主题内容的熟悉程度以及理解的宽度和深度。

授课技巧的运用，包括讲课是否清晰连贯、授课进度、气氛控制、提问的技巧、能否根据学员反映临时调整内容、辅助工具的运用以及与学员之间的目光接触等。

交流技巧，包括语言的运用、真实生动的范例以及鼓励学员展开讨论的能力。点评是对学员语言得失的能力以及为学员提供沟通能力出一些好的主意。

对学员理解程度的评估，并以适当的方式满足学员的需求和解决学员的问题。

运用适当的技术，有效地满足学员的技术要求。

通过真实的生动范例、与工作相关的讨论以及相关练习的运用，鼓励学员应用所学的知识。

以上就是对培训讲师评估的主要内容，这些内容的评估可以有受训者来完成，也可以由讲师自己完成。

受训者参加了培训，知识、技能等有没有得到改善和提高，他们应该是有所体会的。我们应该相信他们有能力对培训是否成功以及培训的质量是否好等

释放你们的潜能，
就是我存在的最大意义……

问题发表中肯、有用的意见。

培训效果的评估

培训效果的评估是企业培训评估的重点。

目前培训界采用的评估形式主要有四种，它们分别为：

反应评估：测量受训者对有关训练的反应。

学习评估：测量受训者的知识、技能和态度的迁移，受训前后测量结果做比较。

工作表现评估：测量受训者如何在训练一段时间后，改变工作表现，比较受训前和受训后的工作表现。

影响评估：测量训练的效能，评估受训者在其工作的组织或目标团体中的改变类型和程度。

反应评估

反应评估一般可以分内训评估、外训评估、不分内外训都必须做的训练课程及目标的评估等，下面分别阐述其评估重点内容。

内部训练评估

内部训练就是在企业内部举行的相关训练，受训人员皆为企业内部人员，其评估主要内容有：

授课老师讲授技巧是否专业，能否充分调动受训者的积极性。

授课老师是否能采取一定的措施让使有关训练内容落实。

内部讲师只有少数几位，讲课内容不觉新鲜。

内部讲师对内部训练是不是足够重视，从而发挥自己的能力。

课程内容安排是否得当，课程时间安排是否影响工作进度。

工作状况是否造成训练的断续，如果是，有没有采取相应的处理措施。

授课地点是否选择合适，有无干扰，比如：噪音等。

员工是否认为接受越多的训练将做越多的事，而不认真学习。

进行讨论时，大家是否未认真配合，而谈论与训练无关的事。讨论的话题有没有得出大家都比较满意的答案。

讲课内容安排的顺序是否合理，内容有无重复之处。

有无相关受训记录。

外部训练的评估

所谓的外部训练就是在企业意外进行的训练，受训人员不但有本企业员工，还可能有其他企业员工，授课讲师一般都是外聘讲师或专家，其评估的主要内容有：

训练内容是否和说明一致，如果不一致，有多少处有出入。

训练主题是否符合你的需要或兴趣。

训练讲师以及主持人的表现是否专业、良好。

训练有哪些收获，能否从训练中是否获得管理上或技术上的新理论和新概念。

训练中是否获得其他企业的运作概念以及相关实际经验就、教训。

训练中是否获得工作上的新点子与新技巧，如果有，它们价值又如何。

训练期间的设备是否设置合理，以及利用是否科学、合理、得当。

训练期间的住宿伙食是否良好，能否保证足够的精力和体力参加训练。

此次训练是否物有所值，比如时间、成本等等。

学习评估

学习评估可以用训练前测验和训练后的测验做比较，通常进行考试就能够评估出来。另外也可以采用受训者写心得报告的重点来评估，下表是一个范例。

心得报告表写作重点

客观上	主观上	问题
个人基本资料	个人自我形象	我是……
学习时间	主观经验对我的意义	我的经验……
概念、技术	价值、回馈	我学了……
成就	意图	我打算（或不打算）去做
外在因素	内在因素	我受到……的支持（或阻碍）

释放你们的潜能，
就是我存在的最大意义……

工作表现评估

培训的成果如果发挥了作用，那么一定将会在工作中表现出来。工作表现是知识、技能和态度的整合，而知识、技能在不同的工作有不同的表现方式。当然，不同的部门表现也不同，比如生产部门表现在操作损失情况，而管理部门则表现在结案的平均时间和花费上，其他部门表现也不一样。

同时工作表现的评估会受管理机制较大影响，比如，有些主管不喜欢干部成长得太快，对于受训回来的员工，他们采取"压制"措施。他们不但不要求受训者谈论受训心得，若员工主动谈论主管还会遭到制止，因此员工在管理部门和营销部门就难有较好的表现。下表是以销售、生产以及管理三个部门为范例的工作表现评估表，内容如下：

培训工作表现评估表

部门 能力	销售	生产	管理
知识 技能	□ 业绩提升 □ 服务品质 □ 顾客抱怨 （次数减少）	□ 损耗比率 □ 操作损失 □ 安全绩效	□ 结案平均时间 □ 结案平均花费 （时间、金钱） □ 管理品质
态度	□ 怠工率 □ 迟到率 □ 跟上进度率	□ 迟到率 □ 怠工（等待）时间 □ 出勤率	□ 出勤率 □ 迟到率 □ 跟上进度率

在实际评估中，要结合企业实际情况，有多少个部门都应该列举出来，一一进行评估。

影响评估

影响评估和工作表现评估一样，在不同的部门是不一样的。影响评估可以分为货币价值以及非货币价值，评估也是从这两方面来进行的。影响评估的货币价值是：生产力增加、销售业绩增加、工作完成程度提高等；非货币价值是：员工压力减低、善意建议增加、组织人群互动有较好的关系等。下表同样是以销售、生产以及管理三个部门为范例的影响评估表。

影响评估表

能力＼部门	销售	生产	管理
非货币性	☐ 顾客关系良好 ☐ 客户开发增多 ☐ 建议增加	☐ 员工工作压力减低 ☐ 员工工作满意提升 ☐ 组织士气提升	☐ 员工信心增加 ☐ 员工工作满意提升 ☐ 建议增加 ☐ 组织士气提升
货币性		☐ 平均成本与单位产量 ☐ 专案处理量，成功结果的百分比	☐ 销货总量增加 ☐ 财务资源花费成本效益提升

12.5 培训评估的时机

培训评估的时机被归纳为培训"五要"与"五不要",下面就——阐述。

培训评估五要

培训评估五要说的是在五种情况之下,一定得进行培训评估,其具体内容为:

培训时间过长,比如,需要3个月或更长时间的培训,应进行评估。
培训项目的效果对企业有至关重要的影响或是比较关键,应进行评估。
培训所需经费超过一定数目,应进行评估。
一个单元的培训会对企业其他业务单元产生很大影响时,应进行评估。
当需要评估作为依据时,比如,面临重大改革,应进行评估。

释放你们的潜能，
就是我存在的最大意义……

培训评估五不要

培训项目目标不明确或目标上缺乏共识时，不应评估

培训目标不明确或是目标上缺乏共识时，培训评估没有多大的意义。这是因为此时评估缺乏必要的客观标准。不明确的目标是指目标过于笼统空洞，缺乏可操作性，这样的目标就无法从中具体得出一些指标作为评价的标准。没有评价的指标，评估当然也就不能进行，即使强制进行也是毫无作用的。

时间有限，不能保证质量的评估不应进行

时间过于仓促、紧迫，评估的质量当然无法得到保证，即使进行了评估也是浪费人力、物力罢了。时间有限主要有两种情况：

培训项目的效果还未充分展示出来，进行评估难以得出科学结论。

评估决策者给的评估时间太紧，可能影响到评估质量。

培训项目评估结果不能得到利用时不应进行评估

评估结果不能得到应有的利用，评估当然就是一种浪费，此时不进行评估时合情合理的。比如：建设性评估的最终目的是改进培训项目以使其对组织绩效的改进做出更大的贡献，如果评估估活动偏离了这一目标或评估结论距离一效果甚远，就不应该进行评估。具体来说，以下两种情况不应该进行评估：

评估决策者动机不纯。决策者只是想利用评估来达到某种目的，而不是为项目决策提供科学依据。比如：出于公关考虑，或者是装饰门面，使既定决策合法化。发现此种情况，应不应评估。

决策者虽有利用评估结果改进培训项目的愿望，但实际情况不允许评估结果的实施。结果不能实施的原因很多，比如：有关决策者的权威和影响里不够，企业最高层不同意实施，大部分员工反对等等。

评估资源不足，不能保证质量的评估不应进行

评估需要一定的资源支持，其中最主要的就是资金支持。如果资金不到位，严重欠缺，培训评估不应该进行。

培训项目本身缺乏外在价值时，不应进行评估

企业培训的最终目的是提高绩效，培训项目的外在价值就是指能够增进组织的绩效。一个培训能够增进组织绩效，它则具有外在价值。

值得注意的是，不是所有的培训都有外在价值的。有的培训项目具有内在价值而无外在价值，这样的项目也不能评估。内在价值是指培训项目有助于目标群体知识和经验的累积。什么样的培训有内在价值而无外在价值呢？

例如：一群做销售鞋子的员工接受了篮球训练，训练之后他们可能掌握了有关篮球运功的技巧，但却不能对企业的销售活动产生任何有意的影响。对企业而言，这个培训项目只有内在价值而无外在价值，因此没有必要进行培训评估。

12.6 五步培训评估法

培训评估程序可以分为五个主要的步骤，当然，每个步骤里面又会包含诸多细小步骤，从而构成一个完成的评估系统。培训评估五大步骤是：

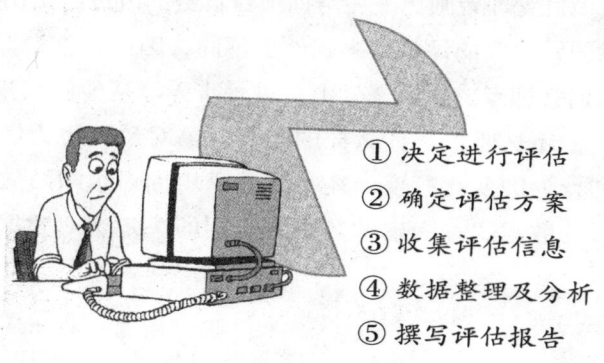

① 决定进行评估
② 确定评估方案
③ 收集评估信息
④ 数据整理及分析
⑤ 撰写评估报告

决定进行评估

在这个步骤中需要明确四个主要问题，即评估的可行性分析、明确评估目

的、明确评估者以及明确评估参与者。

评估的可行性分析

评估的可行性分析是在对培训项目评估开始之前收集和分析有关培训项目及其评估的系统资料，进而确定评估是否有价值以及评估是否有必要进行。有价值的培训项目才进行评估，否则就是浪费。可行性分析主要衡量培训项目是否具有内在价值，即对企业的绩效改善有无作用。一般可以从以下几个方面来考虑：

评估需要多少时间成本。

评估需要多少资金支持。

评估对企业的积极影响和消极影响的对比情况。

评估对企业以后培训有多大作用。

明确评估目的

评估目的直接关系到评估的重点与方法，因此在评估之前必须清楚、明白。评估的目的一般是有决策者或者培训管理者来确定。他们之间的培训意图并不一定总是相同的，一般来讲，决策者关心的是培训项目是否有助于增进组织的绩效，而培训项目管理者则更关注培训项目自身的改进与实用。

不同的评估意图，采取的评估方案当然也不同，因此，首先得清楚做决定的是决策者还是培训管理者。在此基础上，进一步弄清楚他们究竟对参与者培训后的反应感兴趣，还是要了解什么样的培训对象对培训更为敏感；究竟是要揭示员工态度和行为的变化程度，还是要揭示培训对组织绩效的改善。同时，有关支持结果的数据也是考虑的范围，不同的决定者对数据的态度往往也不一样。

明确评估者

评估者可以分为内部评估者和外部评估者。内部评估者就是企业内部人员，他们可能属于组织专门从事评估的单位，也可能临时从几个单位抽调出来从事该培训项目的评估工作。外部评估者则是企业意外的人员，比如专家委员会、评估机构等。

在评估者的选择上尽可能利用两种评估者的优势，取长补短，相互补充。同时，不同类型的评估要注意区别对待。下表是内、外部评估者的特点比较，选择时可供参考。

内、外部评估者特点比较表

序号	比较项目	内部评估者	外部评估者
①	评估的技术知识	相对薄弱	比较丰富
②	项目知识	了解透彻	相对模糊
③	项目人员的信任与合作	容易	困难
④	评估结果的利用	实际可行	易被接受
⑤	评估结果的客观性	相对客观	相对主观
⑥	适用范围	易引起抗拒心理，流于形式	建设性评估

明确评估参与者

在评估过程中，仅仅只有评估者是做不好评估的，还必须得有参与者的支持和配合。培训参与者通常设计培训对象、培训的领导者、培训的管理部门及管理人员以及外部专业人员等。

在确定了参加人员的范围之后，需要召开一个评估会议，以便使评估者设计的评估方案和方法能得到其他人员的广泛认同和支持。这种会议可以帮助有关人员在评估开始前，就让参与人员对评估方案的优、缺点有所了解。当然，评估方案不能过多地让受训人员知道，否则培训时容易产生作假行为，从而影响培训评估的公正、客观。

确定评估方案

评估方案需要确定的内容比较多，主要包含以下内容：

培训评估的目的。

评估的培训项目。

培训评估的可行性分析。

培训评估的价值分析。

培训评估的时间和地点。

培训评估的人员确定。

培训评估的方法。

释放你们的潜能，
就是我存在的最大意义……

培训评估的标准。

培训评估的推进步骤。

培训评估的工作分工与配合。

培训评估的频率。

培训评估的报告形式与反馈。

在这些内容当中，重点介绍"决定评估策略"，因为它是比较容易被忽视的。决定评估策略实际回答了与评估有关的谁来评估、在什么地方评估和在什么时候评估的问题。

确定评估者

确定评估者时通常应该考虑下面的问题：

讲师要实施评估吗？如果不是，由谁来实施评估？

是否要从受训人员的直接上司那里收集数据？

信息从何处收集，是受训人员的直接上司还是直接下属或是其他途径？

谁来解说数据？

谁来分析数据？

谁将继续实施后续的评估？

谁来决定停止或改变评估程序？

确定评估地点

在"哪里"评估是指在什么地方实施评估，有关的问题有：

评估进行的地点是在授课地方还是在工作中进行，或者二者都有？

在培训结束一段时间后，如果需要继续培训的话，学员需要因此停止他们的本职工作吗？如果必须停止，又该怎样安排？

有必要观察员工在实际工作岗位的状态吗？

确定评估时间

"何时进行评估"这个问题包括实施评估的时间和周密的计划。

在做出策略选择决定时，应着重考虑以下几个因素：一是策略的可行性；二是策略所提供的准确性；三是策略对目标受众的可信度；四是实施策略的具体成本；五是策略实施过程中正常工作活动受到干扰的程度；六是特定策略需要占用学员、员工和经理人员的时间。

收集评估信息

数据分类

收集的数据通常可以分为两类，一是硬数据，二是软数据。一些易于收集的、无可争辩的事实，称之为硬数据。硬数据一般分为四类，产量、质量、成本和时间，其显著特点有：

容易衡量和量化。

容易转化成货币价值。

客观。

可靠性高。

是衡量组织机构业绩的常用标准等。

软数据往往难于收集和分析，因此，只有在得不到硬数据的时候才使用。常用的软数据可以归纳为六种：工作习惯、氛围、新技能、发展、满意度和主动性，其显著特点有：

有时候很难衡量和量化。

在多数情况下是主观的。

很难转化成货币价值。

往往是行为导向的。

可信度较差。

下面两表是硬数据和软数据的一些范例。

硬数据表

产量	质量	时间	成本
生产的数量	预算的变化	运转周期	废品
制造的吨数	单位成本	对投诉应答时间、次数	退货
装配的件数	财务成本	设备的停工时间、次数	次品

续表

产量	质量	时间	成本
售出件数	流动成本	加班时间	出错比率
销售额	固定成本	每日平均时间	产品瑕疵
机件加工数量	营业间接成本	完成所需时间	缺货
存货的流动量	运营成本	管理时间	返工
贷款批准数量	延期成本	贷款的处理时间	生产故障

软数据表

工作习惯	新技能	满意度	主动性	氛围	发展
过多的休息	决策	工作满意度	设定目标	委屈的数量	参加的培训项目数量
消极怠工	问题的解决	赞成性反应	新想法的实施	员工的投诉	工资的增加数量
旷工	冲突的避免	态度的变化	项目成功地完成	工作满意度	升迁的数量
看病次数	委屈的解决	客户的满意度	对建议的实施量	歧视次数	业绩评估的打分情况
紧急治疗情况	阅读速度	对工作职责的理解		组织承诺	岗位轮调的请求次数
沟通破裂的次数	对新技能的运用	可观察到的业绩变化		员工的离职比率	工作效率的提高程度
违反安全规定	对新技能的运用意图	员工的忠诚度信心的增加			
	对新技能的运用频率				
	新技能的重要性				
	倾听理解的能力				
	提供咨询的成功机会				

数据来源

培训评估数据来源通常有以下几个方面：

各种档案、资料。

有关业绩记录。

受训者本人。

受训者下属。

受训者上司。

有关同事、团队。

企业内部或外部有关人员。

收集数据的方法

数据是分析的必要支持，没有数据也无从下手进行评估，因此收集客观、科学、实用的数据是非常关键的一步。不同的数据收集渠道所需要的收集方法是不一样的，下表是重要的培训评估信息收集方法。

培训评估信息收集方法表

信息收集方法	内　容
通过观察收集	培训组织准备工作观察 培训对象参加情况观察 培训实施现场观察 培训对象反映情况观察 观察培训后一段时间内培训对象的变化
通过资料收集	有关培训的录音、调查问卷统计分析资料 有关培训的考核资料 有关培训方案的领导批示 培训方案的资料 有关培训实施人员写的会议纪要、现场记录 有关培训的录像资料 编写的培训教程等
通过访问收集	访问培训管理者 访问培训实施者 访问培训对象 访问培训人员的领导和下属以及其他相关人员
通过问卷调查收集	培训需求调查 培训组织调查 培训内容及形式调查 培训讲师调查 培训效果综合调查

释放你们的潜能，
就是我存在的最大意义……

数据整理及分析

　　数据收集完备之后，接着就是对数据进行分析及对分析的结果进行解释。在这个环节有时会遇到很大的困难，需要向有关专家求助。在分析数据时常常会用当统计方法，其中有三类最为常用，即集中趋势分析、离中趋势分析、相关趋势分析。

　　集中趋势分析

　　集中趋势传递的是一个综合的信息，即对学员总体的影响。它包括平均值、中值和从数。比如，培训后，平均出错率由9.5%下降至3.2%，它就从总体反映了培训对学员的影响。

　　离中趋势分析

　　采用的是标准差和方差分析方法，计算学员之间的变化差距有多大以及随着时间的变化他们之间的变化差距有多大。将业绩表现水平各不相同的个人进行比较，就可以确定这个小组的业绩表现是否得到改进。

　　相关趋势分析

　　利用相关性来显示培训项目中不同因素和学员业绩表现之间的相互关系。例如，将受训者参加培训项目之后的测试成绩进与原来在工作岗位的业绩相比较，就可以揭示两者之间的相互关系。并且，在考虑学员考试成绩的基础上，这种比较也有助于分析学员的未来发展趋势。

　　数据分析准确以否对评估的结论有决定性影响，因此这个步骤是不能掉以轻心的。

撰写评估报告

　　数据整理、分析之后就能得出相关结论，此后就是撰写评估报告给领导批示了，具体内容将在下一节阐述，这里不再赘述。

12.7 撰写培训评估的书面总结

培训评估的书面总结就是我们通常所说的评估报告，在撰写它之前应该召开一个讨论会。会议参加人员应有培训评估项目小组和所做评估的培训项目的管理者、实施、项目顾问、受训者、受训者的领导或下属等相关人员。只有经过认真讨论评估报告的科学性、真实性，评估报告才能发挥其应有的作用。

评估报告内容

一份完整的评估报告应该包含以下部分：

导言。这部分第一是应该交代评估培训项目的概况，也就是说明评估实施的背景问题。第二是撰写者要介绍评估目的和评估性质。第三是撰写者须说明此评估方案实施以前是否有过类似的评估。

概述评估实施的过程。这部分主要是说明采用了哪些评估方法、标准以及怎样评估的。

阐明评估结果。说明评估的结果是什么，当然结果部分与方法论部分是密切相关的，两者之间有一定的因果关系，报告要正确地反映这种关系，不能出现牵强附会的现象。

解释、评论评估结果和提供参考意见。

附录。其内容包括收集和分析资料所用的图表、问卷、部分原始资料等。

报告摘要。摘要是对报告要点的概括，是为了帮助员工迅速掌握报告要点而写的，要求简明扼要。

释放你们的潜能，
就是我存在的最大意义……

注意事项

在撰写评估报告时，以下几点需要特别注意：
所下结论一定得有真凭实据。
分析问题要用辨正的方法。
评估时应考虑到培训的短期效果和长期影响。
应注意评估者可能存在的偏见。

范例——岗位培训总结

这是某企业的岗位培训总结，虽然不是十分完善，但其内容还是有许多值得我们借鉴的地方。具体内容如下：

为了更加适应市场竞争的需要，重塑企业形象，公司人力资源部利用对公司办公室进行内外装修的时机，组织百名助理以上的中层管理人员进行岗位培训，为他们"加油、充电"提高认识，更新观念，为重新进行工作做好充分的思想准备。此次培训活动的主要内容包括三部分。

(1) 为使公司管理人员进一步认清形势，增强对提高管理队伍素质及深化企业人事制度改革的重要性、必要性和迫切性的认识，利用两天的时间集中学习了企业人力资源部新修订的《中层管理人员选拔培养管理规定》和《部门经理岗位规范》等公司规章制度。

(2) 为使一线管理者进一步明确责任，规范管理，为公司下一步推行综合考核做好充分准备，树立管理者的良好形象，学习了企业制订的《员工行为规范》，并参加了商贸系统举办的"顾客是上帝"的主题演讲。

(3) 为了开阔视野，拓宽思路，请著名商业策划专家做了题为"入世后的零售业发展态势和营销对策"的专题讲座。

通过以上内容的学习，每位参加培训的人员都做了书面总结，归纳起来主要有以下几方面的收获：

(1) 增强了提高自身素质的紧迫感和竞争上岗的危机感。许多员工都谈到，公司人事制度改革的力度是前所未有的，每个人都面临着考验和挑战，要想在优胜劣汰的竞争中站稳脚跟，就必须加强学习，更新知识结构，不断地提高自身素质。正如商品部××同志所说的："作为现代企业的领导者，要有讲求效益的'经济人'的头脑；要有能公关、善于协调人际关系的'社会人'的本领；要有懂科学、有修养的'文化人'的气质。"

(2) 对如何对待手中的"权力"有了新的认识。特别是听了主题演讲之后，大家对"管理就是服务"有了深刻的理解。对××员工"为大家搭舞台、甘为人梯"的奉献精神，尤为敬佩。为××员工的廉洁奉公、埋头苦干、开拓进取的精神所感动，大家为集团有这样一位老领导而深感自豪。仓储运输企业的××员工说："××的高贵品质也体现在很多平凡的小事上，这样的先进典型离我们最近、最亲。"

(3) 进一步明确了工作目标和工作责任，同时每个人也都感到了压力和责任。大家普遍反映：新修订的《中层管理人员选拔培养管理规定》和《商品部经理（副经理）岗位规范》责任明确，全面周到、要求严格、考核具体，是检验今后工作成效的重要依据，也是管理制度的一项重要改革。有的员工还谈到："过去有的干部，干好干坏一个样、干和不干一个样，今后这种状况再也不能继续下去了。"还有的员工提出："除了制定好的制度外，关键还是要抓落实，再不能让制度流于形式了。"

(4) 在解放思想、转变观念上向前推进了一步。通过对所学内容的消化吸收，特别是听了××教授的专题讲座，大家对国内外零售业的发展，特别是企业所面临的市场挑战和竞争有了更清醒的认识，深刻地认识到"因循守旧+坐店等客：坐以待毙"。有的员工说，"过去也没少喊转变观念"，但骨子里形成的计划经济遗留下来的"优越感"并未完全消失。如今危机真的来了，企业真的面临生死存亡了！广告企业的××说得好："面对严峻的形势，我们不能再指望国家给予优惠政策了。不能抱怨，更不能留恋过去的辉煌，必须勇敢地面对挑战！"

(5) 学习联系工作实际，打开了思路。许多员工结合自己的工作实际，分析了近几年企业不景气的原因，并提出了对策。如女服部经理××结合学习，对商品部的商品结构、商品布局等提出了具体思路，突出了经营特色；钟表文化部经理提出：实施管理规范化，商品按销售实行A、B、C分类管理，以确保本部门经营的商品更贴近市场，贴近顾客实际需求；书画部经理××谈到：在

释放你们的潜能，
就是我存在的最大意义……

调整中，自己从机关来到基层，对自己来讲是一个新的课堂。这次培训是一次良好的机会，我们要结合本部实际，在营销方式上把工作做深、做足、做出文化；食品部××和抽纱锈品部××等员工都对自己作为副手如何协助经理开展工作，提出了具体的工作思路；旅游品部经理××在学习中深深地体会到：要从我做起，从现在做起，真正树立当"领导"就是吃苦、"掌权"就是负责的思想。只有在自己的岗位上多奉献、多付出、少索取，才能赢得员工的信任。

大家普遍反映：

（1）这次岗位培训，虽然集中学习的时间短，但内容紧凑、不走形式、针对性强、效果明显、收获颇丰、非常必要。有的员工用"受到很大震动"来形容这次培训的效果。还有的员工说："希望这样的学习培训能经常搞。"

（2）本次学习培训，领导重视、组织严密。集团领导十分关心，多次过问培训事宜；人力资源部工作人员加班加点赶印培训资料；参加培训的全体中层管理者学习认真、出勤率高、纪律严明。书面总结上交及时，联系实际深刻。

总经理××对这次岗位培训给予了充分肯定，在总结发言中又对公司管理层提出了几点要求：

第一，加强对管理人员的考核是企业发展的必然要求，是形势发展和当前任务的需要，每个管理者要正确对待考核、正确对待员工、正确对待自己。

第二，作为一名管理人员无论做什么事情都要站在企业的立场上，不要站在小团队和个人立场上，要把心思用在工作上。必须有一批公而忘私的员工，必须建立一支精干高效的管理队伍，才能跟上市场发展的需求。

第三，要以装修改造为契机，以提高经济效益为中心，全身心地投入到企业营销工作中，确保今年经济指标的圆满完成。

13 加强培训成果转化

受训者在培训活动中所学到的知识、技能等要真正对工作有帮助，为企业带来利益，还必需要有一个将培训成果进行转化的过程。

培训经理将培训转化过程控制好了，培训的成效就能直接在"经济利益"上体现出来。有些企业的培训做了不少，但没有看见"直接"的经济效益，经营者因此对培训的作用产生怀疑，其中重要的原因之一就是培训部门没有将培训成果转化彻底落实。

13.1 影响培训成果转化的因素分析

培训成果转化，是指受训者有效且持续地将所学到的知识、技能、能力及其他东西运用于工作中的过程。

①上司支持
②同事支持
③转化氛围
④应用所学的机会
⑤遗忘
⑥旧行为及旧模式的惯性

影响培训成果转化的因素

释放你们的潜能，
就是我存在的最大意义……

影响到培训成果转化的因素主要可以分为以下几类：

上司支持

上司支持又称管理者支持，是指受训者的上级管理人员积极支持其下属参加培训，支持受训者将所学的技能运用到工作中去。有了上司的支持，培训转化也就有了政策上的保证。

为了让培训转化更有成效，受训者上司可以和受训者一起参加培训，这样就能了解培训转化的相关内容，才能更加具体的支持受训者的转化工作。也可以在培训前和培训人员联系，以便得知培训内容情况，培训结束后可以让受训者进行相关操练或考试，还可以帮助受训者制订一个转化目标和计划。

同事支持

受训者同事对其转化的支持，可以方便受训者的练习、研究等工作。并且同事之间可以进行交流，也是受益匪浅的事情。同事支持可以采取建立支持网络的措施，这对强化培训成果的转化有非常积极地推动作用。

支持网络是指两个或两个以上的受训者自愿组成一个小群体，在一起定期讨论，再将培训中学到的技能转化到实际工作方面取得的进展。同时，支持网络也可以让其他没有受过一样培训的同事参加进来，他们可以作为旁观者提出一些有用的建议。

网络成员可以采用多种形式来加强转化成果，比如：定期见面，相互交流如；组织安排一名受过同样训练且经验丰富的雇员作为咨询人员，帮助受训者解决难题；互发邮件交流；自由的网络讨论，不拘一格；培训者或有关人员在企业内部以刊物或简讯的形式传播成功经验等。

转化氛围

转化氛围是指受训者对各种能够促进或阻碍培训技能或行为方式应用的工作环境特征的感觉，这些特征包括上级与同事的支持、运用所学技能的机会以及运用所学技能所产生的后果等。这里可以看出，上司及同事的支持也是转化氛围的范畴，除此之外还有其他一些显著影响转化成果的积极氛围，如下表所示：

有助于培训成果转化的积极氛围特点表

特　征	具　体　描　述
上级与同事鼓励	上级与同事鼓励受训者积极运用在培训中学到的新技能及行为并为之确定目标
惩罚限制	在刚刚接受完培训之后的受训者运用其所学新技能失败时，对其不要责备
任务提示	受训者所从事的工作特征推动或提醒受训者运用在培训中学习到的新技能和行为
反馈结果	上级支持受训者把培训中所学到的新技能与行为运用到工作中去
内在强化结果	受训者因为运用在培训中所学新技能和行为而得到如上级和同事的赞赏等内在奖励
外在强化结果	受训者因为运用在培训中所学新技能和行为而得到加薪等外在奖励

应用所学的机会

应用所学的机会也就是操练机会、执行机会。它是指向受训者提供或由受训者主动寻找机会来应用培训中所学知识、技能和行为方式的机会多少程度。

应用所学机会包括应用广度、活动水平及任务类型。应用广度指可用于工作中的培训内容的多少。活动水平是指在工作中运用培训内容的次数和频率。任务类型是指工作中执行的培训内容的难点和重点。

应用所学机会一般受工作环境及受训者学习动机两方面的因素影响。工作环境是"外因"，主要和上司支持、同事鼓励有关；而受训者动机是"内因"，它决定了受训者是否愿意积极承担责任，愿意将培训中所学应用到工作中去。外因的影响是次要的，而内因的影响才是主要的。

遗忘

果将培训学所内容遗忘了，当然也就无法将其转化到工作中去。对付遗忘没有什么特别的诀窍，只能按照科学的方法多加操练。

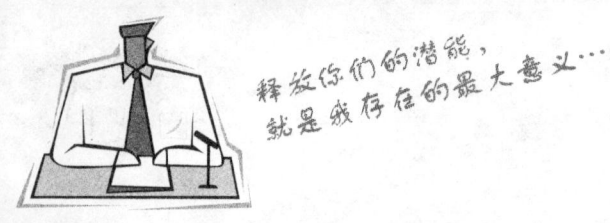

旧行为及旧模式的惯性

要改变一个习惯是很困难的，克服旧行为及模式的惯性作用应将所学的内容多加练习，持之以恒地进行。在练习的同时努力去发现现有行为及模式的优点，多想法去感受这些优点带来的好处，这样就会减轻改变旧有行为的痛苦。

13.2 怎样有效地进行培训成果转化

培训转化要取得好的效果不仅需要培训部门的努力，更重要的是受训者的上司要为其创造有利条件，当然，受训者本人的努力就更不用说了。可以采取哪些措施来加强培训转化的效果呢？通常有以下做法：

制订行动计划

做事没有计划是做不好的，没有计划就难免有盲目、做无用功或是一件事情重复做的时候。如果受训者在培训课程结束时制订行动计划，就更有可能应用新学得的技能。这种计划应指明员工回到岗位时计划采取什么步骤应

用新技能。

制订计划关键是要有详细的执行步骤,不能说一些空话、套话,否则到了执行的时候也是无从下手!有了科学、可行的行动计划之后接下来就是要持之以恒的去做了。

将培训内容与实际工作相结合

要想使培训内容转化收到良好效果,让学员在实际工作去练兵是很重要的。许多学员在培训之后常有不知道该如何应用培训所学的茫然。因此,在培训中不仅要给他们充分的时间让他们记下并讨论如何运用新知识,还要留有时间让他们进行有针对性的练习,这样,才能保证"学以致用"。

学以致用的最佳办法就是尽可能多地在培训和工作间建立联系。培训不能只有理论,也不能只有操作,需要将理论与操作适当的、有机的结合起来。

坚持后续学习

所谓的"后续"学习是指成功地执行了任务之后仍让受训者继续进行一定的练习,以提高未来保留和转移的程度。后续学习程度越高,此后保留和转移的程度也越高。对于一些在工作使用频率不高的技能更是应该坚持后续学习,否则培训城固转化效果不会十分理想。

多阶段培训方案

多阶段培训方案是将培训活动分为几个阶段完成。在每个阶段让受训者尽量让所学内容用于工作中去,这对于下一阶段的培训将会起到铺垫作用。同时,还能为没有参加过前一阶段培训的学员分享成功经验,在分享过程中也能起到巩固的作用。

培训的后续支持

培训的后续支持是指培训之后给予受训者必要的支持，比如，技术指导、疑难解答等。受训者在培训之时学到的知识、技能在实际运用通常都会遇到各种问题，此时主管或有经验的员工可以给予支持，或者也可开通专家热线电话。

使用绩效辅助物

培训转化除了靠受训者自觉去实行外，还需要一些外在"压力"来给予刺激。比如，将转化成果和考核绩效挂钩，如果没有达到一定的标准就给予惩罚。一旦使用了绩效辅助物，受训者一般都会对转化更加重视，自然取得好效果的几率就大了很多。

营造一个支持性的环境

营造支持性的环境需要受训者上司和同事的支持，没有他们的支持训者改变工作行为的意图是不容易成功的。培训者应该鼓励受训者的主管创造一种支持性的环境，鼓励受训者将所学知识应用到工作中。有了这样的鼓励，受训者就更有可能保持并提高所学技能的熟练性。环境对受训者有不可忽视的作用，特别是对那些意志比较薄弱的受训者。上司不时的鼓励、同事之间相互交流、切磋，这样的环境自然而然会让受训者更加积极地将培训所学知识、技能应用到工作去，以期能创造更好的业绩而不辜负大家的期望。

企业管理培训经理全书

3 工具篇

培训工具，即是培训经理的好帮手。简单有效的培训管理工具能帮助培训经理解决很多复杂而棘手的问题。

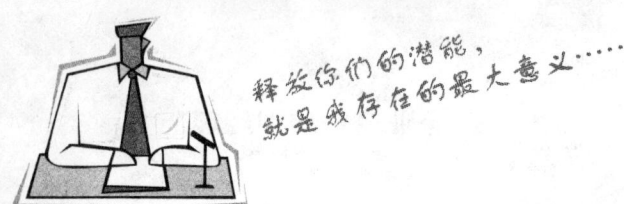

释放你们的潜能，
就是我存在的最大意义……

14 企业经典培训游戏

在培训活动进行时，引用适量的、得当的游戏可以让授课气氛更为热烈、更为高涨，让学员很快融入其中。本章之游戏皆是精心挑选的经典游戏，是培训者及培训管理者的理想培训工具，也是其创造奇迹的秘密武器。书中介绍的游戏，皆生动活泼，操作流程科学、明确，且有游戏解析，能让受训者在轻松、快乐的氛围中体验和学习，培训效果更为突出。

本章为培训经理的工具篇之一，这里就不具体列出游戏内容，而是讲解操作各类游戏时的一些注意事项或技巧，以便使用书籍者能快速掌握其精髓。

14.1 破冰游戏

什么时候使用破冰游戏

"破冰"是培训界专业说法，有些人也把"破冰"游戏称为"打破僵局"或"热身活动"，这样它的含义就显而易见了。所谓的破冰游戏就是能打破学员僵局或使之相互熟悉的游戏。使用破冰游戏主要的情形有：

让陌生学员彼此相互认识、熟悉。

让认识的学员再次认识，更加熟悉。

活跃课堂气氛。打破僵局。

打破人际关系的距离。

增加学员之间的凝聚力。

与其他游戏结合使用。

破冰游戏使用注意事项与技巧

破冰游戏也不一定就能100%的"破冰",如果使用不当则会适得其反,让场面更加僵硬。使用破冰游戏时通常应注意以下几点:

在让学员初次认识之时,应尽量挑选一些相对简单的破冰游戏,如果游戏比较复杂,则需要学员配合的时间就长,陌生学员容易由于心理抗拒而不认真配合讲师要求,因些,游戏效果很有可能不是非常理想。

破冰游戏应能尽量让学员之间有相互说话、握手等沟通的机会,最好是"一对多"的方式去认识、熟悉人,这样就能最大程度的让学员彼此尽快熟悉起来。因此,挑选游戏应根据学员人数等内容来确定。

进行破冰游戏时最好有过渡阶段,采取循环渐进的方式,这让学员在心理上有所准备。比如有的讲师破冰时一开始就让学员彼此"按摩",这是难以让陌生人接收的。如果先进行握握手、摇摇肩等"过渡活动",再让学员彼此按摩,就能更容易被接受。

在学员培训时,应根据学员的情绪氛围来选择合适的破冰游戏。没有任何时候都实用的游戏,关键需要讲师的灵活运用。如果学员之间有部分人本来就认识,并且学员当中有比较多的"活跃"分子,则可以选用相对复杂的破冰游戏。做的时候要充分调动学员中相识之人和活跃分子的优势,让其将整个团队"带活",这样破冰的效果就非常明显。

如果学员的氛围非常僵硬,可以练习进行两个或多个破冰游戏,以此调动学员气氛,但关键还是讲师的水平问题,水平高,一个破冰游戏就能将学员气氛调动起来。

释放你们的潜能，
就是我存在的最大意义……

14.2 激励游戏

什么时候使用激励游戏

顾名思义，激励就是激发鼓励的意思。激励，在心理学习上指的是发动和维持动机达到目标的心理过程。通过激励，在某种内部和外部刺激的影响下，使人维持在一个兴奋状态之中。激励游戏就是在游戏中模拟现实生活中的那些"刺激"因素，让学员从中体会、学习，最终的目的是对其现实生活也能发生积极良好的作用。使用激励游戏的主要情形有：

需要学员克服一定障碍的时候。
需要学员分享东西的时候。
需要激励学员战斗士气的时候。
让学员积极参与竞争的时候。
与其他游戏结合使用。

激励游戏使用注意事项与技巧

激励游戏使用得当、运用好了，可以极大地调动学员的热情，让课堂气氛很快高涨。现实生活中人难免会遇到各种各样的挫折，激励游戏就是给予学员正面的、积极的观念、理念、知识、方法等让其对自身充满信心。使用激励游戏时通常注意以下几点：

根据学员的性格特征、生活经历、知识背景等有关信息来选择合适的激励游戏。如果所选游戏内容和大部分学员的性格特征、知识背景都相差甚远，学员就难以理解，也不想接收，培训效果无疑会很不理想。

工具篇

游戏内容应该遵循由表及里、由易而难等规律。不要一开始就叫学员做他们认为比较难的事情,本来是抱着激励学员的愿望,却落得一个打消其积极性的结果。

游戏内容应和现实情况相符,将实际生活的激励原理运用到游戏当中来,如奖惩、竞争等,这样将使游戏效果明显提高。

如果游戏内容有涉及到奖惩,讲师一定要站在公平、公正的角度来评判,否则将打消学员积极性。

14.3 沟通游戏

什么时候使用沟通游戏

越来越多的企业领导、管理者认识到沟通的重要性。职位越高的领导,沟通在其工作中所占的比例就越大。沟通几乎无处不在,因此沟通游戏也就特别有用,使用的时候也非常多,使用沟通游戏的主要情形有:

部门、团队之间或其内部有沟通"堵塞"现象的时候。
决策层的指令传到基层变样,或者传递困难的时候。
基层意见无法传递到高层的时候。
信息在有关途径中流通不畅的时候。
让学员明白沟通的重要性,并迅速掌握有关能力、技巧的时候。
让学员认识有关的角色。
与其他游戏结合使用。

沟通游戏使用注意事项与技巧

如何才能使沟通取得良好的效果,这涉及到很多方面,因此在设计、选择

释放你们的潜能，就是我存在的最大意义……

游戏时不可能面面俱到，只能是有针对性、侧重地挑选合适的游戏。使用沟通游戏通常应注意以下几点：

沟通游戏首先应该给学员一个认识，就是让其对沟通的重要性要有充分的认识。只要学员意识到了沟通的重要性，即使现在没有掌握相关的方法与技巧，在实际工作中他也会想办法去不断学习。

沟通的方法与技巧通常包括：双向沟通、有效的倾听、不打断对方、集中注意力、积极的反馈，理解而不是评价、不急于下结论、使用一些开放式问题、适当重复对方的话以及说出自己的理解等等。每次做沟通游戏，不能千篇一律、生搬硬套。

通过游戏应让学员，特别是领导明白，掌握有效沟通与影响力的技巧和原则，有助于提高个人在组织内外的影响力。

沟通游戏应体现根据不同的人使用不同的风格、从而取得良好的效果。

14.4 协作游戏

什么时候使用协作游戏

协作的含义是：若干人或单位互相配合来完成任务。社会越是发达，越是需要协作。比如像登月这种复杂、浩瀚的工程，如果没有科学家们的精诚协作，是根本无法做到的。不仅仅是科学的道路上才需要协作，现代企业经营者也发现只有团结才能制胜。没有协作的企业是不可能在残酷的市场竞争中立住脚的，因此协作是企业必不可少的"修炼课程"之一。使用协作游戏的主要情形有：

学员需要了解协作的重要意义的时候。
学员不善于协作完成任务的时候。
需要提高学员协作精神的时候。

工具篇

与其他游戏结合使用。

协作游戏使用注意事项与技巧

不管是企业还是个人都离不开协作,现在已不是单打独斗能取得持续成功的时候,协作已经进入了我们生活的方方面面。因此协作游戏也可涉及很多方面,在运用协作游戏时需要根据实际培训要求来选择。使用协作游戏通常应注意以下几点:

协作是由多人来完成一个任务,因此游戏应尽量涉及多个环节,但靠一个人是无法完成的,从而让学员自动发挥协作精神。

协作的基础是信任,如果没有信任是无法进行良好协作而顺利完成任务的。因此,在进行协作游戏时也应该让学员先建立彼此之间的信任。

完成一个复杂的任务需要不同的人才、不同的方法、知识以及技能等等,协作游戏应该模拟现实生活中较为复杂的例子,从而让学员充分体会协作的重要意义。当然。也要根据实际需要以及学员的具体情况来选择合适的游戏,不能一味追求难度,而让学员丧失了积极协作完成任务的激情。

协作往往会涉及到分工,分工一般可以由"领导"分配或者全体学员共同分配,讲师需要给予恰当的引导,如果没有将分工工作处理好,协作往往不能取得很好的效果。

14.5 角色扮演游戏

什么时候使用角色扮演游戏

角色扮演是一种非常有用的训练方法,将学员置身于特定的环境中,让其扮演一定的角色,可以让其对角色的各个方面有较为深入的理解。角色扮演游

释放你们的潜能，
就是我存在的最大意义……

戏也就是模拟现实生活中的情景，让学员充当一定的角色，从而到达学习的效果。使用角色扮演游戏的情形主要有：

学员对角色认识不够清晰的时候。

学员需要对某一个角色有深入理解的时候。如部门经理的领导职能等。

学员对规划，如市场规划不能充分理解的时候。

学员对别人的角色有微词、不理解的时候。

与其他游戏结合使用。

角色扮演游戏使用注意事项与技巧

角色扮演游戏效果的好坏，关键是依赖参与学员的角色扮演水来。如果每个学员都没有把自己的角色扮演好，游戏效果不用说也很差。使用角色扮演游戏通常应注意以下几点：

游戏中的角色设置应有详细"配套"设施，如环境、需要接触的人物等等。并且接触的人物也应安排恰当，如业务员需要和一名老总洽谈，这个老总应是市场经验丰富、善于谈判的人。如果你安排一名不善言谈，没有市场经验的人去担当老总，这对业务员的挑战无颖降低了许多，训练的效果也就不能达到预期效果。

进行角色扮演游戏之时，应该学员预先对所要扮演的角色有一定的认识，讲师应准备好相应的知识或资料。

对学员的角色安排一定要合适，有时角色之间可能发生冲突，因此讲师要充当调停人员或专门安排这样一个角色。

对于一些需要领导角色的游戏，尽量让学员自己选出领导人员，讲师不要主观安排。

对于游戏中的情节安排一定要和现实生活的实际情况相符，这样才能让游戏收到最佳效果。

14.6 创新游戏

什么时候使用创新游戏

创新是指在前人已经发现、发明的成果基础上做出新的发现，提出新的见解，开拓新的领域，解决新的问题，创造新的事物的过程。社会的发展根源于创新。任何人、任何企业都需要创新，只能加速企业的衰亡。越来越多的企业认识到了创新的重大意义，但创新的真正实施又是何其艰难，创新游戏正是企业培养员工创新精神的有力工具。使用创新游戏的主要情形有：

学员没有创新精神的时候。

学员对创新精神理解不够的时候。

在知识、技术上需要更新的时候。

在学员需要挑战自我的时候。

学员没有不愿进取的时候。

与其他游戏结合使用。

创新游戏使用注意事项与技巧

创新游戏要做好，难度比较高，操作稍微出点差错，往往会适得其反。创新游戏的使用通常应注意以下几点：

对学员挑选的创新游戏要根据实际情况进行选择，不能一味地挑选高难度的游戏，应注意避免挫伤学员的积极性。

游戏最好能一步一步地引导学员进行创新，这样可以让其容易找到成就感而增加自信。

释放你们的潜能，
就是我存在的最大意义……

在进行创新游戏时既要鼓励学员发挥个人优势，又要激发他们发挥集体智慧，在交流中产生智慧的火花。

对于比较难的创新游戏，讲师要善于引导，从各方面给予学员适当的启发，否则学员会感到枯燥而没有积极性。

游戏也应该有模拟现实生活中的"奖励"，当学员有一定的突破时，就应该给予相应的奖励。

14.7 领导游戏

什么时候使用领导游戏

领导才能对于管理者而言无疑是十分重要的，即使是一般员工也需要用到一些领导才能的，比如规划等。领导游戏的使用情形主要有：

学员对上司的领导不能正确认识的时候。

学员要升职为管理者或更高职务的时候。

需要培养学员的领导意识、领导才能的时候。

与其他游戏结合使用。

领导游戏使用注意事项与技巧

领导游戏做好了能让学员收获很多，也能给予他们很多震撼的感受。使用领导游戏通常应注意以下几点：

领导游戏不但要求对领导角色设置要准备到位，并且对相应的下属角色设置也不能马虎，应按照训练要求进行精心设置，这样才能将学员的领导才能训练出来。

不同的企业可能需要不同领导方式的"领导"，因此游戏的选择应根据学员所需达到的要求来确定。

领导所需的能力包含各个方面，领导游戏不可能在一个游戏中都完全包括，并且每个方面都能演绎得很好，因此游戏的选择必须有适当的取舍。该突出训练的领导能力就在游戏中设置更多的环节。

学员一般对"领导"都有自己的见解，在进行领导游戏时，可以引导他们自己发现问题，找出正确的、先进的领导理念、方式行为等，有时也可以首先指出学员的不足，以期引起重视而全力配合以后的学习。

领导游戏可以结合企业现行的实际问题和困难来进行，很有可能在思维的撞击之下就找到了解决方法。这样既能训练学员的实际领导才能，同时又为企业解决了难题，一举两得。

14.8 团队游戏

什么时候使用团队游戏

几乎所有的企业都宣称自己是在使用团队作战的，但真正能发挥团队威力的企业并不多，这也是为什么企业团队训练如此火热的重要原因之一。团队不是在嘴上说说就能发挥威力的，它必须要团队成员具有团队精神才能发挥出强大的力量。使用团队游戏的时候很多，主要情形有：

学员对团队清神理解不够的时候。

学员缺乏团队精神，团队无法正常运作的时候。

学员在团队中没有合作精神，各自为政，团队保存实亡的时候。

需要组建一个新团队的时候。

需要增强团队凝聚力、战斗力的时候。

团队士气低下，一有困难就退缩的时候。

团队更换新领导的时候。

与其他游戏结合使用。

团队游戏使用注意事项与技巧

要形成一个好的团队,有诸多因素的制约。团队游戏通过模拟现实生活中的情节,让学员本体会、学习团队成员应该具备的素质。团队目标、团队领导、团队精神、团队人才的使用诸多方面,对形成一个高绩效团队都有至关重要的作用,任何一个环节出了纰漏都会使团队作战能力大幅度减弱。团队游戏训练最重要的目的之一就是要学员正确认识并高度重视影响团队战斗力的各种因素和自身团队、团队成员所存在的问题,以及采取适当的措施来改进团队目前的状况。使用团队游戏通常应注意以下几点:

团队可以分为很多种类,游戏内容应根据团队的具体特色来选择。因为不同的团队,培训的侧重点往往不一样,比如销售团队和项目团队。

根据团队现有的问题,有针对性的选择合适的游戏来训练学员。

不管是什么团队,在进行团队游戏训练之时,都应该强调并让学员掌握团队的具备要素,比如团队合作精神、团队目标等等。因为这些要素对团队的作用都是十分明显的。

进行游戏时,应注意将学员置于一个团队环境中,重点突出团队的作战能力,而不是宣传"个人英雄主义"。这需要讲师给予恰当的引导,并选择合适的游戏内容。

14.9 晚会游戏

什么时候使用晚会游戏

顾名思义,晚会游戏是主要在晚会时使用的游戏。现在的晚会一般都会创

造出比较活跃、轻松的气氛，而做一些晚会游戏能收到更好的效果，起到如虎添翼的作用。使用晚会游戏的主要情形有：

举办晚会的时候
培训需要活跃气氛的时候。
培训活动要结束的时候。
与其他游戏结合使用的时候。

晚会游戏使用注意事项与技巧

晚会游戏的主要目的就是烘托气氛，使用时通常应注意以下几点：
对现有的氛围要有准备的把握，以便确定需要使用什么样的游戏。
活动氛围不能有太多的"高潮"，否则学员容易疲惫，从而影响最终效果。
应尽量让学员参与到游戏当中并积极发言，这样才能达到烘托气氛的作用。
如果是在培训活动开始或结束时使用，游戏内容不易太长，只要能给学员带来轻松的心情即可。

释放你们的潜能，
就是我存在的最大意义……

15 著名企业培训之道

　　国内的企业要实现高速增长，一要靠扎实的基本功，二要靠广阔的视野。培训经理致力于企业培训体系的建立、实施和完善，不仅要埋头苦干，更要高瞻远瞩，看到行业内最顶尖的企业在做什么？是如何做的？并且思考：为什么他们要这样做？可能的结果会怎么样？如何避免这种随之而来的负面的结果？

　　我们看到自己与先进企业的差距，在培训的自成体系上面，它们确实已经足够成熟并且被业内人士所津津乐道。然而，培训体系与培训文化始终是由企业文化与企业发展状况所决定的，"橘生淮南则为橘，橘生淮北而为枳"，培训形式的复制与模仿并不代表我们核心竞争力的提升，也不会缩小我们与先进企业的差距。

　　我们不必重复橘枳的故事。在充分立足本企业现状的基础之上，谦虚地习研著名企业的培训经验是为了更实事求是地开拓创新，创建适合本企业发展的具有本企业特色的培训制度、体系和文化。

15.1 英特尔：培训"偏执狂"

公司简介

　　英特尔公司是全球最大的半导体芯片制造商，成立于1968年，具有36年产品创新和市场领导的历史。目前在世界500强中排名前列。作为全球信息产业的领导企业之一，英特尔公司致力于客户机、服务器、网络通迅、互联网解决

工具篇

方案和互联网服务方面为日益兴起的全球互联网经济提供建筑模块。2003年公司全年收入为301亿美元，净收入为56亿美元。

培训理念

英特尔的价值观是这样的："要争取最优秀的高标准，把好事做好，不断地学习、发展和提高。"英特尔鼓励冒险，鼓励创新，鼓励主动进攻。整个文化就是在营造一种危机感，创造一种竞争气氛，让员工近乎偏执地去不断进取。英特尔的企业文化就是CEO的文化，英特尔就是要培养偏执狂。

培训体系

英特尔的员工培训体系包括新员工培训、技术培训、管理培训、领导力培训等培训类别。英特尔所有的培训，都要求经理人员亲身参与到培训中去。英特尔公司每年都设定有具体的指标，来考核经理人员必须教多少门培训的课程，为其他的员工提供培训。

新员工培训

在新员工进入英特尔公司之前，英特尔对新员工的培训计划就已经开始了。英特尔要求每一个经理在招聘新员工时，都必须同时准备好一套很完整的员工培训计划，包括行政、技术、管理等各方面的培训。

通常来说，一个完整的新员工培训周期是9个月，通过一系列培训计划的实施，使新员工能够完全适应工作环境，熟悉英特尔的企业文化与价值观、岗位职责，并胜任其岗位工作。英特尔企业要求经理人员每周与员工进行一次面对面、一对一的谈话，不断地了解新员工进公司后的进展，根据实际情况调整培训计划。

英特尔"伙伴计划"是帮助新员工适应工作的好方法。英特尔会指定有工作经验的员工作为新员工的伙伴，来传帮带新员工。新员工遇到任何工作上的问题，都可以请教其伙伴。英特尔建立有一套实时的反馈机制来了解员工熟悉工作的情况，包括每一次的经理人员过行的一对一面谈；培训部还会在3

313

释放你们的潜能，就是我存在的最大意义……

个月、6个月、9个月的时候，与新员工开会，了解对他们的培训计划的实施情况，以及他们融入英特尔公司企业文化的程度。

经理的培训

英特尔的经理一般要经过三个阶段的培训，这三个阶段，一是经理层培训，这项培训主要介绍经理在英特尔的一些做事的流程和制度，让经理们对管理层的事情有更多的了解。接下来主要是管理任务周期培训，这个培训过程是告诉管理者如何去进行管理，是对管理业务技能的训练。最后有一个如何管人的培训，这是英特尔认为管理人的经理必须要有很好的沟通技能和发展员工的能力。

对管人经理进行的培训周期有5个环节，第一步是制订工作目标，第二步是完成计划，第三步是怎么帮助别人共同解决问题。第四步是对员工如何实施管理，第五步是对业绩好的员工将如何去强调和激励。这是整个管人经理培训模式，每个人通过这样的5个步骤，会成为一个高素质的管人经理。

接班人培训

英特尔除了给一般经理的培训，还有给高级经理的培训。更加进一步的高级培训，则主要是针对未来领导的，称之为经理加速项目（MAP，Manager Accelerate Program）。这是英特尔在员工中培养下一代领导人的特殊培训项目，参加培训的人是6～8位比较杰出的经理。英特尔对那些正在担任要职的经理的发展情况进行跟踪，看现在他是什么水平，英特尔怎样通过培训将他们带到这个水平。英特尔有许多为他们量身定做的课程，例如送他们去读MBA，让他们去海外工作，公司还专门有更加高级的管理人员做师傅带这些接班人工作，给他们安排一些特别对话，来训练他们的领导才能，还有一些特殊项目，主要是针对战略管理的。

除了众多课堂学习培训之外，还通过许多动手、实践的机会培训员工。公司为候选人指定一名资深的管理者，这个管理者会为被培训者提供许多案例的分析，让被培训者去具体分析这些案例，探究怎样解决问题，被培训人要汇报对安例的分析与解决的结果，由此来了解被培训人员是否从培训计划中得到了所要求的领导技能。这些人接受了这样的培训，如果他们不会有太大的出入，

基本上会是公司未来的接班人。

英特尔大学

英特尔的价值观中明确指出要不断地学习。在英特尔，每个人都必须不断地学习，适应高科技的发展步伐。学习并不是经理人的特权，每个员工都平等地拥有学习的机会，为此，1975年，英特尔创办了英特尔大学。英特尔大学为员工开设各种管理、技术等课程，讲师大都由英特尔企业的经理或高层管理者担任，英特尔认为这是最佳的学习方式。

英特尔的高级管理层在英特尔大学参加高层培训，同时也在这里为来自全球各地的英特尔学员授课。

英特尔大学开设的部分管理基础课程：计划性管理、建设性对抗、绩效评估、高效率会议、参与式决策和情境管理等。

培训特色

"一带一"

英特尔在员工培训上采用"一带一"即教练制的手法。公司指定有经验的资深人士与高层主管作为被培训人的教练或伙伴，一对一进行结对，由比较有经验的人为员工提供管理咨询，达到培训员工，提高员工综合领导力的目的。这种手法取得巨大成效的证明就是英特尔四位总裁都出自公司内部。

自己培训自己

英特尔的培训力量基本上是自己内部的经理。英特尔做培训的时候，大部分时间是自己的运作经理来做培训教师。例如市场经理、销售经理、总裁都是讲课的高手，通过讲课，和员工分享职业经验。有很少一些销售的培训课程请外面的培训公司来做，但是80%的课程是英特尔自己来做的。英特尔的培训课程，绝大多数是自己开发的。

释放你们的潜能，
就是我存在的最大意义……

利用公司发展个人

培训和发展员工能力的项目是不一样的，它们的区别是：培训主要针对现在职业中需要的技能，进行明确的训练；发展是对员工未来职业的能力准备。培训的内容比较注重基础和长远。英特尔第一位的培训是你现在的职位需要的技能。

职位轮换与跨国工作

英特尔还通过岗位的调动、职位的轮换来发展员工的领导力。

作为一家高度国际化工作技能与领导能力的公司，英特尔非常重视通过跨国工作轮换来培训员工的国际化工作技能与领导能力，派遣有潜力的管理者到其他国家工作一段时间，锻炼他们的跨文化管理能力。

"二位一体"

英特尔还在公司中施行一种"二位一体"任命计划。何为"二位一体"呢？即在同一个职务同时任命2名经理人，其中1名主要是给他实习、锻炼的机会，培育其快速成长为合格的英特尔经理人。

15.2 微软：在工作中倡导终生学习

公司简介

微软是全球最大的电脑软件提供商，成立于1975年。它在操作系统和办公软件方面扮演着事实上的垄断者地位，它的创立者跻身于世界上最富有的人之列。

工具篇

培训理念

微软公司一贯倡导员工终生学习的理念。职位意义上的培训只是员工终生学习的一种方法。公司的学习理念是：70%的学习在工作中获得，20%的学习从经理、同事那里获取，10%的学习从专业培训中获得。

培训体系

新员工学习计划

一般来说，新员工进入企业的第一年被设计为学习期。头3个月重点学习企业的价值观、行为准则、企业文化、公司远景任务和企业政策。同时也会提供其他的基本培训，如，如何使用企业的设备，如何履行报销等财务手续，公司为员工提供的各种福利等。

在之后的6个月里，则是一些比较深度的培训，比如，如何参与公司的一些员工计划，如何进行绩效管理等。专业技能培训既包括在国内的培训，也包括国外的培训，培训时间也有长短。

公司会把一些重要的培训计划放在员工网的主页上，员工看到后可以根据自己的需要向上级提出申请参加这些培训。

来自他人的培训主要有上级和同事的言传身教，另外，也会为新员工寻找一个"导师"，这个导师通常是员工工作部门之外其他部门的资深员工，目的在于培养他们本职工作之外的能力和发现自己其他潜能的可能性。

程序员培训

对如何教育和引导加入的新雇员，微软试图聘用能自学业务的人员，而不愿在培训项目、正规条例和流程，或详细的产品记录上大量投资。

微软通过熟练员工来教育新雇员，这些熟练员工有组长、某些领域的专家以及正式指定的指导教师，他们除了本职工作外还要担负起教导新雇员的工作。这种方法使得大家觉得有权学习并自己解决学什么和不学什么，使得他们在公司里的作用灵活机动。例如对于程序经理的培训：刚开始时，新雇员的任

释放你们的潜能，
就是我存在的最大意义……

务可能是一个单独的特性，并且在直到完成为止的这段时间内，都会有人对你进行密切的指导。随后，当这种工作已做得相当熟练之后，便会在更大的特性组中从事类似的工作，但指导会少得多。一段时期之后，受训者会拥有一个小项目或一个大项目的一部分。同时，程序经理还可以受到一些正规的培训，包括一个供选修的为期三周的培训项目。

另外，微软还不定期举行"蓝碟"午餐会，届时会有经验丰富的程序经理介绍他们自己的经验。假设你是一个被微软录用的新的开发员，那么在头几天里，他会与经理们以及来自其它专业部门的高级人员见面，你会听到有关开发周期的一个方向性简介，然后开发经理会立即派给你一个单独的任务或者让你与特性小组一起工作。你还可能被介绍给愿意当指导教师的高级开发员。一般来讲，你开始会从事相对容易的特性编码工作，这种工作需要一周左右时间并且与其它特性关联甚少，并且高级人员（特性组长、领域专家、指导教师）非常仔细地检查你编写的代码。

微软对开发领域人员有更加正规的定向的培训。例如，微软为新程序开发人员提供了几个为时两天的实习班，培训他们处理开发过程、产品、工具和其它专题。

客户支持工程师培训

在微软，对于客户支持工程师的培训也是十分重要的。这主要是因为，顾客不仅仅是购买微软的产品，他们还要享受到微软优质的售后服务。所以，训练有素的客户支持工程师对于保持企业良好的形象和提高为顾客服务的能力是至关重要的。新的客户支持工程师在分专业之前，接受3~4周培训。培训从基本的系统产品MS-DOS和Windows开始，同时他们还接受交际技巧，包括如何与顾客打交道等方面的一般性训练。作为定向培训的一部分，他们还接电话，与导师一道工作（每位技术员有一位导师）。在他们被分配处理客户的电话之前负责答复客户来信。工作确定之后，每个雇员每年还要接受大约20小时的再培训。

培训特色

试错法

通过边干边学和言传身教培训员工这一方法可谓微软独到之处。边干边学和言传身教在微软，新员工（如开发员）通过试错法来学习。在头几天里，新员工被安排与经理们以及来自其他专业部门的高级人员见面，在听完有关开发周期的一个方向性简介后，开发经理即派给新员工一个单独的任务，或者让新员工与特性小组一起工作。在这个过程中，允许新员工犯错误，并由最好的专家来检查，纠正错误，指导新员工进步。新员工在边干边学和不断纠正错误的过程中接受良好的培训。

15.3 IBM：蓝色"染色机"

公司简介：

IBM，即国际商业机器公司，1914年创立于美国，是世界上最大的信息工业跨国公司，目前在全球拥用员工30多万人，业务遍及160多个国家和地区。2000年，IBM公司的全球营业收入达到880多亿美元。

培训理念

IBM建立一个培养的模式，逐步让新人变成专业人员，变成一个领导人，变成一个新时代的开创者。更重要的是让员工在这个环境中可以不断学习、不断成长。IBM这样一个策略，有相应的培养模式，有评估作为支持的良性循环，从而造就了蓝色的精神和蓝色的文化。IBM给人感觉是一个大的学校，

每个人在这里很幸福的成长着：今天可以从这个人身上学到东西，明天从另外的人身上学到其他的一些东西。每个人都想提高绩效，大家就形成一个良性竞争。

培训体系

IBM的员工培训体系犹如一台巨大的"染色机"："无论进IBM时是什么颜色，经过培训，最后都会变成蓝色。"IBM有着极其出色和完善的员工培训体系，这种体系保证了培养员工领导力的工作能够落到实处。从对新进员工的培训，到对专业人员的专业培训和管理人才培训，到对初级主管和资深专业人员的管理培训，再到针对中级主管的资深专业人员的接班人计划，IBM公司致力于员工的学习和成长，由此推动企业的快速发展。

公司的培训投资力度相当大，要占到每年营业额的1%~2%，在中国公司每年花在每个员工身上的培训费用至少是3000美元。每名员工每年至少会有15~20天的培训时间。

新入职员工培训

IBM会根据新入职员工的不同职属，将培训分为两类：一类是针对业务支持的员工，主要指行政管理人员；另一类则是对销售、市场和服务人员，占企业员工的大多数，比如IBM企业的销售人员和系统工程师要接受为期12个月的初步培训，主要采取现场实习和课堂讲授相结合的教学方法。IBM公司决不让一名未经过培训或者未经全面培训的人到销售第一线去，因为他们认为销售人员们说些什么、做些什么以及怎样说和怎样做，都对企业的形象和信用影响极大；如果准备不足就仓促上阵，会使一个很有潜力的销售人员夭折。

经理培训

经理培训（MD，manager development）是为一些优秀员工或者非常有潜力的员工提供的。也分为两类：一类是为即将升为经理的员工在升职之前提供的，是本地化的培训；另一类则是为员工升为经理之后提供的，是全球统一的，为期一年，主要采用E-learning的培训手段，同时也会为参加这类培训的

工具篇

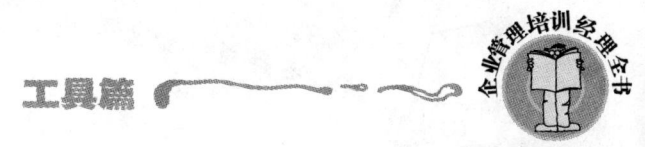

经理各自指定一些辅导员来辅导学习。

领导人培训

当提到在一个企业中广泛发展领导力时，没有哪家公司比IBM做得更好。美国《世界经理人》杂志目前发布的一份报告这样评价IBM："在IBM，领导力的发展在员工教育过程中主要发挥三大作用：一是发展个体技能、普及企业价值观和战略目标、进行战略性干预，以便于整个企业倡导对话，实施变革。二是在整个管理层中普及组织目标、价值观和使命。这正成为许多领导力训练课程的首要目标。通常，这类教育旨在培养经理人（他们是否能够胜任更高一层的管理职位），或以此为途径让文化变革深入各级管理层。三是领导力课程越来越多地用于战略干预。例如，教育模式集中于行为学习、任务小组和辅导之下的集体讨论，以便找出能加快重大战略变革的组织提议。"

IBM主要从五个方面培养员工领导力：

（1）从招聘做起。IBM对员工领导能力的培养，十分注重与企业发展战略的结合。其工作重点不仅是对员工问题的急救处理，而是从招聘开始就注重质量，使招聘来的员工符合企业发展战略的需要，让员工充分认同企业价值观、经营理念和企业文化。值得一提的是，IBM对招聘员工的要求，并不仅限于职位的要求，还包括测试人际技能、热爱生活和乐于助人，以及是否对职业进取方面有强烈的紧迫感等。

（2）培训是基础。IBM有着极其出色和完善的员工培训体系，这种体系保证了培养员工领导力的工作能够落到实处。从对新员工的培训，到对专业人员的专业培训和管理人才培训，到初级主管和资深专业人员的管理培训，再到针对中级主管和资深专业人员的接班人计划，IBM公司希望通过员工的学习和成长，由此推动企业的快速发展。

（3）传帮带是绝招。IBM最有名的一件事情就是"接班人计划"，公司里所有重要的职位都有一个接班人计划，未来一年中，可以接任这个工作的是什么人，未来三五年可以接任的人是谁。而接任的人需要一些特殊的培育计划是非常重要的，IBM通过工作的轮调及找到一些良师益友使他们得到培训。

（4）良师益友。找企业里的老员工、老师傅带新人，把老人数十年的功力传承下来。开始的时候，用"二八"原理挑选未来之星，20%的人被公司挑

释放你们的潜能，
就是我存在的最大意义……

选出来，人力资源部要根据这些人的发展意愿为每一个人配导师。而启动了20%，其他的80%也会慢慢动起来。IBM还开设许多的管理课程，让大家进行学习，同时这种环境还为大家创造一个互相交流的机会。

（5）靠评估提升领导能力。根据领导才能的模式和定义，评估领导者的实际能力、工作作风和爱好的反馈意见，也有助于领导能力的提升。作为公司持续性计划的一部分，IBM每年要依据自己定义的11个领导能力的特征对潜在领导者和所有的管理人员进行评估。

对于员工领导能力的培养，IBM很重视评估，尤其是自我评估的重要性。员工通过评估，不断修改自己的行为，塑造符合公司要求的风格，成长为具有领导才能的员工。IBM每年都有评估，每位员工通过自评和360°评介来分析自己的工作成就，通过这种分析，弄清自己属于什么风格，需要改进的地方是什么。

培训特色

"长板凳"接班人计划

事实上，接班人计划是IBM完善的员工培训体系中的一部分，它还有一个更形象的名字"长板凳计划"。公司要求主管级以上员工将培养手下员工作为自己业绩的一部分。每个主管级以上员工在上任伊始，都有一个硬性目标，确定自己的位置在一两年内由谁接任，三四年内谁来接，甚至你突然离开了，谁可以接替你，以此发掘出一批有才能的人。公司有意让他们知道公司发现了他们并重视他们的价值，然后为他们提供指导和各种各样的丰富经历，使他们有能力承担更高的职责。

每年2月，IBM中国公司会要求每一个重要职位都提供出他的接班人，第一期是谁，第二期是谁，然后人力资源部的负责人会和IBM中国公司的CEO一起，结合IBM其他区域甚至总部的接班人在新的一年内的培养计划，作为未来升迁的考虑和依据。"如果你培养不出你的接班人，你就一直待在这个位置上好了，你上不去也走不了，因为这是一个水涨船高的过程，你手下的人好，你才会更好。"

工具篇

长板凳计划实际上是一个完整的管理系统。由于接班人的成长关系到自己的位置和未来，所以主管以上的员工会尽力培养他们的接班人，帮助同事成长。当然，这些接班人并不一定会接某个位置，但由此形成了一个接班群，员工看到了职业前途，自然会坚定不移地向上发展。

发罐子法

发掘"明日之星"

"任何一个人如果选择了IBM作为他的职业生涯的话，我们有一个管道，可以通过一个新人→专业人员→领导人→新时代的开创者的人才梯队培养模式，让新人变成专业人员，变成一个领导人，变成一个新时代的开创者。在这个过程中，不断发掘明日之星"。

发掘"明日之星"是实施"长板凳计划"的重要一环。开始的时候，IBM会发掘公司每个人的"DNA"，用"二八"原理挑选未来之星，20%的人被公司挑选出来。被选中的"明日之星"需要参加特殊的培训计划，强化他们的"IBM"。"IBM"的做法是，为他们寻找良师益友或者进行工作的轮调。此外，IBM还设有专业学院，培养员工在专业方面的素质和技能。而启动了20%，其他的80%也会慢慢动起来。

IBM人力资源部为这些明日之星提供良师益友就是公司里的资深员工，可以是在国内，也可以是在国外，有些类似国内工厂里的教师傅传、帮、带新人，把老人数十年的功力传承下来。而工作轮调计划，可以使接班人的视野更高、更宽一些。IBM亚太区副总裁范宇，就是接班人计划中成功轮调的经典例子之一。公司曾经送范宇到美国工作一年，学习如何把全球的资源和经验带到中国公司来，如何把中国公司呈现给世界，从而领导变革，带领IBM继续领先前行。

在线学习

在线学习已成为IBM员工学习的一得重要趋势。IBM在全球有所网络学校，称全球校园，其中有2000多种课程，全球范围内的员工都可以利用这所网

释放你们的潜能，就是我存在的最大意义……

络学校进行有计划的学习。公司还在局域网上设有一个技能开发系统，相当于一个自我评估和提高的解决方案，员工在工作中发现自己的技能城要提升时，就可以申请进行学习。

正因为有浓厚的学习气氛，所以，关于IBM公司有这样一句话：在IBM你要涨薪，公司可能会犹豫；如果你要学习，公司肯定会非常欢迎。IBM需要的是那些学习能力很强的人。

终身教育

IBM的教育特征在于不论是现职业人员，还是临近退休的职工，甚至连已经离开公司的人员也都作为教育对象。对于临近退休的职工或是已离开公司的职工，所进行的教育主要是一般修养方面的教育，而不是人事管理或加强销售方面的教育。这样做，目的是为了提高这些作为IBM的职工或作为曾在IBM工作过的职工所必须具备的教养方面的教育，而不是人事管理或加强销售方面的教育。IBM希望这些离了休的员工或者离职了的职工，无论走到哪儿，都能以他们出色的风采、才能、气质得到这样的评价：此人不愧曾是IBM的人，各方面都很能干。

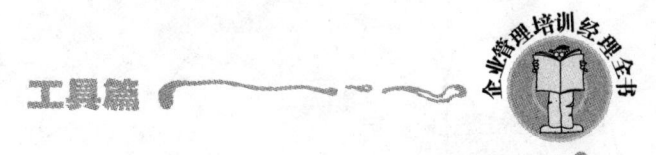

15.4 惠普：实施比理念更重要

公司简介

惠普公司是一家全球领先的计算、成像解决方案与服务的供应商，致力于通过简单的信息终端产品、功能完备的电子化服务的永续运行的互联网基础架构来使科技与其他所带来的利益达及个人和企业。在世界18个国家和地区、59个城市拥有制造和研究设施，销售和服务延伸到了120多个国家和地区，在全世界共有124600名员工，是美国最受青睐的公司之一。

培训理念

培训是企业全员的责任，应将培训执行到底，严格实施。这是惠普人的理解。

培训做得好，必须高层支持。举个例子，首先是给钱。每年的培训经费是多少，会拨下来。很多企业一旦当经营出现问题，要削减成本的话，首先砍的是培训，因为培训不是立竿见影的工作。惠普不会砍培训。惠普制定了这样的政策：一旦制订了培训计划，当时若不到场，马上会收到一个书面警告，书面警告在惠普员工里是影响非常大的一件事情。惠普公司的理念是培养一流人才。在IT界，有的公司的经营理念是随时更新落伍的人，而惠普讲的是保留和培养。在惠普找一个公司工龄5年以上的人相对比较容易。高层管理的支持还有一点，在惠普，要做到一定的级别必须授课，如果不授课就上不去。通过这些政策，体现了一点：就是培训不是培训部门的事，需要创造一个氛围。

人力资源部做什么？设计有关的培训方案，再就是培训结束以后考察员工

释放你们的潜能，
就是我存在的最大意义……

的满意度，当培训评估员工达到4.2分以上的，才会被就认为培训结束了。

平衡业务员工个人发展需求的人，则是业务经理。督促员工改变行为是业务经理的责任，因为他们天天在一起，业务经理可以看到业务员是否把学到的东西在平时使用了。作为员工就是要用培训的东西，而作为经理就是督促他。

惠普重视实战，具体来说可以理解为：做这个事情第一步要做到什么程度，第二步做到什么程度，然后第三、第四、第五……比如有一个企业战略规划，如果是一个部门经理，就要做部门的战略规划，上司检查工作的时候就看他是否按照规划做，看他是否把学到的东西用在这上面。相对而言，惠普的培训比较严格，因为他们是在按规划做。

惠普培训，一件事情定下来以后，一直做下去。实施能力比较强。惠普没有开发哪些新的管理理念，唯一的就是把一件事情做得非常具体，非常可量化，做到任何人都能对你指导——只要他学过。

培训和发展是大家共同的责任，作为培训部门，职责是按照公司的核心竞争力，设计最佳的培训课程。然后组织实施达到培训最后的考核标准。其后他是不是改变业务行为，是业务经理关注他。这是惠普对培训的独特理解。

培训体系

惠普的员工培训总的遵循四三三的原则。四指四类员工，前一个三指三类人才，后一个三指三种方法。

四类员工

惠普的人才培养重点是哪些人？它们根据员工现有表现和发展潜力把员工分为四类：第一类员工现在可能表现比较差，但是非常有发展潜能，特别是刚从学校毕业的学生，惠普把这类员工列为可培训的人才；第二类是现在表现比较好，同时也有发展潜力的员工，每一个企业都希望有很多这样的员工，惠普把这类员工归类到明日之星星第三类员工现在表现是中上，同时发展潜力也是中上的，惠普认为他们是一群可靠、实干的员工资第四类员工不仅现在表现差，同时又没有发展潜力，惠普认为这种人是公司应该注意的并对其提供忠告的。在人才投入上，惠普的重点放在明日之星以及可靠实干的员工上。很多企

业更多重视培养明日之星，惠普却认为明日之星固然重要，但是公司里的大量工作都是由可靠、实干的员工来做的，所以要给他们更多的培训。

三类人才

惠普需要哪些人才？它们把人才分为三类：专业人才、管理人才、领导人才。领导人才重要的是决定做哪些事情；管理人才重要的是把事情做对做好；而专业人才的工作是具体解决不同问题的。这三类人才在公司里面必须能够适当地发展，同时从公司的投入角度来看对三类人才都要培训。其中，最难培养的是领导人才，在快速发展的环境中，要判断哪些信息有益无益是比较困难的，正因为如此对领导人才培养方法也是不一样的。知识、技能、工作方式、方法非常重要。比如知识，包括市场知识、社会发展知识、不同专业的人才要有不同的知识。不断丰富知识、更新知识是非常必须的。因为一般的知识在快速变化的今天一年两年就被淘汰掉了，所以唯一的办法就是不断更新知识。

还有一点也很重要，那就是企业价值观。一家企业认为什么是好的人才，除上具备较强的专业水平、管理能力和领导能力之外，个人的价值观必须和企业价值观一致或接近。一个企业的价值由很多人组成，只有每个人的价值观相近才能发挥企业的价值观。惠普非常重视企业的价值观，在选拔人才上，越是高层经理，他本身的价值跟惠普价值观是否一致，在很大程度上决定了他是否能够获得升迁。

三种方法

惠普培养人才的方法基本上有三种：

第一种是训练课程的方式。毫无疑问这是一个最基本的方法。利用训练课程把必要的知识和技能与员工分享，同时进行有效的训练，以便于他们发挥所学到的知识和技能。

第二种是教导。就是说员工的部门经理必须是他的导师。惠普要求经理能够对员工不同的表现有不同方式的的指导，而且认为导师并不限于他所在的部门内。惠普鼓励员工寻求外部导师，不仅包含部门以外的，也包含公司以外的。过一段时间经理就跟员工聊聊对公司本身的看法，聊聊自己碰到哪些困难。

释放你们的潜能，就是我存在的最大意义……

第三种是岗位锻炼。惠普认为派给员工适当的任务是非常重要的，这就是通常所说的在职岗位训练。比如说谈到培养国际人才，如果这样的人老是放在一个国家，没有机会接触到全球的环境，当然也很难培养出相应的知识和技能，所以送到国外一两年积累经验再回来这样对他是有好处的。比如，对于一些关键人才惠普采取轮调的方式，在部门之间、企业之间互相轮调。

一个新员工进公司，员工的个人发展首先的责任人是自己而不是公司。公司有成套的培训计划，告诉你应该学什么，除之以外，你要学什么，你自己到网络上面挑选。如果员工没有完成目标，说公司没有给他培训，这个理由公司是不接受的。

培训特色

因材施教

惠普的培训是有制度、有计划、有系统的，会根据员工不同的需要给予有针对性的培训。比如说第一次担任经理，公司更关注的是让他了解作为一个经理应该做哪些工作，怎样领导一个团队完成工作，往上提拔更关注训练课程，利用计算机做一个模拟环境，这个模拟环境和惠普商业环境差不多，参加培训的经理每天做出产品开发、市场资源等等方面的模拟训练，最后用平衡记分卡来评估。这是经理们思考，决策非常重要的一种训练课程。虽然方式不同，但重要的是有制度、有规划、按照他的级别、时间给予训练，也就是因材施教。

经理在对员工教导方面也必须学会因材施教。对于意愿和能力都很低的人，经理有必要对他提出警告；反过来那些工作意愿非常强，工作能力也非常高的员工，经理只要扮演一个咨询角色就可以了。给他一定的空间，让他充分发挥。但是对于高意愿低能力的人就需要给他重点培训；对高能力低意愿的人必须给予耐心辅导，工作、家庭是否碰到什么困难，经理要会做思想工作。这是训练经理人员如何成为一个优秀的导师的框架。

岗位轮换

惠普在岗位轮换方面做得非常到位。怎么换？通过政策鼓励员工进行岗位

工具篇

轮换，惠普公司岗位空缺在公司里贴广告，会看到职位的要求和考核等等必要的条件。什么情况下有权申请这个职位？第一就是在目前的职位工作满一年。第二就是在去年绩效评比中不是最差的5%，言外之意绝大多数的人都有资格申请这个职位。员工向经理递交简历，一旦录取，经理无权阻碍，他能做的就是迅速再发一个帖子，让大家知道又有一个空缺了。惠普通过做具体的实事，激励员工换工作岗位，增长各种各样的工作经验。

再就是给员工分配具有挑战性的工作，一旦出现一个难题，给他一个机会，让他表现自己。除此以外就是导师计划，所谓导师就是找一个师傅，但是这个师傅不应该是你这个部门的，一定要跨部门，跨部门的目的就是让他接受多元化管理的熏陶，了解其他部门的运作模式，跟其他部门进行多方面的合作。因此当一个人成为部门经理以后，需要做的就是到其他的部门找一个人作为你的师傅。

领导力发展中心

教导不能仅限于内部，必须积极利用外部资源。要成为高素质领导必须学习借鉴别人成功的经验。所以惠普在公司内部成立了一个领导力发展中心，这个中心的目的就是提供一个平台，让各界成功人士来惠普对话，比如从前任上海市市长到GE总裁，从著名演员、导演到科学家都到惠普发展中心来论道，这对培训员工有很大的影响，让他们理解什么是成功以及如何成功。

释放你们的潜能，就是我存在的最大意义……

15.5 通用电气:让员工拥有终身就业的能力

公司简介

通用电气企业（GE）是世界上最大的多元化服务性公司，同时也是高质量、高科技工业和消费产品的提供者。从飞机发动机、发电设备到金融服务，从医疗、电视节目到塑料，GE公司致力于通过多项技术和服务创造更美好的生活。GE在全世界100多个国家和地区开展业务，在全球拥有员工近300000人。

培训理念

每年，都会投资10亿美元用在员工的教育培训上。韦尔奇说："GE的宗旨是给每个员工提供最好的培训，提供大量增进个人成长与专业技能的机遇。GE会尽一切努力，让每一位员工拥有'终身就业的机会'。"

20世纪80年代初期，美国经济处于衰退阶段，通货膨胀严重，GE的很多主体业务都受到了冲击。韦尔奇以超凡的远见卓识，排除了公司内外的重重阻力，关闭了一些不具发展潜力的工厂，大量员工因此失业。但就在此时，韦尔奇决定投巨资重建GE的克罗顿维尔管理开发中心。在下属起草的中心建设方案中"投资回报分析"一页上画了一个大大的×，而且还写上了"无限"两个字。他说，他相信在这个项目上的投资将永远持续下去。实践证明，正是韦尔奇的远见卓识，带领GE走向了辉煌。克罗顿维尔管理开发中心为GE培养了数以千计的管理人员，成百上千的总经理从这里走出来，为GE的发展做出了巨大的贡献。

工具篇

培训体系

三阶段培养领导人

GE每年用于员工培训的投入高达10亿美元，而在全球500强企业里，有173位CEO都是从GE走出来的，GE公司因此也被称为："企业界的哈佛"。

在GE，所有的培训分为三个阶段：

第一个阶段是对那些刚刚大学毕业进入企业的二三十岁的年轻员工的，这个周期在5年左右。主要进行一些初级培训项目，比如：财务管理、技术领导项目、六个西格玛质量标准等的培训，其目的是帮助刚从大学毕业的新员工实现从校门到工作岗位的转变。

在新员工培训过程中，价值观培训被视为最重要的培训，"坚持诚信、注重业绩、渴望变革"三大核心价值观是员工必须要接受的理念，而"诚信培训"又是其中重中之重的内容。一个真正的GE人，要想在GE取得职业生涯的成功，必须恪守GE的这些价值观。

新员工还有学习一些与职业相关的知识，并得到一些成为领导一个项目或一个团队的锻炼机会，还可能要承担更多更有挑战性的工作。

第二阶段是针对中层管理人员的，周期大约是进入企业5～15年。对于这些有领导潜力的经理们来说。他们需要的是用人和管理方面更加专业的培训。培训的课程主要包括：新经理发展课程、中级发展课程等。

让GE高级管理人员给这些"领导人"上课，而不是请大学的教授来授课。培训给这些中层管理人员带来的是实际的经验，做事的方法以及具体的管理技术、策略和技巧，教授他们如何成为真正的经理。所以，这个时候，被培训者们也得以机会和他们心目中的偶像，比如公司CEO伊梅尔特等，进行面对面的沟通和交流。

第三阶段是面向具有潜能的企业高级管理人才的，使用的是最高层次的培训课程。培训的目的是使他们成为该机构的决策者。此时他们对工作负有全权责任，这意味着如果有什么事情没有完成，他们不能指责别人，因为那是他们自己的责任。在这个阶段，GE设置了"高级经理发展课程（MDC）"、"商

释放你们的潜能，
就是我存在的最大意义……

务课程管理（BMC）"、"高层管理人员发展课程（EDC）"，这三门课程是GE最高管理人员的发展课程。作为一名GE的高层领导，应该有能力去驾驭文化的变革，像六个西格玛在GE推行之初，得到了合适的方法让员工接受六个西格玛的新思想并在公司实施；他还应该具有高瞻远瞩的眼光与能力，认识到未来的市场发展趋势。

一般而言，能有机会参加这样的培训，就证明该学员离通用电气领导核心不远了。GE会给他们提供一个更广泛的全球化环境，给他们更广阔的视角，给他们更高层的培训，给他们提供更多经验交流的机会，使他们可以互相学习。

在这些课程里，通用并不总是依赖于职业教师，GE内部高级管理人员经常会承担授课任务。他们认为领导力最好的培养方式就是领导人亲自向属下实施传授。

管理者培训

通用对管理人员的培训采取三种形式：

在职培训。通用汽车公司各级管理人员的一项重要务，就是在实际工程中对下级员工进行培养，提高下级人员的管理水平。培养下级人员差不多要占去一个管理人员大半的工作时间，因此，在该公司中能不断涌现出各种管理人才。通用汽车公司每年还要去大学或研究院聘请获得管理硕士的研究生，经过一段时间培养观察后，再派往一些公司担任经理职务。

管理者在公司内培训。通用汽车公司内部为管理人员设有专门的培训中心，该中心经常举办高、中、低级管理人员训练班。培训紧密联系公司工作的实际，着重解决职工实际工作中遇到的难题，其师资来源一是公司内有经验的管理人员；二是到外面去聘请各方面的专家。这种针对需要而进行的训练，提高了管理人员的素质，效果很好。

将管理人员派往大学和专门机构去进行培训。通用公司根据本公司人员的情况，将他们分别送的美国大学或国内专门机构开设的培训班进行学习。并将各种管理人员（包括高级经理人员在内）送往大学接受正规的大学管理教育或进研究院学习，有的期限长达数年。

工具篇

系列性培训课程

GE创造出了一系列从入门水平到高级管理的培训项目。入门水平项目可在为期两年的强化课程中促进员工关键性领导能力的发展。这种项目激动人心，富于挑战性，在GE的经营范围以内给出各种全职工作任务，同时并重职能与领导能力的训练。这些项目包括：财务管理项目、信息管理领导项目、操作管理领导项目。设计这些项目关联的是一些动态的内部组织，包括公司审计组和公司主动组，他们负责公司业务的战略发展。学习贯穿与GE员工的职业生涯。通过公司领导能力培养学院，领导和技术课程将被提供给全球的GE雇员。

网络论坛

除了正规的培训以外，通过GE各个部门团体和网络论坛，销售人员可以共享销售渠道，工程师们可以共享技术。人们可以分享那些会引起巨大变革的新点子。GE的女性网络就是这样一个例子。女性网络的形成是为了支持女性在GE的职业发展。它在GE内部和GE的业务过程中提供指导和培训。参加者可以分享有关工作机会的信息，并交换关于各种成功人物范例的看法。对于女性雇员来说，这是个很好的机会，他们可以在整个GE的范围内和相近的同事建立起联系。同时，她们还可以吸收最优秀的经验，培训自己的领导能力和规划自己的职业发展。GE作为雇主，给所有员工提供的是均等的机会。

培训特色

培养长得最好的种子

GE不同于其他公司的地方在于它所有人才培养因素都是结合非常完美的，比如业务的审计、战略的制订，财务的制订，经营的战略，所有的一切都是围绕着人才展开的。如果把整个人才培养按照比例来分的话，可以发现有10%是用在人才培养方面的，有70%是工作当中培养的，还有20%是潜移默化方面的，如果只是强调培训的话，就不会达到人力培训的好的效果。

每年通用在全球光培训这一块儿会花10亿美元，但这只是刚才说的培训当

释放你们的潜能，就是我存在的最大意义……

中的一部分。在去年全球GE员工成立了230万个培训项目。它们每年会招募大量年轻的人才，比如工程方面的，销售方面的和财务方面的，发现他们的潜能然后去培养他们。通用很少招募那些具有专业知识而没有领导力的人。可以举一个例子，GE培养领导人就像培育种子，它们有很多的种子，把它们撒在地上，用水浇灌，增加养分让它们成长，然后看一下，谁长的最好，谁是最有领导潜能的人，让它们有一个更好的挑战机会，而不是找一个人专门培养这样一个人才，把其他的"种子"都荒废掉。

15.6 雅芳：为员工提供丰富的培训

公司简介

雅芳是蜚声国际的美容护肤品跨国公司，也是全美500家最有实力的企业之一，拥有近120年的历史，雅芳如今在53个国家和地区进行直接投资，拥有员工4.3万多名，通过340余万名营业代表向全球6大洲140个国家和地区的顾客提供两万多种产品。雅芳的产品涉及护肤品、化妆品、个人护肤品、香品、流行首饰、女性内衣、时装、健康食品等，由于雅芳产品精益求精，因而屡获大奖，蜚声国际美容界。

培训理念

雅芳是一个庞大的化妆品王国，以直销模式而闻名全球。雅芳的培训，是要让每一位员工成为本行业、本企业产品和服务的专家，打造一个具有足够亲和力与吸引力的家庭式团队。

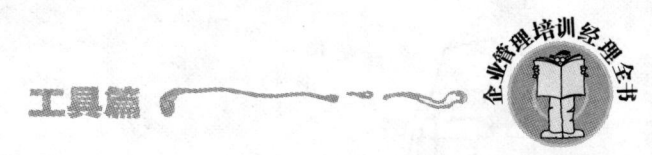

培训体系

雅芳的培训主要分为一般培训和销售培训两大类。其中一般培训所涉及内容与其他公司没有太大差异，是雅芳所有内部员工都要参加的，比如说雅芳设计了新员工入职培训、沟通培训、轮岗、海外培训、管理技能培训等各个方面的培训内容。作为化妆品公司，雅芳为员工设计了特殊的礼仪、形象和美容培训。此外，在销售培训中，雅芳着重要培训自己的讲师。以前雅芳的销售模式主要是一对一式的，也就是一位培训师对一位客户。但后来发展成为一对多，培训师可能要组织公开说明会，还要举办各种聚会，每个人都要能说会道，这就需要很多的培训。雅芳销售部门有专门的培训团队，它们需要为培训设计架构和内容，而HR在其中主要承担支持和协调的责任。

雅芳具有完善的培训体系，拥有一支精干、专业的培训师队伍，为员工提供的课程包括：入职、管理、知识与技能、销售、技巧、产品及美容、语言及海外培训等。人力资源部下面设有专门的培训发展组，其培训制度被称为公司的"培训阶梯"，每位员工的晋升都要经过它。针对各个部门不同职级，培训发展组根据每年公司的不同侧重点制度不同的培训模块、年度计划。

公司除行动培训外，还有相关的E-Learning课程，雅芳世界各地的员工都可以很方便地登陆网站学习，而这些课程包括销售、管理等等20多门，涉及方方面面，甚至包括经销商的培训。

培训特色

互动培训

据有关人员介绍，雅芳公司培训通常在互动练习和游戏中展开，非常注重弹性互动。比如在团队课程中是这样进行培训的：

培训开始了，首先培训师请每人用一种动物比喻自己并说明原因。气氛一下子活跃起来，有人说自己像马，矫健有力；有人说自己像猴子，聪明敏捷……同事间彼此距离一下子亲近起来。

自我介绍完毕，培训师提出一个项目：以桌子为单位分成4个参赛队，每

释放你们的潜能，
就是我存在的最大意义……

队确定自己对的队名，并推选出一名队长。4个队成立完毕，为期两天的培训竞赛立即开始。因为有风险抢答计分，而且答对还可以靠运气抽加分卡片，气氛热闹非常。

晚上，大家一共进行了3个有趣的游戏，包括办公沟通、传话绘图和人生拍卖，气氛相当活跃和轻松。这是寓教于游戏。

第二天继续培训的内容。每队的桌子上摆着一排彩色的画笔，培训师请每人画出自己所理解的雅芳公司。因为没有任何限制，有人画公司办公环境，有人画产品专卖店，有人画有寓意的海和天空，有人画用笑脸组成雅芳的LOGO……感性的认识是不够的，培训师要求每队分别就公司的愿景、价值观、使命和原则进行论证，然后将结果分享给大家。通过各队的陈述和集体讨论，互相交换彼此的分析论证，让员工对公司更有信心，对自己的工作职责也有了更深一层的领悟。这就是交互式讨论。

"商业道德教育"

"安然"、"世通"破产案使雅芳人明显地看到：商业道德，特别是公司高级管理层的商业道德，对一家公司是否能够长期生存起着决定性的作用。忽视商业道德的教育，很可能给一个公司带来的灭顶之灾。于是，加强"商业道德规范教育"被列入全球雅芳的目标之一。

商业道德课程长度约2小时，主要注重理论与生动案例相结合，使员工掌握道德与商业道德的含义，了解人们做出不道德行为的原因，以及了解做出决定前须考虑的因素。培训中还引入了一个十分实用的理念：道德决定的雷达，员工可以通过"准则导向""结果导向"、"品德导向"、"公正导向"来衡量自己的选择。从而做出合乎商业道德规范的行为。

该课程与雅芳其他培训课程一样，强调互动式学习，保证员工在轻松愉快的环境中汲取养分，增长知识。同事在课题设计上也充分考虑到员工不同的业务需求，以不同的案例情景，充分调动大家的主观能动性，辅之以全程跟踪指点：专业化引导、职业化关注。

工具篇

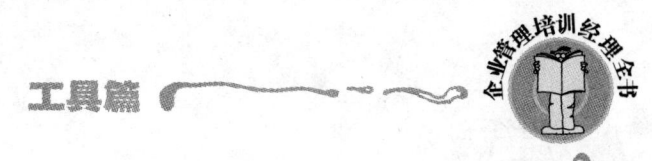

15.7 沃尔玛：内训出人才

公司简介

沃尔玛1962年在阿肯色州成立，现已成为美国最大的私人雇主和世界上最大的连锁零售商。目前沃尔玛在全球数十个国家开设了超过5000家商场，员工总数160多万。连续多年荣登《财富》杂志世界500强企业和"最受尊敬企业"排行榜，在全球多个国家被评为"最受赞赏的企业"和"最适合工作的企业"之一。

培训理念

在美国，沃尔玛被管理界公认为是最具文化特色的公司之一。沃尔玛坚信内训出人才。《财富》杂志评价它"通过培训方面花大钱和提升内部员工赢得雇员的忠诚和热情，管理人员中有60%的人是从小时工做起的"。因此，在用人上注重的是能力和团队协作精神，学历和文凭并不占十分重要的位置。

培训体系

沃尔玛的飞跃发展离不开一套完整的科学的人力资源管理，也离不开它那世界上独一无二的交叉培训。所谓交叉培训是一个部门的员工到其他部门学习，培训上岗，实现达到这位员工在对自己从事的职务操作熟练的基础上，又获得了另外一种职业技能。交叉培训体系对于沃尔玛来说有如下优势：

优势一：有利员工掌握新职业技能。交叉培训可使某单位接受了培训的员

释放你们的潜能，就是我存在的最大意义……

工在整个商场的其他系统、其他角落都能够提供同事或者顾客希望给予的帮助，促使员工能够完美、快速地解决他们所面临的问题，从而避免了他们的同事或者顾客浪费了宝贵的时间，提高工作效率和缓解顾客的购物心理压力，让其轻松愉快地度过购物时间。用人们常说的一句话就是一才多用。

优势二：有利于员工提高积极性，祛除以往只从事一种完全没有创新和变革的单调的职位的一种不利心理因素。零售业是人员流动最大的一种职业。而造成这种现象的原因是员工对本身的职务的厌烦；还有一种人是认为他所从事的职务没有发展前途，不利自身以后的发展，就会选择离开。

优势三：可以祛除员工之间的利益冲突。在生活当中，我们往往会听到有的人会抱怨自己和同事一样的学历和一样的劳动，就因为自己的工作职务低，拿的工资就少，低人一等，从而就会造成就了等级分化，消减员工的积极性，不利于为公司创造更多的利润，阻碍了公司很好的发展；同时也不利于员工追求新技术和探索创新，让其满脑子就是在"当一天和尚撞一天钟"。而沃尔玛，不仅做到了这一点优势互补，上下之间关系也变得随意亲切。沃尔玛的"直呼姓名"就是很好的证明，不再有上下级之间的隔阂；让员工有一种思想认识："我和总经理是同事，所以我也就是总经理，同时我也就是老板，这家店我也就有了股份。"从而全心全意地投入经营，处理事件得当，为沃尔玛更加茁壮成长打下基础。

优势四：可以让员工在全国的任何一家店相互支援。这种优势也就是沃尔玛的骄傲所在，因为它是世界零售"巨鳄"，开的店多，开新店也如家常便饭。比如要到新的城市开店，假如是重新去招聘新的员工，来完成开店前的准备，常常会由于新员工处理事件上缺乏老练，让顾客对公司的品牌评价贬值，同时也无法提高工作效率。而让老员工去支援，就避免了这样的不利发展的事。

优势五：有利于不同部门的员工能够从不同角度全考虑到其他部门的实际情况，减少公司的损耗，达到信息分享。很好的证明的一点是，假如你是采购部门的同事，而你没有从事过销售，就不知道哪种商品销售好和顾客的需求，假如你先进入销售部门，现在你从采购部门转到销售，就能从不同角度全盘考虑，减少公司的损耗，达到信息分享。

优势六：可以快速的完成公司的"飞鹰行动"。周末和节假日，特别是在

工具篇

圣诞节到春节期间是沃尔玛购物最疯狂的时间，顾客的热情采购常使卖场挤得水泄不通，也造成了顾客排队结算时间，所以公司就制订"飞鹰行动"让不是前台的员工，也能够从事收银，让顾客快速地离开超市，减少顾客的购物时间。

培训特色

内训出人才

在沃尔玛，很多员工都没有接受过大学教育，拥有一张MBA文凭并不见得能够赢得高级主管的赏识。除非通过自己的努力，以杰出的工作业绩来证明自己的实力。但这并不是说公司不重视员工的素质，相反，公司在各方面鼓励员工积极进取，为每一位想提高自己的员工提供接受训练和提升的机会。公司专门成立了培训部，开展对员工的全面培训，无论是谁，只要你有愿望，就有学习和获得提升的机会，而且，如果第一次努力失败了，还有第二次机会。因此，今天沃尔玛公司的绝大多数经理人员产生于公司的管理培训计划，是从公司内部逐级提拔起来的。

沃尔玛看重的是好学和责任感。在一般零售企业，没有10年以上工作经验的人根本不会被考虑提升为经理，而在沃尔玛，经过6个月的训练后，如果表现良好，具有管理好员工、管理好商品销售的潜力，公司就会给他们一试身手的机会，先做助理经理，或去协助开设新店，然后如果干得不错，就会有机会单独管理一个分店。在公司看来，一个人缺乏工作经验和相关知识没有多大关系，只要他肯学习并全力以赴，绝对能够以勤能补拙。而且公司乐于雇佣有家室的人，认为他们稳定，能努力工作。今日零售业由于大量使用兼职工、非熟练工以压低成本，各公司的员工流失率均居高不下，唯有沃尔玛是例外。

轮换工作

沃尔玛崇尚岗位轮换。对公司的各级主管，公司经常要他们轮换工作，有机会担任不同工作，接触公司内部的各个层面，相互形成某种竞争，最终能够把握公司的总体业务。这样坐虽然也可能造成一起企业内某些主管间的矛盾，

释放你们的潜能，就是我存在的最大意义……

但公司认为是对事不对人，每个人应首先帮助公司的其他人，发扬团队精神，收敛个人野心。

90天定乾坤

沃尔玛的"新人"，90天定乾坤。随着公司在国际上的大举扩张——它现在在全世界的雇员总数大约为110万。确保有才能的员工取得成就得到承认，并为他们提供脱颖而出的机会，就成了留住人才的关键。为此，公司将注意力集中在帮助新员工在头90天里适应公司环境。就分配老员工给他们当师傅；分别在30天、60天和90天时对他们进步加以评估等。这些努力降低了25%的人员流失，也为公司的进一步发展赋予了新的动力。

15.8 可口可乐：主业是培训人才

公司简介

可口可乐公司是全世界最大的饮料公司，也是软饮料市场销售的领袖和先锋。可口可乐风行全球114年，其产品包括世界最畅销五大名牌中的四个（可口可乐、健怡可口可乐、芬达及雪碧）。可口可乐商标被认定全球最具价值的商标。

培训理念

可口可乐公司注重对有潜力、能力强、意愿高的员工进行培训，因为把他们培训好，他们可以一个人胜任两个人甚至3个人的工作，这使公司的人力资源成本可以降低很多。

工具篇

人才生产是主业

拥有114年历史的可口可乐公司，曾被美国《商业周刊》以696.4亿美元的价值列为世界品牌之冠，连大名鼎鼎的微软也只能屈居其后。而重视员工培训，正是这家传统饮料企业之所以能够长盛不衰的一个重要原因。可口可乐的领导人们认为："可口可乐是一家培训人才的公司，生产碳酸饮料不过是我们的副业。"

鼓励员工自己争取培训

在可口可乐公司，培训计划规定，不光看一个人的表现如何，还要看他的发展潜力。因为可口可乐公司认为，有时表现和潜力并不完全是一回事。有的人虽然表现很好，但没有多少发展潜力，这也是不行的。

除了表现和潜力外，个人自我确定的发展目标也很重要。一般来说，员工总是期望和考虑公司给自己提供更多的机会，但有时机会并非外人给予，是靠自己设计和创作的。因此，个人首先应确定一个清楚的目标和计划，然后一步步走下去，这才会得到更好的发展。

培训体系

可口可乐公司提供员工和企业同步成长，不失重于任何一方。因此，可口可乐公司的培训也相应地分为两种，一种是员工的"自我培训"，这种培训主要是针对外语和计算机等基础知识；另一种是公司提供给员工的"内部培训"与总部提供的相关管理培训。

可口可乐公司每年年底都会让公司的高、中层管理人员和一般员工填报自己想要参加的培训内容，公司也会对员工的业绩及工作表现和员工的潜能进行预测，分析其未来的发展方向，确定其岗位调整以及应参加的培训。

释放你们的潜能，就是我存在的最大意义……

培训特色

培训抓重点

在可口可乐公司，培训也分为高、中、低三种。高层员工的培训主要是以总部培训发展组提供的培训项目为主，如每年挑选一些高级经理去接受外国教授一个月的培训。为中层员工的培训则主要侧重于他们掌握新的管理知识、新的技能。优秀者再去培训一个月。至于一般员工则侧重于本职岗位的专业技能培训，在培训中主要抓住潜力好、能力强的员工进行重点培训，这些培训主要是多提供他们一些新领域的知识和技能，已达到升职后工作岗位的需求。而企业中层的重点员工与基层的重点员工，一般来说是企业培训的重点，公司会集中资源对他们进行强化培训。

可口可乐认为，有潜力、能力强、意愿高的员工能够使企业的人力资源成本减少很多，他们往往乐于接受工作挑战，喜欢适应不同的工作岗位，因此这部分人也是培训的重点。公司给他们提供更多的培训，使之能够掌握更多技能，在实际工作中能够改善组织的效率，把他们培训好了，他们可以一个人胜任两个人甚至3个人的工作，这对公司的人力资源的成本将降低很多，同时，当关键岗位人员流失时，也可以很快补充和继任。

2000年，天津可口可乐建立了"教育训练中心"，是可口可乐公司进行上述培训的主要训练基地。

15.9 麦当劳：培养商战"将军"

公司简介

麦当劳始创于1955年，至今已在世界的120多个国家和地区已开设了3万多家餐厅，是全球规模最大、最著名的快餐企业。麦当劳快餐文化被公认为美国文化的代表之一。

培训理念

对于如何看待人员的训练和发展，麦当劳始创人雷克罗克先生说了两句话，第一句是："If we are going to go anywhere, we've got to have some talent and I'm going to put my money into talent."（不管我们走到哪里，我们都应该带上我们的智能，并且不断给智能投资）所以早在1976年，麦当劳的创始人就已经决心要在人员的发展上做出很大的投资；另一句话是："Cash they can get, talent you have to develop."（你可以赚到钱，但是你必须花心思去发展智能）

有好的训练、好的生产力的麦当劳团队，能够在顾客满意与员工满意上，达成企业目标。

首先在正确的时间提供正确的训练，因为训练的价值在于对员工生产力的大幅提升，同时由于麦当劳的训练也提供给加盟经营者，而加盟者在麦当劳的系统里占有很大优势，所以这对加盟经营者的生产力，也有很大的帮助。

第二，如果可以有效率地运用训练投资，对于麦当劳的股票投资人，也会产生一定的效益，这也是麦当劳企业对投资人一个很重要的责任。

第三，通过良好的训练，就能将麦当劳的标准、价值、讯息以及想要做的改变——达成，这对整个系统的永续经营相当重要，因此麦当劳的"愿景之屋"，把"人"当做一个很重要的资产。

综上所述，麦当劳公司认为，它们在人事制度上的成功不仅仅为麦当劳公司带来了巨大的经济效益，带来了公司规模的飞速发展，更重要的是，它们为全世界的企业创造了一种新的模式，甚至是从一个普通的毕业生到独挡一方的经理，从这个层面上来看，它们的确为全社会培养了一批批真正的管理者，就商场如战场而言，它们为商战培养了一大批"将军"。

培训体系

在麦当劳的企业里，有超过75%的餐厅经理，50%以上的中高层主管，以及1/3以上的加盟者，都是由计时员工开始的。"麦当劳的训练魔法"实际上可

释放你们的潜能，就是我存在的最大意义……

归纳为一句话"计时员工开始的主管之路"。这条路麦当劳是如何走的呢？

"预备役部队"培训

麦当劳是涉及30多个城市的由100多家餐馆组成的庞大体系。如此的发展速度和规模，必然需要一个相当成熟的中级管理阶层。在麦当劳，这个阶层主要是由年轻人组成的。下面就是麦当劳如何把一个普通毕业生培养成为成熟的管理者的过程。

人才的多样化是麦当劳普通员工的一大特点。正因如此，麦当劳不同于其他公司，真正毕业于饮食服务学校的只占员工的30%，而40%的员工来自商业学校，其余的则由大学生、工程师、农学家和中学毕业后进修了2~5年的人组成。

同时，麦当劳公司拥有一支庞大的年轻人才后备军。由3500名大学生组成，他们在校上课的同时定期利用部分时间到餐馆打工。这些后备人才将有50%的机会成为公司明天的高级管理人员。他们将可以根据麦当劳公司安排的培训计划担任各种职务，并有可能同已开始在企业工作的有文凭的年轻人一起担任餐馆经理。

多样化的人才组合与庞大的后备力量使人才的培养和提升有极大的选择性，他们一起成为麦当劳管理阶层的稳固基石，不断将新鲜血液注入到公司中去。

从"立正、稍息"开始

在麦当劳里取得成功的人，都有一个共同的特点：从零开始，脚踏实地。炸土豆条，做汉堡包，是在公司走向城的必经之路。当然，这对于那些年轻的、取得了各式文凭、踌躇满志想要大展宏图的人来说，往往是不能接受的。

但是，他们必须懂得，脚踏实地从头做起才是在这一行业中成功的必要条件。如果你没有经历过各个阶段的尝试，没有在各个岗位上亲自实践过，那么你又如何以管理者的身份对他们进行监督和指导呢？在这里，从收款到炸土豆条直至制作各式冰淇淋，每个岗位上都会造就出未来的餐馆经理。

麦当劳要求他们的合作者做许多事情，但人们也可开开玩笑，气氛是和谐友好的。那些在公司干了6个月以上的人后来都成了麦当劳公司忠诚的雇员。

工具篇

最艰难的时期是初入企业时期。饮食业是艰苦的，在最初的6个月中，人员流动率最高，离去的人中，有80%的人根本不了解这一行业。麦当劳希望他们知道：要听从吩咐，不要计较工作时间。

培养中小型企业领导

能坚持下来的关键在于协调好家庭生活与餐馆工作的时间。那些更善于分配和利用时间的人，那些对工作投入最多的人使胜利者。而且，他们的牺牲是有价值的，他们中那些有责任感的、有文凭的、独立自主的年轻人，在25岁以前，就可能得到在许多企业不可能得到的好机会：真正成为一个中小型企业的管理者。

"不想当将军的士兵不是好士兵"。麦当劳鼓励人们去争取更高的位置。麦当劳公司力求向每位合作者反复灌输的基本技能师对餐馆的管理。平均在25岁左右，一名青年就成为一家真正的中小型企业的领导人，管理100来人。麦当劳在教会他们当老板。这个过程是这样的：

从实习助理到一级助理

麦当劳公司实行一种快速晋升的制度：一个刚参加工作的出色的年轻人，可以在18个月内当上餐馆经理，可以在24个月内当上监督管理员。

而且，晋升对每个人是公平合理的，既不作特殊规定，也不设典型的职业模式。每个人主宰自己的命运，适应快、能力强的人能迅速掌握各个阶段的技术，从而更快地得到晋升。这个制度可以避免有人滥竽充数。每个级别的经常性培训，只有有关人员获得一定数量的必要知识，才能顺利通过阶段考试。公平的竞争和优越的机会吸引这大量有文凭的年轻人到此，实现自己的理想。

首先，一个有文凭的年轻人要当4~6个月的实习助理。在此期间，他们以一个普通班成员的身份投入到企业各个基层工作岗位，如炸土豆条、收款、烤牛排等。在这些一线工作岗位上，实习助理应当学会保持清洁和最佳服务的方法。并依靠他们最直接的实践来积累实现良好管理的经验，为日后的管理实践做准备。

第二个工作岗位则更带有实际负责的性质：二级助理。这时，他们在每天规定的一段时间内负责餐馆工作，与实习助理不同的是，他们要承担一部分管理工作，如订货、计划、排班、统计……他们要在一个小范围内展示他们的管

释放你们的潜能，就是我存在的最大意义……

理才能，并在日常实践中摸索经验，协调好他们的小天地。

在进入麦当劳8~14个月后，有文凭的年轻人将成为一级助理，即经理的左膀右臂。与此同时，他们肩负了更多更重的责任，每个人都要在餐馆中独当一面。他们的管理才能日趋完善。这样，离他们的梦想——晋升为经理，已经不远了。有些人在首次炸土豆条之后不到18个月就将达到最后阶段。

培养"麦当劳外交官"

但是，在达到这梦寐以求的阶段前，他们还需要跨越一个为期15天的小阶段。与前面各阶段不同的是，这个阶段本身也是他们盼望已久的：他们可以去芝加哥汉堡大学进修15天。

应该承认的是，这个制度不仅有助于工作人员管理水平的提高，而且成为麦当劳集团在法国乃至全世界范围极富魅力的主要因素之一，吸引了大量有才华的年轻人的加盟。

当然，一个有才华的年轻人升至餐馆经理后，麦当劳公司依然为其提供了广阔的发展空间。经过一段时间的努力，他们将晋升为监督管理员，负责三四家餐馆的工作。

3年后，监督管理员将升为地区顾问。届时，他将成为总公司派驻其下属的代表，成为"麦当劳公司的外交官"。

作为"麦当劳公司的外交官"，他的主要职责是往返于麦当劳公司与各下属企业，沟通传递相信。同时，地区顾问还肩负着诸如组织培训、提供建议之类的重要使命，成为总公司在这一地区的全权代表。

当然，成绩优异的地区顾问依然会得到晋升。

培养接班人

最后，麦当劳公司与众不同的重要特点是，如果人们没有预先培养自己的接替者，那么他们在公司里的升迁将不被考虑。麦当劳公司的一项重要规则强调，如果事先未培养出自己的接班人，那么无论谁都不能提级晋升。

这就犹如齿轮的转动，每个人都得保证培养他的继承人并为之尽力，因为这关系到他的声誉和前途。这是一项真正实用的原则，可以想象，麦当劳公司因此成为一个发现培养人才的大课堂。在这里，缺少的绝不会是人才。

工具篇

培训特色

训练不只是课程

和其他企业不同的是,麦当劳的训练是发生在真实的工作中的,它不只是一个课程。它强调对人员策略的重视,自动地执行训练计划,并且把麦当劳的训练和人员自我的梦想期望结合在一起。在麦当劳香港汉堡大学的课程中,有一堂叫做"与成功有约",目的是让高级主管有机会分享成功经验,同时也帮助未来领导者的成长与训练。

再就是"衡量",在企业的训练里面,衡量训练的结果,与企业的结果有没有结合,是一个关键,所以麦当劳有很好的训练需求分析,针对需要训练的部分去设计,同时必须要评估训练的成果,是不是能够达到组织所需要的。

4个层次的评估

麦当劳很努力去完成"反应、知识、行为、绩效"等4个层次的评估。

第一是"反应",就是自上课结束后,大家对于课程的的反应是什么。例如评估表就是收集反应的一种评估方法,可以借由大家的反应调整以符合学员的需求。

第二就是讲师的评估,每一位老师的引导技巧,都会影响学员的学习,所以在每一次课程结束后,都会针对老师的讲解技巧来做评估。在知识方面,汉堡大学也有考试,上课前会有入学考试,课程进行中也会有考试,主要想测试大家通过这些方式,究竟保留了多少知识,以了解训练的内容是否符合组织所要传递的。除此之外,汉堡大学非常重视学生的参与,会把学生的参与度,量化为一个评估方法,因为当学员提出他的的学习,或者是和大家互动分享时,可以知道他的知识程度,并且在每天的课程去做调整,以符合学生的学习要求。

第三是"行为",在课程中学到的东西,能不能在回到工作以后,改变你的行为,达到更好的绩效。在麦当劳有一个双向的调查,上课前会先针对学员的职能做一些评估,再请他的老板或直属主管做一个评估,然后经过训练3个

释放你们的潜能，就是我存在的最大意义……

月之后，再做一次评估；因为学员必须回去应用他所学的，所以培训部门会把职能行为前后的改变做一个比较，来衡量训练的成果。他们认为这个部分在企业对人员的训练方面非常重要，这也是现在一般企业比较少做到的，因为它所花的成本较大，而且分析起来也比较困难，所以很多企业都放弃没有做到。汉堡大学很努力推动这个部分。

第四，在"绩效"方面，课后行动计划的执行成果和绩效有一定的关系，每一次上完课，学员都必须设定出他的行动计划，回去之后必须执行，执行之后会由他的主管来为他做鉴定，以确保训练与绩效的结合。

传授价值观与技能

企业的价值观会影响训练的成效，在麦当劳的人员训练结构上，有两个重要的部分，一个是长期学习路径，第二部分就是全球麦当劳的人员学习发展中心，包括所谓的汉堡大学。

麦当劳最主要的价值观，就是"以人为本"的快速餐饮服务。在训练过程中强调如何把麦当劳"以人为本"的价值，带入到每一个人每一次的用餐经验，人在传递服务的过程里，如果有一些互动，有一些关怀，有一些感受，会做出更好的结果，而这也就是麦当劳"以人为本"如何落实在每一天的实际工作。

延伸麦当劳最主要的价值观"以人为本"，麦当劳在人员的发展上，就是要"传授一生受用的价值观与技能"。在麦当劳的筑梦过程中，每一个学习者在每一个不同的经验里，学到了一生受用的价值观与技能，那是麦当劳人员发展的很重要的观念，也就是这样的价值观，支持训练与人员发展系统的成功。

全职涯培训

麦当劳强调的是"全职涯培训"，也就是从计时员工开始到高级主管，都有不同的培训计划，透过各区域的训练中心以及汉堡大学进行进阶式的培训，使得麦当劳的员工能够持续不断地学习、成长。

麦当劳的计时员工分为服务员、训练员、员工组长与接待员几部分，这些人都是计时的，麦当劳培育他们，给他们这么多的训练，除了传递全球一致的产品与服务以外，这跟价值观有很重要的关系，所以每一个麦当劳员工，他们

工具篇

都有培养。

在麦当劳，经理不只是从计时员工晋升，也有直接从实习经理培养而成的。当麦当劳在招募实习经理这个职务的时候，视其是否具有做餐厅经理的潜能。在餐厅经理培养的一连串的训练计划方面，就是要训练实习经理可以做到餐厅经理。内容包括从怎么样去经营一个楼面，最基本的餐厅的运作，使顾客的经验非常顺畅，到管理订货，排班几个系统的培训，一直到一个餐厅的领导，怎么样做团队的建立，到企业经营等。

中级主管的职责和餐厅经理有所不同，培训着重在两个方面，一是顾问的技巧，另一是部门的领导。除了训练、营运，还有很多其它专业职能的训练。麦当劳有一系列专业讲师的培育课程，当然不是只有上课，还会有很多的real work，在这些的发展里面是一连串、一系列的课程让员工的职能获得提升。

麦当劳的高级主管，在汉堡大学也是一个很重要的途径。高级主管通常对于从基层到中级主管的发展，已经有某种程度上的掌握，才能做到高级主管。

麦当劳的高级主管训练有三个方面：全球研讨会、外部发展研讨会、执行辅导。

15.10 高露洁：锻造"同质"人才

公司简介

高露洁是全球顶尖的消费品公司之一，在全球200多个国家和地区设有分公司或办事机构，员工总数近40000人。

培训理念

百货店和超市中那些琳琅满目的牙膏柜台告诉我们，牙膏似乎并没有太大

释放你们的潜能，就是我存在的最大意义……

的发展空间。但无论是在偌大的华尔街，还是在高速增长的中国，很少人相信，生产牙膏的高露洁橄榄公司在过去的几十年里，其市场表现居然超出了长期最被人关注的那些企业。这主要得益于高露洁不断地从小处着手提高效率：在营运过程中节省每一分钱的成本，在市场营销上做到无处不在，使高露洁获得莫大的成功，成为"口腔护理专家"的代名词。

高露洁是在"细致"中做到快速增长的。同样地，它们坚持"细致"的支撑其发展的人才和人才机制。高露洁强调的是关怀备至和精益求精，要求每一天每一处都要做到最好。只有建立一个机制，一个让员工与企业同质成长的机制，才能保证员工成长的同时优化企业的人力资源队伍。

培训体系

核心价值观培训

保持员工与公司同质发展，是高露洁人才管理最重要方面。高露洁的人力资源部门认为它们不光要招到所需要的人才，更重要的是要在工作中不断促使员工同质成长。

这种同质成长，由高露洁精神和核心价值观去带动，又精心安排一些课程去推动。包括"关怀"、"全球团队合作"以及"不断改善"在内的核心价值观为高露洁吸引了杰出的员工队伍。这支团队帮助高露洁在全球推出优质的产品，改善人们的生活。

高露洁中国公司到目前为止，已为每个部门编订了完善的培训系统课程。每年公司投资数百万元的培训经费，确保每位员工每年都得到相关的培训。和其他公司不同的是，在这些培训课程中，高露洁安排了很多配合公司核心价值观的培训。如高露洁去年启动的一个名为"高露洁——以人为本"的课程，目的就是让全球的高露洁理解如何支持和鼓励各种不同背景的员工，以求实现员工个人的目标以及公司的目标。同时，帮助高露洁的员工知道如何对待他人的个人贡献做出认可、珍视以及尊重。高露洁相信只有共享创意、技术和人才资源，才能获得并且保证利润的持续增长。类似的培训就是要让所有高露洁员工在全球不分国界地进行合作。

高露洁另一项内部培训课程也很有代表性。设计这个全新的名为"商务诚

工具篇

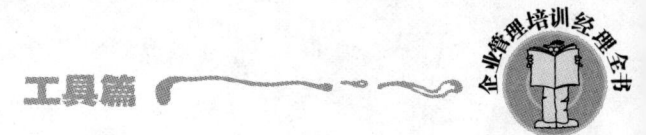

信：在工作中体现高露洁的价值"的课程，目的就是要让高露洁人了解关于如何以诚信、道德的手法经营业务的知识。课程强调广泛意义的具有道德的商业行为，以求避免不可接受的行为。无疑，这是针对高露洁提倡"关怀"的核心价值，承诺在任何情况下都体现同情、正直、诚实。关怀员工、消费者和业务合作伙伴而开设的同质化培训之一。

这样的培训，使高露洁在面对日益扩大的市场，业务全球范围内遍地开花的情况下可以做到始终如一地贯彻公司发展战略、保持业务发展方向，同时保持同步增长。

职业技能培训

高露洁培训部门人员认为他们作为公司的业务伙伴，非常重要的工作便是通过推动人才的发展来满足公司快速增长的业务需求。当然，他们并不一味地使劲推动人才，在适当的时候，而是看看到底人才在成长的方面还存在那些障碍和问题，需要协助。高露洁每年都会把人才战略融合到公司发展的全球战略中去。从公司全球发展战略的大视角来评估人才的发展方向，把员工的个人职业生涯发展与公司的战略结合起来，把员工个人的职业需求与企业发展的需求结合起来。

首先公司有一套完善的绩效管理系统。每年年初，员工都会根据公司及部门的发展策略订出当年的工作目标，而在年底员工与其上级主管会根据此员工设定目标对其过去一年的工作表现和相应的技能进行全面、客观的评估，透过双向的沟通，来切实了解员工的发展需求，并提供指引。此外，公司还提供机会让每一位员工透过"个人发展计划"来规划自己在高露洁的职业发展。此计划主要包括评估员工本身的特长、今后须发展的技能，已经完成的发展计划，提出新的发展计划，并明确列出执行时间表。整个过程主要由经理对下属进行，最后由高一级经理确认。

无论是绩效管理，还是个人发展计划，目标都在于可以使公司内部从高层到普通员工都来关注员工的生存状态、员工的工作，给员工足够的关心，营造最佳的工作环境，让他们根据自己职业目标得到最充分的发展，体现自己的价值。

释放你们的潜能，就是我存在的最大意义……

培训特色

对于新人来说，进入高露洁的门不容易，但你一旦进入了，就可以拥有全球性的职业机会。高露洁为了提高跨文化的同质管理能力，将经理人派到海外工作或者学习，让他们亲身体验不同文化，或者把他们留在自己的国家，与来自不同文化背景的人相处，外加一些跨文化知识和理论的培训。到今天，已经有很多优秀的员工得到了各种海外培训或发展的机会，大大拓展了他们思考的空间以及获得了全球视野内的管理经验。

这样的同质化培养人才办法，重要的一点是使高露洁在全球化浪潮下有了大量的国际化人才。在高露洁中国公司你能看到不同国家的员工在一起共事，而高露洁的员工在公司的培训和工作交流中，拥有了能与来自不同文化背景的人有效交往的能力。正是得益于这种鼓励不同文化及背景之间的启发和沟通的氛围，使得高露洁不断实现创新和全球合作。

15.11 迪士尼：员工培训比经理培训更重要

公司简介

迪士尼公司全球华特迪士尼企业，成立于1923年，是当今世界上最大的娱乐、媒体公司之一，年销售额逾300亿美元。迪士尼是当今世界上最有价值的娱乐品牌，品牌价值世界排名第六，并且代表着最高质量、最特别的娱乐体验。

培训理念

到迪士尼去游玩，人们不大可能碰到迪士尼的经理，门口卖票和剪票的也许只会碰到一次，碰到最多的可能还是扫地的清洁工。所以迪士尼对员工非常重视，将更多的训练和教育大多集中在他们的身上，而不是经理。

培训体系和特色

扫地员工的培训

东京迪士尼扫地的有些员工，他们是暑假工作的学生，虽然他们只扫个把月时间，但是培训他们扫地要花3天时间。

学扫地

第一天上午要培训如何扫地。扫地有3种扫把：一种是用来扒树叶的；一种是用来刮纸屑的；一种是用来掸灰尘的，这3种扫把的形状都不一样。怎样扫树叶，才不会让树叶飞起来？怎样刮纸屑，才能把纸屑刮的很好？怎样掸灰，才不会让灰尘飘起来？这些看似简单的动作却都应严格培训。而且扫地时还另有规定：开门时、关门时、中午吃饭时、距离客人15米以内等情况下都不能扫。这些规范都要认真培训，严格遵守。

学照相

第一天下午学照相。十几台世界最先进的数码相机摆在一起，各种不同的品牌，每台都要学，因为客人会叫员工帮忙照相，可能会带世界上最新的照相机，来这里度蜜月、旅行。如果员工不会照相，不知道这是什么东西，就不能照顾好顾客，所以学照相要学一个下午。

学包尿布

第二天上午学怎么给小孩子包尿布。孩子的妈妈可能会叫员工帮忙抱一下小孩，但如果员工不会抱小孩，动作不规范，不但不能给顾客帮忙，反而增添顾客的麻烦。抱小孩的正确动作是：右手要扶住臀部，左手要托住背，左手食指要顶住颈椎。不但要会抱小孩，还要会替小孩换尿布。给小孩换尿布时要注意方向和姿势，应该把手摆在底下，尿布折成十字形，最后在尿布上面别上别针，这些地方都要认真培训，严格规范。

学辨识方向

第二天下午学辨识方向。有人要上洗手间，"右前方，约50米，第三号景

释放你们的潜能，就是我存在的最大意义……

点东，那个红色的房子"；有人要喝可乐，"左前方，约150米，第七号景点东，那个灰色的房子"；有人要买邮票，"前面约20米，第十一号景点，那个蓝条相间的房子"……顾客会问各种各样的问题，所以每一名员工要把整个迪士尼的地图都熟记在脑子里，对迪士尼龙的每一个方向和位置都要非常地明确。

训练3天后，发给员工3把扫把，开始扫地。如果在迪士尼里面，碰到这种员工，人们会觉得很舒服，下次会再来迪士尼，也就是所谓的引客回头，这就是所谓的员工面对顾客。

会计人员的培训

有一种员工是不太接触客户的，就是会计人员，迪士尼规定：会计人员在前两三个月中，每天早上上班时，要站到大门口，对所有进来的客人鞠躬，道谢。因为顾客是员工的"衣食父母"，员工的薪水是顾客掏出来的。感受到什么是客户后，再回到会计室中去做会计工作。迪士尼这样做，就是为了让会计人员充分了解客户。

其他员工培训

怎样与小孩讲话

游迪士尼有很多小孩，这些小孩要跟大人讲话，迪士尼的员工碰到小孩在问话，统统都要蹲下，蹲下后员工的眼睛跟小孩的眼睛要保持一个高度，不要让小孩子抬着头去跟员工讲话。因为那个是未来的顾客，将来都会再回来的，所以要特别重视。

怎么送货

迪士尼乐园里面有喝不完的可乐，吃不完的汉堡，享受不完的三明治，买不完的糖果，但从来看不到送货的。因为迪士尼规定在客人游玩的地区是不准送货的，送货统统在围墙外面，迪士尼的地下像一个隧道网一样，一切食物、饮料统统在围墙外面下地道，在地道中搬运，然后再从地道里面用电梯送上来，所以客人永远有吃不完的东西。这里可以看出，迪士尼多重视客户，所以客人就不断去迪士尼。去迪士尼玩10次，大概也看不到一次经理，但是只要去一次就看得到他的员工在做什么。这就是前面讲的，顾客站在最上面，员工去面对客户,经理人站在员工的底下来支持员工,员工比经理重要,客户比员工又更重要,这个观念在迪士尼建立了起来。

15.12 丰田:标准化实战培训

公司简介

丰田是世界十大汽车工业公司之一,日本最大的汽车公司,创立于1933年。早期的丰田牌、皇冠、光冠、花冠汽车名噪一时,近来的克雷西达、凌志豪华汽车也极负盛名。丰田公司的三个椭圆的标志是从1990年初开始使用的。标志中的大椭圆代表地球,中间由两个椭圆垂直组合成一个T字,代表丰田公司。它象征丰田公司立足于未来,对未来的信心和雄心。

培训理念

丰田公司的企业文化核心是TOYOTA WAY,包括五大要素:一是挑战。丰田在几十年发展过程中曾遇到很多困难,甚至一度面临倒闭的危险,正是具备了挑战精神,才渡过了一个又一个难关;二是改善。丰田注重改善,认为任何工作都有改善的余地,要求有问题意识,发现问题及时解决,鼓励员工针对现实问题提出解决方案;三是现地现物。鼓励亲自去看亲自去听,所有车间主任都必须在现场,在车间。遇到问题及时解决;四是尊重。就是要尊重客户、员工和相关部门;五是团队合作。丰田需要出类拔萃的人,但它不特别强调员工个人的贡献,而是强调团队业绩,主张优秀的个人去带动团队,以创造更大的价值。公司对员工的素质要求、绩效考核以及培训开发都会充分体现这五点。

释放你们的潜能，就是我存在的最大意义……

培训体系

丰田公司认为，有没有很好培训指导，已成为用人单位吸引人才的一个重要因素。丰田公司的员工培训是给员工创造一个不断提升自己的机会，也是一种激励。

新员工培训

为了让员工能更快地融入企业文化，公司会有一些措施。比如在新人来到公司时候，公司安排有全公司介绍仪式，之后进行新员工培训，然后还有一个入社仪式，就是加盟公司的仪式，同时各个部门会搞部门的欢迎会，同时业余时间里也有文体活动，在网上发布一些信息，号召大家参加，增加沟通。然后公司本身，人力资源部门也会主动做文艺活动，如在郊区搞培训、娱乐为一体的活动等。

新员工培训的内容包括丰田理念、历史，同时还有关于基本常识的培训。比如作为一个商务人员，作为丰田员工应该具备什么礼仪，还有工作方式，就是比较实用的东西，应该怎么开展工作。还有就是参观公司是经销店、售后服务中心等。时机成熟了，公司还会让新员工到公司生产现场和我销售现场实习等内容。

管理人员培训

在管理人员培训方面，公司认为如果管理人员总是处在公司的较小圈子里，缺乏更多刺激，就会失去前进的动力。管理能力跟不上会影响整个部门的效率。每个人都朝着自己的方向努力，形不成一种合力，会直接影响到生产效率。公司就会让管理人员走出去，多和外界交流，多跟别的公司做横向沟通，不断获得提高自己的动因。公司领导层认为，作为管理人员不怕你没有能力，如果你有良好的品德和人格，依依然可以带动一些人去做事，部下的能力会弥补你能力不足。

在引进人才，特别是引进高层管理者方面，丰田公司跟很多欧美公司不太一样，欧美公司高层职位愿意从别的公司挖人，丰田更注重自己的培养，不是愿意从外面引进人才。公司认为，从外面引进人才很难调动自己员工积极性，

工具篇

发现现有员工潜在能力是人力资源部门非常重要的工作，丰田公司更倾向自己培养人才。如果实在找不到合适人，并不拒绝通过猎头公司找高层职位人员，但是侧重自己培养。

培训特色

工作轮调

丰田公司对于岗位一线工人采用工作轮调的方式培养和训练多功能作业员，提高工人的全面操作能力。通过工作轮换的方式，使一些资深的技术工人和生产骨干把自己的所有技能和知识传授给年轻人。对各级管理人员，丰田采取5年调换一次工作的方式进行重点培养。每年1月1日进行组织变更，调换的幅度在5%左右，调换的工作一般以本单位相关部门为目标。对于人个来说，通过几年的轮换岗位，有利于成为一名全面的管理人才、业务多面手。短期看，转岗有个熟悉操作的适应过程，可导致生产效率的降低，但从长期看却是有百利无一害。因为员工经数次岗位变动后，已掌握了整个生产流程的操作，熟悉了每道工序的操作规则。同时，经常有秩序地轮岗可对员工造成适当压力，能有效发挥其工作潜能和积极性，使整个企业保持生机勃勃、蒸蒸日上的积极态势。

实用型培训

丰田公司要求管理人员必须和部下做沟通，使员工明白自己的强弱项，上司也可很好地了解员工。目标完成情况跟奖励挂钩，同时丰田公司也将据此确定员工个人的未来培养计划。至于员工个人学习计划也是通过上述方式方法确定下来，由人力资源部针对不同级别统一安排不同内容的学习和培训。需要特别指出的是，丰田公司并不推崇过多的脱产培训，特别是那种为获取学位或资格的培训，因为公司认为可用于实际工作的部分可能只有一小部分，但却要给他一年或半年的时间。当然，如果确实需要，比如技术部门以及市场推广、市场开拓，丰田公司也考虑给员工安排脱产学习。

释放你们的潜能，就是我存在的最大意义……

"标准化"培训

丰田公司原来只是名古屋郊区的一家小企业，但现在已是一个在30多个国家和地区共设有60家工厂的世界第二大汽车公司了。一向以不断提高产品质量闻名的丰田公司为该公司分散在世界各地的工人创办了一所工厂——学校。这所学校位于丰田公司汽车城的中心，占地4.2万平方米。

在日本的其他经济部门，人们重视的是商业或财务干部的培训，而在丰田公司，人们重视的是生产人员的培训。公司要想取得成功，关键是要有受过良好培训的、能生产出最可靠的汽车的工人。丰田公司坚信，要想按照丰田公司的标准进行生产，就必须让公司分散在世界各地的蓝领工人都像丰田公司汽车城的工人一样谨慎细心地工作。

在工人培训方面，丰田公司一直采取比较简单的方式：一方面，公司经常派优秀的日本工人到国外去培训分厂的员工；另一方面，国外分厂的班组负责人到日本本土的各工厂进修和实习，再回去传授给其他员工。这样，就形成了"母公司"培训"子公司"的惯例。

后来，为了提高培训的效率，丰田公司的培训工作开始标准化。该公司将一个旧工厂改变成了一个培训中心，里面设有培训室、装配线终端和车间。工人到这里接受训练和深造的时间一般为1~5周。他们综合每个车间各自做事的方法和程序，总结出了一套最好的办法和程序，使培训工作实现了标准化。培训很少采取长篇演讲的做法，更多的是在一些模拟装配线上，让工人多看，然后反复练习。

丰田公司创办这样的学校有两个好处。"母公司"的工人已很少为培训出差。更重要的是，由于统一了生产程序，每次要推出新车型时，公司就从各工厂挑选工人到中心来，共同学习引入新车型的技术，从而节约宝贵的时间。

在1年多时间里，已有1000名工人（其中半数是日本工人）到中心接受过培训。到2008年，接受培训的工人达到5000人，招聘的教员增加到230人。丰田公司目前打算在欧洲、美国和印度这样的国家开设地区培训中心。

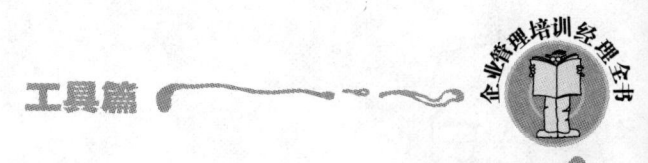

15.13 用友：传播知识体系

公司简介

用友软件股份有限公司成立于1988年，长期致力于提供具有自主知识产权的企业应用软件、电子政务管理软件的产品、服务与解决方案，并在金融信息化和软件外包等领域占据市场领先地位。2001年股票在上海证券交易所挂牌上市，2002年"用友"商标被认定为"中国驰名商标"。用友公司是中国最大的管理软件、ERP软件和财务软件供应商。

培训理念

用友衡量人才的6点标准是专业、敬业、创业、诚信、务实、合作。对于自己的员工，用友希望他是一个专业的员工，每一个人都是本行业或者是本部门的专家；希望他敬业，有良好的工作态度；希望他有创业精神，能够保持工作的激情；希望他有诚信，这是对员工品质的基本要求；希望他能够务实，做点实事；希望他能够发挥团队合作精神，不仅自己好，而且带动整个团队的人变得更好。整个用友的培训体系就是依据这个人才标准而设立的。

培训体系

用友首先认准一个人才具有发展潜力，之后会给他提供非常具有竞争力的培训，使他很快成为一名操作高手。

每年用友公司在培训上的投入会超过1000多万元，占到销售额的

释放你们的潜能，就是我存在的最大意义……

2%~3%。在员工培训中主要的负责机构是用友大学，它隶属于人力资源部，培训的内容主要是分4个方面：第一大块就是专业培训，也就是说一般的专业岗位所需要的技能培训；再一类是通常所知道的干部培训，也就是经理人员培训；第三类是新员工培训；第四类指的是企业文化和基本的职业素能的培训。在用友大学下面还会分有一些销售学院、管理学院和服务顾问学院。

专业培训

专业方面的培训会按照公司的四大核心业务系列展开，即按照研发系列、营销系列、服务系列和运营四大专业的系列展开。

在研发培训上面，除了公司在研发投入上面会是巨资投入以外，研发人员的培训每年都会有大量的内部和外部培训。粗略统计一下，至少以百万元来计的，研发人员会超过100个班，外部培训至少也是几十万。通常公司给研发人员的培训是开绿灯的，最贵的培训和派出人数最多的培训都在研发上面。用友鼓励研发人员学习新技术和新工艺。

在销售培训方面，主要分成市场和销售培训。用友加大销售培训，并且专设了销售培训学院。用友在销售培训方面，尤其重视对新录用的一线销售人员的培训，每年在总部以及每个分公司发起的，一般集中封闭两周到一个月的培训，包括公司的介绍和各种产品的培训，专门的销售技能的培训和职业化的培训。它们会引进专门的培训课程和录像带，配合大量的案例练习和角色扮演，这样的课程通常都会请经过专业认证的讲师，同时也是来自一线的销售经理。

服务方面的培训，用友会根据软件实施三个方面来开设培训，专门设立了对客户和社会人员的培训顾问服务学院。

还有一个运营序列的培训，主要是指财务、法务、人力资源、信息技术等职能部门培训，会有外派的培训来提高员工的能力。

经理培训

用友经理培训分为管理客户、管理自己、管理员工、管理团队和管理业务，并且根据这五大模块分成四级分配，从后备经理到分公司经理等分成四级培训，每年会在经理培训方面专门搞夏令营，这些培训和安排都会使经理的能

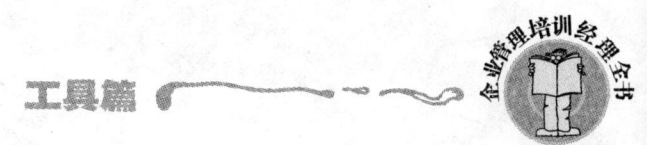

力得到提升。

新员工培训

用友的新员工培训分为两级，第一级是公司级的新员工培训，第二级是分公司和部门培训。第一级的培训使员工尽快了解公司的企业文化和公司概况，并且强调他的团队精神，让他了接在用友公司做事做人基本的要求。第二级更多是帮助新员工了解业务知识和产品知识，使他能够尽快在岗位上顺利工作起来。

新员工培训 采取班级管理与自我管理结合的方式，在课堂的培训结束之后，还会有联欢会，公司还会提供大量的网上课程作为新员工自学的资源。

企业文化和员工职业技能培训

用友非常重视企业文化方面的培训，特别是提倡"以客户为中心"的企业价值观。客户服务的课程在各级干部和员工中推广。同时为了提升各级员工的基本职业素质技能，公司会安排演讲技巧、时间管理、商务礼仪、沟通技巧、分析设定、分析解决问题培训，使员工不仅在个人业务上提高，同时提升他个人的职业发展的竞争力。

培训特色

用友大学

用友大学的建立主要是两个目的，一个是对内部员工的培训和能力提升；另外一个是对客户的，就是客户在产品和应用方面的培训。

对客户这边，用友大学主要是有一个执行机构，就是培训教育部门。通过用友大学，为用户提供在ERP应用知识方面的一些培训。还有一个就是通过用友大学跟高校共建ERP课程。ERP是企业管理软件，针对企业提供信息化整体的解决方案，这是个很复杂东西，不像做硬件的厂商也不像其他做消费品的厂商。通过用友大学，就可以传播一个知识体系。

另外一个部分是对内部员工的，包括销售学院、顾问学院和管理学院。这

释放你们的潜能，
就是我存在的最大意义……

三个方面主要是针对三个不同的群体，管理学院针对干部的培训，销售学院针对一些销售人员，顾问学员主要是针对服务人员。

出国培训计划

出国培训计划关键是看跟员工的岗位的契合度有多大。每年用友都会有一些出国培训，比如像公司的高层。代理一些业务的骨干和经理到国外考察等。主要是去学习一些主要对象，或者是在整个世界行业里面比较领先的一些公司，欧洲、美洲甚至一些亚洲的公司。

对于高级管理人员来说，会有一些短期的海外进修的计划。不过，一方面是有培训计划，另一方面主要是看培训计划跟员工业务的契合度，以及跟工作联系的紧密度和公司的战略。

工具篇

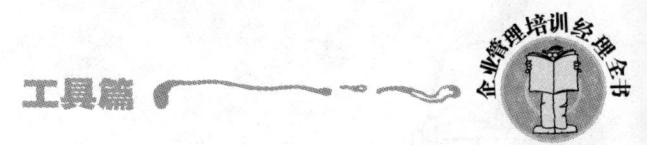

16 企业常用培训课程教材

进行培训当然离不开培训教材，有些教材需要企业根据培训需求来特别制订，但有些教材则是可以"通用"的。企业培训人员可以参考它们，对员工进行相关培训，这无疑可以极大的节约培训教材的研发成本。

企业需要培训的项目非常多，这里给出了几个较为重要和常用的教材范本，培训经理可以用其作为蓝本使用，也可经过加工、丰富之后运用。

16.1 "组织及沟通"培训课程教材

每个公司都是由一定的组织构成的，它是一个权力与责任的分配系统。从董事长、总经理、主管直至每一名员工，都有不同的权力及相应的责任。由此组成了"何时、何地由谁来负责及做出决定"的组织系统。

组织中的每个人都应该正确的实施自己的权利，因为权利是和责任相关联的，如果你对某人不去实施你的权利，也就是你没有对其负责。组织中任何人都不应该因为职位的高低，而对自己的工作不负责。负责企业大门顺序的保安员，就有是否让外人进大门的权力。组织中的任何人都应该接收规定的检查，列宁就曾虚心地接受卫兵安全检查。

在一个制度健全、管理完善的公司里，公司应致力于为全体员工创造一个公平竞争的环境。鼓励员工充分表现自己的能力，争取实现自己的理想，同时又不能违反公司制度，尽到自己应有的责任。要做到这样，员工除了遵照公司已经成文的规章制度和原则，还应懂得一些组织沟通的原理，以正确地履行职责。

机构的组成

机构分类

机构通常可以分为盈利性机构和非盈利性机构，其中盈利性机构又可大体分为制造或贸易性的盈利机构和服务性的盈利机构。

制造或贸易性的盈利机构：此类机构致力于制造产品，或者在各种产品中进行贸易的商业活动，"买卖"功能在其中有非常重要的作用，如：工程、造船、冶炼、印刷和批发等。

服务性的盈利机构：这一类机构也时以创造利润为目的，通过提供服务如法律、保险、家政、广告、财务、金融等，即提供给商业机构、个人以及广大公众以帮助的形式获得利润。简而言之，此类机构就是通过服务来赢得利润。

非盈利性机构：这一类机构通常由财政部门或公共基金提供财政支持以提供个人服务，如当地政府机关、大学学院等。

机构职员

每一类机构都需要有管理者或管理队伍(有时指行政人员)来为其长期运作和控制做决策。大多数情况下，董事会或者管理委员会比较适合这种定期制定政策的角色，它们做出了决定，然后由行政管理人员来实施。公司的组织结构的大体框架可以表示为下图：

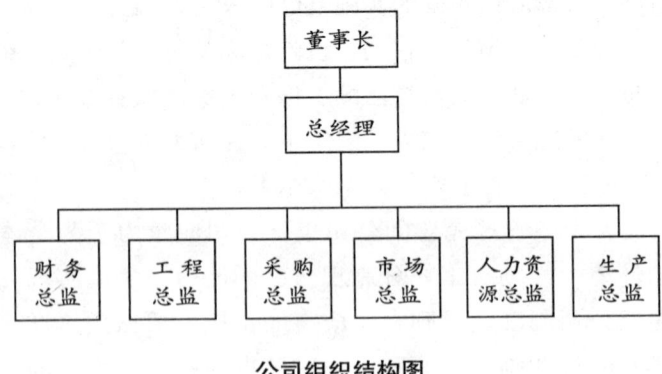

公司组织结构图

有了公司政策之后，就得确定相应的岗位，按照相对固定的任务分工。公司为所有员工制定好一套相应的职位结构(包括公司里的总经理到搬运工，每一名员工都能找到自己的确切位置)，这个具体的职位，我们也称之为岗位。

部门

部门是机构的组成单位，如果不把一个机构的活动分成部门，甚至部门内的分部门去完成，通常不能进行运作。机构的部门化也就让员工专业化，使员工变成了机构工作某特定方面的专家，如：人力资源、报关、成本控制、生产、工资、仓库管理等。

每个部门有各自的职能，但它们又相互联系，构成一个统一的整体。每一个部门都履行一个职能，该职能服务于机构作为一个整体的绩效，没有一个部门、分部门或者个人可以离开部门或他人而孤立运作。部门通常分为以下三个类别：

生产部门：成产部门在制造业则称为车间，在服务性行业中则称为对客服务部门或营业部门等。

控制部门：如财务部、办公室、人事部等。

支持部门或企业内部服务部门：如后勤部、工程部、总务部、保安部、维修部等。

另外有一种分类就是将"生产部门"称为一线部门或者前台部门，意思是它们在前台直接创造利润；将"控制部门"和"支持部门"一起称为二线部门或者后台部门，意思是它们通过支持或者服务于前台部门，来间接地为企业创造利润。

沟通渠道

岗位设置原则

公司组织结构中设置岗位需要遵循以下原则：
每个岗位的责、权一致。
一个岗位只能有一个直接上级。

释放你们的潜能，就是我存在的最大意义……

部门、岗位设置既无重叠又无空白。

如果违背了这些原则，公司在运作过程中非常容易出现问题。如一个岗位有两个直接上级，则会造成指挥混乱、工作效率低下等弊病。

在组织结构图里，上下岗位之间连线的含义

我们可以在组织结构图中看到上下岗位之间有直线连接，它有什么样的意义呢？这条连线，表明了直接上司与直接下属的上下指挥关系，这既是行使权力的线路，也是信息传递的渠道。具体含义有：

表示上对下的管理权力及行政隶属关系。

表示由上至下的信息传递渠道。

表示员工由下而上的报告途径。

上下级之间如没有连线，在正常工作系统中没有指挥和被指挥的关系。

在临时组合或在非正常系统工作的情况下，下级服从上级。

在礼节上遵守上下级关系。

垂直沟通应遵循的原则

组织的垂直沟通原则就是上、下级之间原则，在组织中上下级沟通有几个原则最为重要，它们是：

服从原则

下级对上级需要服从，没有服从就没有管理！在一般情况下，下级无权判断上级的对错，上级的对错由上级的上级来裁定。下级对上级的指示应该无条件服从，这是高效组织的显著特征。

一个上级原则

每个岗位只有一个上级，而不能出现两个或多个上级，只服从一个上级的指挥，只向一个上级报告。这里的上级是指直接上级，间接上级当然有可能很多。这个原则非常重要，如果违背了它，将造成下级无所适从，上级无从管理，即"谁都管，谁都不管"的恶劣后果。

无论对哪一件工作来说，一个下属人员应该只接受一个领导人的命令，这就是一个上级的原则。它是一项普遍的、永久必要的准则。

工具篇

逐级沟通的原则

上级对下级不能越级指挥，但可以越级检查。

上级对下级的指挥应该逐级进行，正常情况下，机构内部进行信息传递时，如管理人员在发布命令时，都应该如此。有以下情况可以例外：

第一种情况：在紧急情况下可以越级指挥，如：上级领导紧急情况下找不到其直接下级，不能眼看着损失发生而越级指挥。

第二种情况：当直接下属不服从上级指挥时，任何领导都有权越级直接指挥。因为不执行命令往往会造成严重损失，后果一般都不是一人能承担的。

第三种情况：下级无力完成上级安排的任务。

第四种情况：在特殊情况下，如救灾等，可以进行整体指挥。

下级对上级可以越级申诉，不能越级报告。

报告是在正常情况下，向直接上级汇报工作，并取得工作指示。这种情况不能发生，工作指示应向直接上司请示。而申诉则是向直接上司的上司告状。申诉的情况很多，如：

上级有重大出卖和危害企业利益的行为。

上级有贪污、盗窃、违法乱纪的行为。

上级滥用职权，对申诉者有重大不公正的行为。

当然，申诉必须是正当行为，而不是蓄意诬告，如是蓄意诬告则应承担后果。

在公司里，公司所有员工，都是公司业主的雇员，以上特点决定了公司人际关系必须按照组织架构，以垂直沟通为主，以横向沟通为辅，在公司运作中遵循逐级负责，下级服从上级的原则，具体表现为：

公司各部门之间都必须围绕公司整体而运作。

公司的组织结构里，人员的位置排起来就是一个金字塔，无论我们身处金字塔的哪一个位置，都要面对上下、左右、前后全方位的立体人际关系。这就要求公司全体员工必须具有行动上互相合作，心理上高度相容的团体意识。

要求公司员工互相尊敬友爱，同时又互相制约，分工合作，互补和适应。

释放你们的潜能，就是我存在的最大意义……

16.2 "管理者人际关系技巧"培训

良好的人际关系不可少

良好的人际关系对每个人都是至关重要的，对管理人员来说更是如此。对他们而言，没有任何形式的活动会比建立人际关系来得更有渗透性，他们的接触面除了公司内部人员如下属、上司及同事之外，还需接触公司的合作伙伴、顾客及客人等。

良好的人际关系在管理学中用一本书的篇幅来阐述都是不够的，其重要性可见一斑。和谐地协同他人工作，并不仅仅是管理者职责之一，而是占绝大部分。人际关系这种工作不是能授权他人处理的。任何部门、任何人，如果缺少它，都将将无法有效地推动任何工作。

改善人际关系可以增进同事之间的友谊，使上下级融洽，增强凝聚力，满足工作者自身乐趣，使人们在高效、合作的气氛下共同完成工作。有一点必须牢记：际关系好坏对生产率之高低至关重要，因此，建立良好的人际关系是管理者责无旁贷的一项重要任务。

对管理人员而言，良好的人际关系只是有以下方面的重要作用：

提高组织整体的工作效率。

增强员工的工作激情。

增加整体的合作性、凝集力。

减少对工作纠纷的抱怨。

减少员工流动。

建立良好的人际关系

人的共性与个性

建立良好的人际关系必然离不开去认识人、了解人，因为人际关系是人与人之间的关系。人有一定的共性，比如：对生存的基本要求，都需要吃饭、睡觉等。人不但有共性，也有个性，比如：不同的人有可能喜欢吃的东西不一样，睡觉的方式也不一样。此外，人对社会环境、工作压力，即对事物的反应往往会不尽不同，这也是人之个性的反映。

掌握人的个性是与不同人建立良好人际关系的关键所在，具体用什么方法去和人交往应该根据其个性来来确定。管理者处理员工处理人际关系时应多加注意其个性差别，如：

背景：家庭，社会，环境等。

性格：内向、外向、活泼、寡言等。

需求：进取，偏安等。

当然，要了解下属员工所有人的个性差别是需要下一番工夫的，首先需要通过沟通来了解员工的个性，才能根据员工的个性，因人而异地去解决人际关系问题。

管理者建立人际关系之限制

管理者要建立良好的人际关系并不是一帆风顺的事情，因为他会受诸多因素的限制，作为管理者，在建立人际关系时主要存在以下限制：

管理者不可能在所有时间都取悦于所有人。

面对个别人时，未必能满足每个人的需求。

未必能满足所有人工作上的要求。

其实，这些限制不仅只有管理者才有，对其他人也存在类似的限制。因此，对每个人而言，建立良好的人际关系的起点都一样，并且这些障碍也是能克服的，因为已经有无数成功的先例证明了这一点。只要找对了方式方法，这些限制就自然消除。不难看出，这些限制都涉及每个人的不同个性，所以建立良好的人际关系离不开了解人的个性。

释放你们的潜能，
就是我存在的最大意义……

管理者理想人际关系指标

作为一个管理者，建立理想的人际关系至少应达到以下几项指标：

在工作过程中，培养良好的员工士气而使生产的产品质量更佳，同时减低员工流动率。

在工作环境内，提供及培养员工之间的最佳人际关系。

减低工作环境中的员工磨擦，增进员工之间的相互谅解、体谅及宽容。

以更佳的服务提高组织的声誉，赢得顾客的心。

方便于执行工作，员工有很强的协作意识、团队意识。

管理者建立良好人际关系之原则与方法

做任何事情都会有需要遵守一些原则，用对方法，管理者建立良好的人际关系也不例外。遵守原则就是事半功倍，否则就会徒劳无功。管理者建立良好的人际关应遵循的准则与方法有：

诚信待人

人际关系的一个开始就是和人以诚相待，没有诚意是不可能建立长久的、良好的人际关系的。同时，人们很快就会发现你是否有诚意，没有诚意也就往往没有了信用。没有诚信的管理者很难使属下人员心服，而其后果是，工作人员在很多情况下会认为被人利用，以后的交往也会变成徒劳。

尊重每个员工

每个人都有自己的"尊严"和"自尊"，虽然是你的下属，你是管理者，同样需要尊重他人。公司里有某些工作是有"属性"的，比如：公司的清洁工。清洁工的工作是大部分人都不愿意做的，但是他们的工作一样是非常重要的，如果一个月没人做清洁，试想，那将会是怎样的场面？对于负责此类工作的人，管理者更应该尊重他们，而不是像一般人那样"厌恶"，因为他们做了别人厌恶的工作是值得称赞的。因此，作为管理者，首先应该尊重所有的员工。

站稳自己的位置

作为管理者，在工作的时候就应该站在管理阶层的位置去做决定。在处理问题时一定要公平合理，员工是不会喜欢没有原则的管理者和领导的。

工具篇

让员工感觉自己很重要

每个人都需要被认可,承认自己存在的价值。因此,在组织中应该让员工感到自己是非常重要的。如果员工感觉自己是重要的,就会更加尽力地工作并且把自己看成是组织的一分子,主动地承担责任。

要排除"成见"

有些人你可能看着就不舒服,尽管别人没有招惹你,也没有做错事情。作为管理者,一定要要排除类似的"成见"。在处事过程中,最重要的是要针对事,切忌针对人。同时,尽管是针对事情,也需处理得当,有时你认为很小的事情,对员工而言则可能意义重大,如果处理不当,他们往往会把情绪带到工作来,从而影响工作效率。

正确、适当的表扬下属

一般人是喜欢被人赞赏的,除了觉得自己有成就外,另一种作用是,他们会觉得自己是被留意及重视的。但是,管理者在表扬时一定要有诚意,并且适当,不能过分,同时该表扬时才表扬。

谅解与沟通

在工作上要互相谅解。管理者要尽量了解并满足工作人员的需求并激励他们。沟通对增加了解是很有帮助的,管理者应与下属多接触及沟通。了解他们在工作中的问题并立即协助解决。

成为下属的榜样

很多下属会以自己的上司作为他们的超越对象,因此管理者应该树立一个好的形象,成为员工效仿的榜样。同时,作为"榜样"在需要的时候,应该尽量协助你的下属去完成任务。当然,帮助不能过分,重要的是给予思维、方法上的指导帮助。

批评要得当

批评个别员工切忌在公众场合进行,应单独对其进行,切忌有第三者在场。员工在公开场合受到批评,其后果通常都不理想。因为,这样往往容易伤其自尊。

给予下属问候和关心

不要小看问候的作用,一句"早上好"就可以使员工感到他们在你的心目中是有分量的。如果见面从来没有问候,则显得你高高在上。下属有困难也应

释放你们的潜能，
就是我存在的最大意义……

尽量给予帮助，比如：在下属有病痛时，应加以关心及体谅。如果你的下属带病上班，应该友善地问候及表示感谢，并在情况许可时安排他回家休息。

给予下属改过的机会

每个人都会犯错，关键是错了能改，不再犯同样的错误就行了。作为管理者，可以要求下属尽量不犯错，一旦犯了错不要马上责怪下属。既然交了"学费"，就应该让他学到东西，以期下次不再犯同样的错误，一味的责备是不能解决问题的。

16.3 "时间管理"培训课程教材

人们对时间的认识

很早以前，人类对时间是没有概念的，大约在5500年左右，人们在地上插了一根木棍，根据太阳的光和影来知道时间，这就是日晷的起源。随着时间的推移，人们对时间的认识逐渐深入。

在此之后，埃及的法老在公共场所竖立一些方尖形石碑，供老百姓计时之用。由于利用日晷算不出晚上的时间，有座日晷上刻着这样的文字："没有阳光，就没有用处"。

再后来，人们发明了一个精巧装置：将一条绳子绑在一个帮手上，利用星星的移动来计算时间。水钟、沙漏、计时蜡烛等，可以不受气候影响，24小时计时。

接着出现时钟，但没有分针，因为当时不需要精确计时。中世纪的印度，最小的时间单位是13分钟，正好是米煮熟的时间。分针在15世纪出现，开始把一小时平均分为60分钟；在16世纪出现秒针，开始把一分钟平均分为60秒。

随着社会的进步，人们工作和生活的脚步越来越快，对时间分秒不差的要求也越来越高，各种计时工具也越来越精密，现在已有100万年才相差一秒的

工具篇

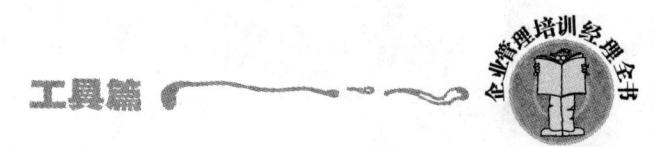

原子钟。与此同时，时间的价值也越来越高。"时间就是金钱"已经成了公认的观念，我们来看看管理学宗师彼德·杜拉克的时间观点，不乏启发意义。归纳起来，主要有以下几点：

"时间是个限制因素。任何流程的输出量都会受到最紧缺资源的制约，而在我们称之为'出成就'的这条流程里，这一制约因素就是时间。"

"时间是一种非同一般的资源。在其他一些主要资源中，资金实际上还是很充裕的。……人才是第三种制约因素，但总还可以雇到人才，尽管要雇到足够的理想人才并不容易。然而，我们的确无法通过租用、雇佣、购买或者其他手段来获得更多的时间。"

"时间的供应是没有伸缩性的。不管需求有多么强烈，时间的供应就是那么多。它没法用价格来进行调节，也没法为它绘制边际效用曲线。另外，时间稍纵即逝，根本无法储存，昨天的时间已经一去不复返了。所以，时间才是最最短缺的东西。"

"时间失掉之后是完全无法补偿的。在一定范围之内，我们可以用一种资源替代另一种资源，如用铜替代铝，用资金替代劳力。我们可以使用更多的智力或者体力。但是没有任何东西可以替代已经失去的时间。"

"做任何工作都要耗费时间，时间是必须具备的一个条件。……要说卓有成效的管理者与其他人有所不同的话，其最大的区别就在于他们对自己的时间十分爱惜。"

"时间是最独特、最紧缺的资源。若不将时间管理好，要想管理好其他事情就只是空谈。"

管理时间

时间对每个人都是公平的，不会多给一分，也不会少给一秒。但是我们却经常听到很多人说自己没有时间，难道他们的时间比别人的少吗？当然不是，只是他们不会管理时间而已。管理时间的第一步是记录时间，然后分析时间是怎么度过的，最后管理好自己的时间。

释放你们的潜能，就是我存在的最大意义……

记录时间

很多人不知道为什么要记录时间，其实，记录时间从古至今就有，它们的作用随着时代的变迁有所变化，但总之都是有所其用的。下面我们看看为什么现代人还需要记录时间。

记录时间的缘由

之所以要记录时间，主要是因为以下几点原因：

增强记忆。虽然人的大脑可以储存人一生所经历的每一件事情，但却不能在需要的时候都能回忆得起来。对时间的记录是对此功能的补充。俗话说："好记性不如烂笔头。""记录是记忆的延长，工具是人手的延长"。因此，养成记录时间，记录在逝去的时间里发生的重要事情的习惯，是非常有必要的。

有利于做既定的事情。人们常常在晚上需要明天做的事情想好，但第二天真正要做时，却忘记了要做什么事情。将既定要做的事情记录下来，到时按部就班就可以了。

关于时间使用问题，记录要比记忆可靠得多。研究调查表明，人们对时间的感觉经常出错。只有时间记录才真实地反映时间使用的效率。如果我们仅仅依靠记忆，往往说不清楚时间是如何花掉的。因此，记录自己所花时间，可以知道哪些事情占去了自己最多的时间。

管理者通过时间记录，知道自己的时间实际花在哪些地方，从而改进时间利用的效率。因此，记录时间有利于总结经验，提高做事效率。

记录时间的方法

弄清楚了为什么要记录时间，接下来的事情就是如何记录时间了，记录时间的方法很多，但最终要的是要找到合适自己的方法。下面是一些常用记录时间方法，可以从中找出自己实用的。

按照事情的轻重缓急，将事情分类。例如用不同颜色或符号标注。同时，值得注意的是：做事情首先应该做最重要的事情，而不是做首先最紧急的事情，很多人常犯这个错误，要注意纠正。

工具篇

今天随时记录明天要做的事情，随时回顾昨天记录事情的办理情况。以不至于有所遗漏，遇到特殊情况，则需要及时调理。

随身携带时间记录本，随时随地记录当天发生的、想起的，或别人提到的事情。

"时间管理表格"是一个不错的时间记录工具，可以在每天结束工作前，安排好第二天的工作，使工作安排有条不紊。

时间管理表的左边几栏为一天应做的工作及相关项目，"次序"是按工作的轻重缓急来分类。

时间管理表的右边一栏为完成一天工作的时间安排，根据工作性质及所需时间，安排在一天中的不同时候完成。下面是时间管理表范例：

时间管理表（每日工作计划）

内容	次序	所需时间	完成情况	时间安排
				8:00
				8:30
				9:00
				9:30
				10:00
				10:30
				11:00
				……
备注：			日期：	

分析时间

记录时间之后，接下来就是分析时间了，分析时间是怎样利用的，是否利用得最有价值。分析时间通常可以按照以下要点来进行：

分析时间的前提是有持续不断的时间记录，因此，如果没有连续不断的时间记录，时间分析也就无从谈起。因此，时间分析的第一步就是将以往的时间记录都收集、整理起来。

定期对时间记录进行分析，即分析自己的时间主要花在什么方面，以及对时间使用的效率。

管理者常常面临一些压力，迫使他把时间花在不产生任何价值的事情上。

*释放你们的潜能,
就是我存在的最大意义……*

比如接听电话、应酬客户及来访者、沟通及协调人际关系、参加一些无关紧要的会议、无谓的等待等。将这些没有价值的事情都归类整理出来。

分析自己的时间安排,也就是系统地分析自己的工作,鉴别和分清轻重缓急。管理者每天要担负许多工作,必须分清轻重缓急,安排好工作之先后顺序及所花的时间,方能做到事半功倍,忙而不乱。这一点是最为关键的,只有将那些不产生价值的事情控制到最小范围,时间的利用价值才能提升。

管理者通过定期对时间记录进行分析,就可以经常地调整自己的时间安排,随时随地首先做最重要的事情。

管理时间

有些人马不停蹄,时时刻刻都充满了紧张、忙碌和焦虑,想一口气完成好几件事,分不清轻重缓急,重要与不重要的事都令他焦头烂额,事倍功半。

而另一些人则能做到忙而不乱,有条不紊,把所有工作都安排得井井有条。把有限的时间做最充分的运用,事半功倍。分析时间之后,知道了哪些时间是不该花,或者该少花的,接下来是最为重要的一步,就是必须按照正确的方法和步骤去实施,以期提高时间利用率。

下面的表格是专家总结出来的关于如何有效利用时间的12项原则,我们不妨借鉴和使用。

有效利用时间原则表

原则名称	原则内容
信息原则	缺乏必要的信息就不能在有限的时间内做出正确的决定
目标原则	不清楚自己的方向,就不要轻举妄动,否则就可能事倍功半,浪费时间
行动原则	任何目标的实现都离不开坚持不懈的具体行动
过程原则	如果目标是100%,就应该对过程中的X%同样重视。由于不可能一步登天,过程有时候比结果更重要
协作原则	聪明的管理者必须学会给下属人员分责授权,共同协作完成任务
集中原则	集中精力重点处理某项工作,会比同时处理多个问题效果好得多

续表

原则名称	原则内容
倡导原则	把希望发生的事情变成积极的行动，把自己的想法说出来并努力赢得大家的支持
计划原则	详细的行动计划比盲目行动更能取得出人意料、令人满意的结果
守时原则	如果自己不遵守时间，也不要指望别人遵守时间
矜持原则	优秀的管理者之所以优秀，在于他们不会对任何人的任何要求都一味迁就。他们懂得如何拒绝
简单化原则	有多种方案选择时，最简单的往往就是最好的
形象思维原则	只有锻炼出较强的形象思维能力，才能及时察觉风吹草动，做到防患于未然

每个人利用时间的能力都不一样，这里提供一个时间利用能力的自测表，只需回答是或否，就可以知道你利用时间的能力如何了。

利用时间能力自测表

测试内容	测试答案（答是或否）
从重要的工作着手	
上班后立即投入工作	
灵活利用零星时间	
必须记录日程安排	
前一天晚上做好下一天的工作准备	
尽量分责授权	
为使工作尽快完成，凡事都下工夫	
今日事，今日毕。筹划次日的工作并做好记录	
能当场处理完的工作，就随时处理	
不同时处理几项事务	
希望一下子做完一项工作	
希望尽快结束无意义的面谈	
尽量缩减通电话的时间	
尽量处理不必要的东西	
希望尽量不写信函文件	
尽量当场处理文件信函	
规定所有文件的收存场所	
安排休息时间	
灵活运用为节省时间而设置的机器设备	
时常保持灵活使用时间的意识	

释放你们的潜能，就是我存在的最大意义……

计分方法：将你回答为"是"的项目累计后，再乘以5就得出的结果，表示你目前充分运用时间的情况与最佳时间活用法对比的百分数。

在回到这些问题的时候一定要实事求是的回答，没有那样去做的就不能临时改变。同时，评价的目的并非告诉你达到多少算合格，不管你现在的百分数是多少，只要有提高的空间，都应该努力去提高，这才是进行测试的意义所在。

16.4 "商务礼仪技巧"培训课程教材

与有关礼仪的概念

礼貌的概念

礼貌是我们经常用的一个词语，那么什么叫做礼貌呢？礼——人与人之间和谐相处的一切意念、守则和行为。貌——和谐相处的具体表现。礼和貌是缺一不可的成分，弄清楚礼的思想和原则之后，"礼貌"也就自然而生。

礼貌——是在社会交往中，人与人之间遵循的一定行为规范，从仪容、称呼、言行到举止，都表现出对别人恭敬、尊重、友好，而对自己有所克制。

礼节的概念

礼节是指人们在日常交际生活中为表示敬重、致意、问候的惯用形式。不同的国度、不同的地区，所常用的礼节是不一样的。例如：东西方都普遍通用的握手礼。西方的拥抱礼、吻礼。日本行鞠躬礼(90°)。泰国人行合十礼。中国人则常用握手礼、点头致意礼、鞠躬礼(15°~30°)、拱手作揖礼等。所谓的"入乡随俗"，就是到了一个地方要遵守当地的"礼节"，即使是一些自己认为很"苛刻"的礼节，为了表示友好也得遵守。

工具篇

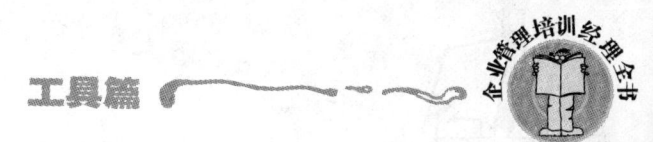

礼仪的概念

礼仪，顾名思义它包括礼节和仪式，是指在一些庄重的场合中，为表示礼貌和尊敬而举行的礼宾仪式，包括有礼遇规格和礼节程序要求。

办公室礼貌礼仪

仪容仪表

一个人给别人所看到首先是外表，也就是仪容仪表。上班时，着装和仪表要与工作岗位的环境协调一致，保持愉快的心情和饱满的精神。来到公司，见到领导、下属或同事都应该互致问候。

公司员工的着装，能够反映其本人的修养和企业的形象，因此，区别场合和时间，穿适合的服装，是公司员工的着装礼节。应该十分留意身体气味和清洁，衣服要端庄大方，颜色协调。着装虽然不能说明一个人的人格，但是端庄大方、干净利落的着装却能反映一个人平素的修养。当然，如果公司有统一的要求，则应当按照要求着装统一的服装。

总之，一个人仪表良好，就会给人以好感和信赖；仪表不佳，则给人以不良印象，而且影响工作效率。同时，上班时应保持正确姿态，一来是可以保证身体健康，二来是可以创造良好形象和提高业务效率的捷径。

姿势姿态

姿势姿态主要包括坐态、站态以及行态，这些基本的姿态做好了，就会给人干净利索、庄重大方的印象。

坐态：端正，挺胸、双膝自然分开、与肩同宽。不要坐在椅子上前俯后仰，摇腿跷脚；也不要把腿跨在椅子上，架在茶几上；女性不要跷二郎腿、双腿分开；不要坐在椅子上与客人说话时，只扭头不转身。

站态：头要正，胸要挺，腰要直，嘴角要带微笑。同他人讲话时，将右手拇指插入左手拇指和食指之间，双手搭于身体前方，会给人以郑重的印象行态：走路时不要摇头晃脑，或三五成群，或边说笑边哼小调，也不要双手插入

释放你们的潜能，就是我存在的最大意义……

袋中行走。正常走路时速度应适中，双手自然前后摆动。

工作礼节

礼节是工作中人际关系的润滑剂，我们应经常添加这种润滑剂，让工作更加快乐，同事之间相处更加和谐。工作中的礼节应注意以下方面：

早晨见面时自己要首先和见到的人行礼、打招呼。上班时应提前一些时间到公司，不要快到时间了才匆匆忙忙地感到，给人很冒失的感觉。看到公司的人都应该打招呼，给予问候，不要只给特定上司或同事行礼、问候。

上下班途中，同上司、同事相遇时，应率先行礼、打招呼，不要犹豫不决。

养成问候、打招呼的习惯，经常讲"谢谢、对不起、再见"等礼貌用语。

如果你是上司，在受礼之后应答礼。在洗手间可不必行礼、寒暄。

眼神的运用

眼睛是心灵的窗户，眼神的运用有时比说话更重要。直盯着顾客的眼睛看，会给人以压迫感；可是，如果视线不停地变换不定，就会显得不诚实。说话时，柔和的视线会给人亲切感，而人们一般会认为不敢正视前方的人，是不能信赖的。眼神的一般运用规则如下：

一般对话时

视线停留在嘴附近，在谈话时将视线停留在对方的整个面部或嘴附近比较好。

当提问或强调要点时

轻微注视一下对方的眼睛，再马上把视线移开。

对方提出无理要求时

在接触的瞬间用较强硬的目光注视对方的眼睛。

具体说明时

用柔和的目光注视对方。

工具篇

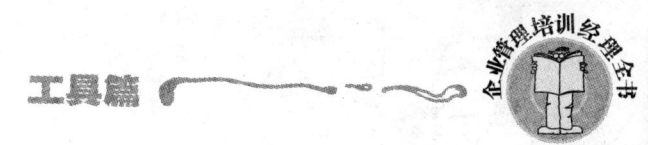

顾客应酬技巧

对待顾客的态度

在公司接待顾客，接待者就是代表公司与顾客会面，而不是私人之间的关系。因此，接待者的态度对公司的形象有很重大的形象。以亲切、洗练的态度来应对顾客，相信会给顾客留下好印象。接待顾客时应做到：

以诚心的态度对待顾客。

对待任何人始终一贯地用亲切谦逊的笑容和明朗的声音给顾客一个好印象。

姿势要端正，态度要自然。

应熟练掌握公司相关情况，应对顾客才能不出错。

应酬顾客能力

要做到对顾客应付自如，一定需要具备一些基本的能力，归纳概括起来有以下几点：

需要具备有关专业知识和一般性常识。

要精通自己担负的有关业务。

处理业务要正确迅速。

与顾客谈话时，也能够从中收集有关业务方面的信息。

能迅速抓住顾客的心理，从而满足顾客的需求。

接待来访者要领与注意事项

来访者对企业的第一印象，取决于他初次接触的职员的接待、应答等因素。来访者受到热情接待，就会对公司建立良好的印象。如果来访者受到冷淡，则会对公司印象不佳。接待来访者有以下原则：

客人露面时马上起立。

询问姓名。

释放你们的潜能，就是我存在的最大意义……

确认事先是否有约。

询问来访事由。

找主管者或者相关人员进行联系。

在能够会见时引见。

主管者或者需要会见客人的人不在，不能见面时，要记录并复述理由，告诉自己姓名。

在接待来访者时有下列注意事项：

不要因为你不是接待人员就采取漠然置之的态度。

面对来访者要有自信，不要害羞。

不要态度冷淡、随意地放置来访者的名片。

不要以衣着、外貌取人。

讲话当中不要摇头晃脑。

确认来访者来访事由时不要敷衍、马虎；也不能让来访者长时间等待。

引导客人要领及注意事项

顾客就是上帝，对待客人要像真的上帝一样去对待，要有诚心。在引导客人的过程中，如果考虑到了细微之处，往往会给企业带来巨大利益。引导客人要领如下：

引导客人进入走廊时，应稍走在客人前面一点儿，并与客人协步同行。

在引导途中，每当位置和场所有所改变时，都要以手势事先告知。不要只顾自己走，而把客人丢在后面。

上下楼梯时，自己的位置要始终在客人的下方。这一点需要特别注意，很多人都会在这里犯错误。

在门前引导时，如果是内推门，自己先进，客人后进；如果是外拉门，客人先进，自己后进。这样可以照顾门的开关。

引导乘电梯，请客人先上电梯，自己按着电梯开关，然后上，如电梯里有人，应轻轻致意。

侧立操作电梯开关，不要让客人看你的后背。

请客人先下电梯，自己一手按着电梯开关，另一只手引导客人。

电梯里有引导人员时，上下电梯均应按照职位高低顺序。

引导客人时,有以下注意事项需特别注意:

客人上电梯后,自己却没能上去。

在电梯里,不能靠在电梯内壁上把客人甩在一边不理。

电梯里已经有很多人,就不要叫客人上电梯。

接待客人要领

掌握接待客人的要领,可以让客人感到舒服,对企业的服务感到满意。接待客人的一般要领有:

接待室要保持整洁,不能乱糟糟的,客人来了才匆忙收拾。

将客人引导到客用椅子,并将客人的位置安排在上座。所谓的上座是离入口远,以及能看到外部全景的座位。

让客人长时间等候是失礼的行为,如果主管者或会见人不在应根据情况由他人代替。

送茶者在进入接待室前应敲门,进入后轻轻关门并行礼。

应先给上座的客人送茶,左手拿盘,右手端茶,然后再给其他人上茶。

离开时应轻轻行注目礼,即使客人不看也要行注目礼。

介绍的次序

"介绍"是建立人际关系的第一关。由于是初次见面,行为必须讲究礼节,让对方建立起良好印象比什么都重要,它是商务活动的重要资本。在正式场合,介绍一定要正规,显得庄重有诚意。介绍一般是首先把本公司人员介绍给对方;然后介绍对方,最后介绍被介绍者的特点、爱好。介绍的一般方法如下:

上下级干部之间:先介绍下级再介绍上级。

公司内外部人之间:先介绍本公司职员再外公司人员。

客人之间:先把与自己关系亲近者介绍给对方。

年龄不同的人之间:先介绍年轻者,再介绍年长者。

男性与女性之间:先介绍男性,再女性。

向公司外部人员同时介绍本公司人员:按公司内职务由高到低介绍。

介绍客人给公司成员时,首先向本公司干部介绍重要客人。

释放你们的潜能，
就是我存在的最大意义……

把一人介绍给众人：先介绍一人者，再一一介绍众人。

握手的要领

握手是非常普遍的礼仪，正确使用它是非常必要和重要的。握手需要注意以下几点：

握手方法

以诚挚、友好的态度，互相握住对方右手；扬时用力要适中，握手太紧或过分无力都不好，也不宜长时间握住不放。和女士握手要特别注意，也许你认为力量已经很小了，但很有可能对方还是感觉很重。

身体姿态

用双手握对方的手、弯腰或使劲地晃动手都可能使对方难堪。正确的方法是：握手时，视线注视对方眼睛或面部，身体稍微前倾。

握手的先后

握手在礼节上，应该由身份高的人、女性和长者首先伸手握手。

其他情况

别人请求握手时，如果自己戴手套应取下手套，若双方都戴了手套则不必取下。携带物品时，左手提东西，然后用右手握手。对方夫妇同行时，先男后女。

互递名片要领及注意事项

互递名片是现代商务领域非常常见的活动，但很多人并不能规范的把它做好。互递名片有以下要领：

职位低者先递名片。在拜访单位，拜访者先递名片。

递名片时，用左手垫着右手递送显得郑重，并低头致意。

递名片时，要准确告诉对方自己公司名称、所属部门及本人姓名。

接名片时，应用双手接受对方名片。

接受对方名片后，准确看清对方的名片，确认公司名称及姓名。

多名人员访问的情况下，应派代表人向传达室递名片。

在与多名人员交换名片时，应按职位高低顺序互换。

记不住姓名时，可以把对方名片按就座顺序排列在桌面上。面谈时尽量称

工具篇

呼对方姓名，可以增加亲切感。

在互递名片时的注意事项有：

递名片时应记得告诉自己姓名。

不能在客人面前慌忙翻找名片。

不能在客人面前从后裤兜掏名片。

不要当着客人面在刚接受的名片上写字。

客人递名片时，应站起来用双手接。

交谈中，不能因为忘记了客人姓名，从口袋里翻找放进去的名片。遇到忘记客人姓名时，需要灵活处理。

不能把客人名片放在手里摆弄，那样的态度对客人有轻视之意。

不能把接受的客人名片放下不管就离开。收了名片，应及时放好。

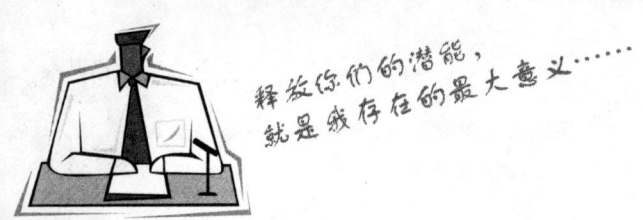

附录1：培训术语解释

一般性培训术语

培训分类术语

培训

培训就是使受训人员通过有计划的、连续的系统学习而获得知识、技能、态度，乃至行为的定向改进的过程，以使其能够按照预期的标准或水平完成所承担或将要承担的工作任务。

职前培训

在正式上岗以前或者实习期间，为受训人提供系统的基础训练，使其掌握从事某一工种熟练操作所必需的知识和技能。

在职培训

在职培训就是在工作场所进行的员工培训，是将经过仔细安排的学习机会，与现场工作结合起来，在通过管理者系统化的反馈和要求，循序渐进地提高员工的工作能力，进而提高企业的运作效率和整体竞争力。

附 录

工作指导培训

工作指导培训是培训员工技能的一种方法。它要求按照任务进行的逻辑顺序列举每项工作的基本任务，同时列举每项工作的"关键点"。工作指导培训告诉受训者他要做什么、如何做以及为什么做。

晋职培训

晋职培训就是各级员工在晋职之前为适应和胜任更高职位所进行的培训。晋职培训内容根据晋职级别的不同，采取不同的培训内容。拟晋职人员经过培训学习之后，要参加统一考试，由培训部写出考核报告。

滚动式培训

滚动式培训是操作人员按岗位排列顺序逐个岗位进行学习，第一岗位的操作员到第二岗位学习，考试合格后顶岗；第二岗位操作到第三个岗位学习，考试合格后顶岗；以此类推，形成循环滚动。

串岗式培训

串岗式培训即固定在一个岗位操作，串到另一个岗位学习，拜这个岗位操作员为师，学习考试合格后，再串另一个岗位。一直串到在各个岗位学完为止。

结对式培训

结对式培训是相邻两个岗位结成对子，互为师徒，互教互学，考试合格后互换顶岗，也可不互换顶岗，视实际情况而定，然后再重新结对。

层级培训

层级培训是一种纵向培训，它根据整个公司的不同层次、不同需要展开。一般包括有：经理层级的培训项目、主管层级的培训项目、领班(班长)的培训项目和普通员工的培训项目。

释放你们的潜能，
就是我存在的最大意义……

定向培训

所谓定向培训，主要是指专才培训，是指在现代条件下，员工具有知识的多样化结构的同时，还要精通一行所进行的培训。在多学科、边缘学科互相渗透的今天，进行专才培训是很重要的。

横向培训

横向培训是指跨部门之间的培训，由于公司的运作是各部门之间协同合作进行的，一个部门的员工也需要了解其他部门的工作，比如：产品推广人员也必须了解产品的技术优势等，因此产生了横向培训。

脱产培训

脱产培训是在远离工作场所进行的员工培训，这种培训需要专门安排时间，对正常工作会有一定的影响，需要进行统筹安排。

集中引导式培训

此种培训是指根据成人学习的特点和教育学的原理，在脱产轮训、封闭集训、课堂受训过程中把人与环境结合起来，采用启发式、引导式、参与式方法，注重思维训练和能力培训，以提高培训效果和受训者的整体素质。

研修式培训

研修式培训是继课堂式培训运用较多的一种方法。研修式培训完全摆脱了以培训师为中心的培训体系的束缚，它的重心都立足于参加的学院的自主活动与讨论。它主要被用来进行管理人员能力的开发，尤其是领导能力、团队精神、决策能力等的开发。这些能力很多必须从实践中学习，而不是老师传授可得的。

并岗式培训

并岗式培训是将岗位逐步合并扩大，把培训与岗位的重组结合起来，合并岗位后原来的两个或多个岗位的人员同在一个新的岗位，开展互教互练，经过一段时间考试合格后，再采取串岗等方式继续培训。

网上培训

网上培训又称为"远程教学"、"E-learning"，它打破时间、地域的限制，充分利用了优秀的师资力量，是利用多媒体通信网进行远距离教学的集语音、图像、数据、档案资料、程序、教学软件、兴趣讨论组、新闻组于一体的交互式学习模式。

自助培训

自助培训法通常是借助培训光盘软件，企业随时、随地、任意形式、任意人数、任意次数地自由组织相关培训活动，所需的硬件条件只是一台电脑，或者VCD机和电视。

培训方法术语

演讲法

所谓演讲是指对某一议题有深入研究的专家，经过充分准备后，以口头叙述的方式，将该议题系统地讲述给学员。

直接传授法

直接传授法即传统的"师傅带徒弟"法，由督导人员(主管上级或是资深员工)在现场给予受训人员示范及协助，也就是通过工作现场的实地演练，帮助受训者迅速掌握相关的工作技能。

辩论法

所谓辩论法就是不同立场的参与者面对争议性的议题提出自身看法并反驳对方论点的公开竞赛。辩论法可以训练参与者的逻辑思考能力和表达与思辨能力。

释放你们的潜能，
就是我存在的最大意义……

竞赛与评比法

根据一定标准和制度，在员工之间开展竞赛和评比，最后评选出表现优秀的个人和团体，并予以奖励。这种培训法可以激励员工和团体的工作热情，提高工作技能和效率，增强其荣誉感、责任感进取心，最终提高企业的效益。

研讨法

所谓研究讨论法，就是使一个团体在一次或多次讨论会中，让每个成员都扮演正式、重要的角色，而团体讨论会的进行，乃是由被承认的组织(如人力资源部)来规范的一种培训方法。研讨法可以分为分组讨论研讨法、沙龙研讨法、集体讨论研讨法、委员会研讨法、攻关研讨法等。研讨法具有其他培训方法难以替代的作用，它着重于培养学员独立钻研的能力，允许学员提问、探讨和争辩，故可使其从培训中受益匪浅。

开会法

将与会者聚集在一起，就某个共同的话题或是问题开展讨论和交流，最终获得行动方案。这种方法可使与会者之间加强沟通、交流信息，并且可以启发与会者的思维，开拓他们的视野。

示范法

示范法是指在学员面前展示某种动作、解释某种程序或技巧，以使学员能重复相同的动作或程序。

暗示教学

对教学环境进行精心的设计，用暗示、联想、练习和音乐等各种综合方式建立起无意识的心理倾向，创造高度的学习动机，激发学员的学习需要和兴趣，充分发挥学员的潜力，使学员在轻松愉快的学习中获得更好的效果。

个案研究法

个案研究法就是指借由口头、书面、或影片等辅助资料，再经讨论程序，

附 录

以求得对特殊议题的确认与了解。

协作学习法

为达到共同的学习目标,学习者以小组形式参与学习,并与其他学习者保持融洽及相互合作的态度,共享信息和资源,共同担负学习责任,最终完成学习任务。

参观法

参观就是指针对某一特殊环境或事件组织学员作实地的考察和了解。参观可以用于某些无法或不易于在课堂上讲述的议题。通过参观帮助学员了解现实世界的一些真实情况,了解理论与实际之间的差距。

企业教练法

通过聆听和发问反映出受训者的心态,并向受训者提出与工作相关的(包括主观方面和客观方面)的反馈意见,使对方认清自己的目标、价值观和角色,并调整心态,清晰目标,专注行动,最终创造更大的成果。

分级选拔法

分级选拔法是根据职位的高低,由下至上,选择一定数量的受训者进行培训及考核,对其中的优秀者予以进一步的培训,如此类推,通过层层选拔,层层培训,以"金字塔"式的方式帮助企业选拔出企业优秀的储备管理人才。

角色扮演法

所谓的角色扮演法指的是设定一个最接近现场状况的培训环境,指定参加者扮演某种角色,借助角色的演练来理解角色的内容,从而提高学些者主动地面对现实和解决问题的能力。

情境化教学

在教学过程中,依据教学内容,设计安排一个或多个与现实问题相关的情境,其中蕴含了与学习有关的问题悬念,引导学员独立思考,激发学员对教学

释放你们的潜能，
就是我存在的最大意义……

内容的强烈求知欲望，以最佳的学习状态进行学习。

游戏培训法

游戏法通常是最能吸引人们参与培训的方法，它是把受训者组织起来，就一个模拟的情景进行竞争和对抗式的游戏，增强培训情境的真实性和趣味性，提高受训人员解决问题的技巧，提高他们的领导才能及团队精神。可以说因为有了游戏，才改变了人们心中培训呆板而又乏味的观念。

电脑化训练法

电脑化训练就是应用电脑快速计算、整合、探求相互间的关系，或寻找资料，以提升相关知识和技能。

经营模拟法

经营模拟法是通过让受训者分别模拟的同一行业中互相竞争的企业的经营者，并向他们提供相同的经营条件和数据，让其根据这些数据进行竞争"经营"，最后以"经营"成绩优劣来研究经营决策的得失的培训方法。

假想构成法

让学员先对事物及其特性作出假想，然后通过假想提出新方案的方法，此方法是由美国麻省理工学院教授丁阿诺德创立的，是帮助人们冲破惯性思考，摆脱旧的思维定势，开拓创新设想，寻找解决问题的方法。

拓展训练法

拓展训练又称为外展训练，是一种让参加者在不同平常的户外环境下，直接参与一些精心设计的程序，继而自我发现、自我激励、达至自我突破、自我升华的新颖有效的训练方法。

实战模拟法

实战模拟法是假设一种特定的工作情景，由若干个受训组织或小组，代表不同的组织或个人，扮演各种特定的角色，例如总经理、财务经理、营销经

附录

理、秘书、会计、管理人员等等。他们要针对特定的条件、环境及工作任务进行分析、决策和运作。

沙盘模拟法

将整个企业的运营方式展示在沙盘之上，使得企业的现金流量、产品库存、生产设备、人员编制、银行借贷等指标显得清晰直观，便于员工了解自己如何贡献于企业的整体财务表现；解读财务报表、比率、术语；增进与财务部门沟通的能力；学习制订有效并具前瞻性的商业计划；学习多方面、系统地思考问题；学习用财务原则考虑问题；改变对财务枯燥难懂的传统看法；透视企业如何运作。

专业性培训术语

培训需求分析与实施术语

培训需求分析

培训需求分析是指在规划与设计每项培训活动之前，由培训部门、主管负责人、培训工作人员等采用各种方法与技术，对参与培训的所有组织及其员工的培训目标、知识结构、技能状况等方面进行系统的鉴别与分析，以确定这些组织和员工是否需要培训，以及需要如何培训的一种活动或过程。

培训需求的战略分析

培训需求的战略分析是对组织未来有效运作的知识、技能、能力等清醒的分析。

释放你们的潜能，就是我存在的最大意义……

培训需求的组织分析

培训需求的组织分析主要是根据组织的目标、资源等因素对企业组织中存在的问题进行分析，以此对培训做出指导。

培训需求的任务分析

所谓任务分析，即按照企业职务工作标准、担当职务所需要的能力标准(职能标准)，对各部门、各职务工作(岗位)状况进行比较分析，以确定企业组织成员在各自的工作岗位上是否胜任所承担的工作。其中工作状况主要是指员工的知识、能力、态度、行为和工作绩效等，对这些状况进行分析从而有利于确定企业的培训需求。

培训需求的人员分析

人员分析是从培训对象的角度分析培训的需求，通过人员分析确定哪些人需要培训及需要何种培训。人员分析一般是对照工作绩效标准，分析员工目前的绩效水平，找出员工现状与标准的差距，以确定培训对象及其培训内容和培训后应达到的效果。员工是培训的对象，对他们的分析能让培训者更好地运用各种培训技巧，以提高培训效果。

访谈法

访谈法是通过与被访谈人进行面对面的交谈来获取培训需求的信息。访谈可以通过与企业管理层面谈，了解组织对人员的期望；也可以与有关工作负责人面谈，从工作角度了解需求。

观察法

观察法是培训者亲自到员工工作岗位上去了解员工的具体情况，可以观察员工工作表现，从而发现问题，获取信息数据。

问卷调查法

问卷调查法是当今收集资料最流行且最有效的方式之一。问卷调查法是以标准化的问卷形式列出一组问题，要求被调查对象就问题进行打分或进行是非选择抑或是程度选择。

测验法

即用一套标准的统计分析量表，对各类人员的技术知识熟练程度、观念、素质等进行评估。测验法还可以对被访对象认识到的一些想法和掌握的事实进行抽样检查。根据评估结果，确定培训需求。

档案资料法

即利用组织现有的有关组织发展、职位工作和工作人员的文件资料来综合分析培训需求。

关键事件法

当组织内部或外部发生对员工或客户影响较大的事件时，往往采用这种方法来收集培训需求信息。关键事件是指那些对组织目标起关键性积极或消极作用的事件。确定重大事件的原则是，工作过程中发生的对企业绩效有重大影响的特定事件，如系统故障、获取重要大客户、重要大客户流失、产品交货期延迟或事故数量过高等。

自我分析法

即通过个人对组织有关信息及岗位所需知识、技能、掌握程度来分析和判断自己的培训需要。

技术分析法

是指对工业或商业上无人监督的工作职位的必备技术进行分析的一种方法。它的关键是系统性，因此，必须提供足够的信息才能设定一个合适的培训项目。

错误分析法

错误分析法适用于错误发生率很高的工作岗位，它是分析工作职位上可能

产生的错误以及产生错误的原因、后果的一种方法。

培训需求确认

召开由培训学员、各部门经理、培训管理人员及培训顾问共同参加的专题会议，会议期间由培训管理者对整个培训需求信息收集和培训需求分析情况进行汇报，然后由各部门经理人员和目标学员代表发表意见，以达成最后统一意见。

培训实施

在培训需求分析的基础上精心选择恰当的学习原则和培训方法，以及具体实施培训的过程。

培训评估与培训效果转化术语

培训评估

培训评估是依据组织目标和需求，运用科学的理论、方法和程序从培训项目中收集数据，以确定培训的价值和质量的过程。

即时评估

它与培训刚结束时知识、技能和行为的改变有关，也就是说评估培训是否有效地交换了信息，如学员获得你传授的技能了吗？学员理解对他们的要求了吗？

中期评估

它用来判断培训中所学知识、技能和行为在工作中是否已得到应用，即学员、同事及其经理是否认为其行为、技能、态度因培训而发生积极的改变。

长期评估

它评估培训对学员与组织的长期影响，通常比较困难，除非培训从一开始就与组织的运作相联系才有可能做出。内容为学员对组织确实做出贡献了吗？或培训带来的变化到底有多大程度等。

定性评估法

定性评估法是通过对培训活动以及受训人员的表现进行分析与综合，剖析其失误的根源，查找问题、分析原因，总结成功的经验，最后做出结论性评价的方法。

定量评估法

对培训作用的轻与重、影响程度的深与浅、范围的大与小以及评估对象的认识和行为表现的程度等各种量的关系进行收集、整理和分析，最后做结论的评价方法。

测验评估法

以口试或笔试的形式进行考试、考核结果评定分数。实践中，对学员的学习效果评估经常采用这一方法。

追踪评估法

对评估对象在不同的环境、不同时间的状态连续不断地考察。比如对某一学员返回工作岗位后定期或不定期的走访、询问、测试等。

正式评估

正式评估具有详细的评估方案、测度工具和评判标准。它尽量剔除主观因素的影响，从而使评估更有信度。

非正式评估

一般而言，非正式评估是主观性的。换句话说，它往往根据"觉得怎样"进行评判，而不是用事实和数字来加以证明。

释放你们的潜能，
就是我存在的最大意义……

单项评估法

侧重或集中某一方面对评估对象进行分析、判定。如对某一学员的学科成绩、思想道德品质和某方面能力的评估。

全方位评估法

从不同角度、不同方面对评估对象进行综合的全面评估。包括自我评估、同事的评估和上下级评估。

建设性评估

建设性评估是指以改进培训项目为目的，而不是以是否保留培训项目为目的的评估。它通常是一种非正式的主观的评估，可以帮助培训对象明白自己的进步，从而使其产生某种满足感和成就感。

问卷评估法

一些评估指标可以通过问卷的方式直接向评估对象了解，然后把答案按一定标准折合成分数。这种方法也是目前企业培训活动中运用非常普遍的方法，运用这种方法的关键在于设计出一份科学的问卷。

集体讨论评估法

集体讨论评估法是采取集体舆论评议、群体表决等方式，对评估对象做出评价和估量的方法。这种方法可集中各方面的意见，透明度较高，结论较公正、可信。其具体做法是由评估领导部门的成员和有关评估工作业务人员参加，适当邀请有关人员按照评估指标对评估对象逐个进行评定。

总结性评估

总结性评估是指在培训结束时，对培训对象的学习效果和培训项目本身的有效性做出评价而进行的评估。这种评估经常是正式的、客观的和终结性的，它只能用于决定培训项目的生死，而不能作为培训项目改进的依据；只能用于决定是否给培训对象某种资格，而无助于培训对象学习的改进。

附 录

培训转化的定义

培训转化,是指受训者有效且持续地将所学到的知识、技能、能力及其他东西运用于工作中的过程。

附录2：培训相关法规、制度及培训合同范本

培训相关法规

企业职工培训规定

(1996年10月30日)

第一章 总 则

第一条 为规范企业职工培训工作，提高职工队伍素质，增强职工的工作能力，根据《劳动法》、《职业教育法》、《企业法》和《公司法》，制定本规定。

第二条 本规定适用于中华人民共和国境内的企业和职工。

第三条 本规定所称职工培训是指企业按照工作需要对职工进行的思想政治、职业道德、管理知识、技术业务、操作技能等方面的教育和训练活动。

第四条 企业职工培训应以培养有理想、有道德、有文化、有纪律、掌握职业技能的职工队伍为目标，促进企业职工队伍整体素质的提高。企业职工培训应贯彻按需施教、学用结合、定向培训的原则。

第五条 各级政府劳动行政部门负责本地区企业职工培训工作，各级政府经济综合部门负责本地区企业管理人员培训工作。

第六条 行业主管部门负责指导协调本行业职工培训工作,依法制定本行业职工培训规划、组织编写职工培训计划、大纲、教材和培训师资。

第七条 社会团体、群众组织、公共培训机构,可根据企业需要自愿承担职工培训任务。

第二章 企业和职工的责任

第八条 企业应建立健全职工培训的规章制度,根据本单位的实际对职工进行在岗、转岗、晋升、转业培训,对学徒及其他新录用人员进行上岗前的培训。

第九条 企业应将职工培训列入本单位的中长期规划和年度计划,保证培训经费和其他培训条件。

第十条 企业应将职工培训工作纳入厂长(经理)任职目标和经济责任制,接受职工代表大会和上级主管部门的监督与考核。

第十一条 企业应结合劳动用工、分配制度改革,建立培训、考核与使用、待遇相结合的制度。

第十二条 企业对经批准参加脱产培训半年以内的职工,应发放基本工资、奖金及相关福利待遇(双方另有约定的可除外)。

第十三条 国有大中型企业高层管理人员应按照国家有关规定参加职业资格培训,并在规定的期限内取得职业资格证书。从事技术工种的职工必须经过技术等级培训,参加职业技能鉴定,取得职业资格证书(技术等级证书)方能上岗。从事特种作业的职工,必须按照国家规定经过培训考核,并取得特种作业资格证书方能上岗。

第十四条 参加由企业承担培训经费进行脱产、半脱产培训的职工,应与企业签订培训合同。培训合同应明确培训目标、内容、形式、期限、双方的权利和义务以及违约责任。

第十五条 企业应按照培训合同的规定,保证职工的学习时间,创造必要的学习条件,发挥所学专长。

第十六条 职工应按照国家规定和企业安排参加培训,自觉遵守培训的各项规章制度,并有义务向本企业其他职工传授所学的知识和技能。

释放你们的潜能，
就是我存在的最大意义……

第十七条 职工应履行培训合同规定的各项义务，服从单位工作安排，搞好本职工作。

第十八条 由企业出资(有支付货币凭证)对职工进行文化技术业务培训的，当该职工提出与企业解除劳动关系时，已签订培训合同的按培训合同执行；未签订培训合同的按劳动合同执行。因培训费用发生争议的，按国家有关劳动争议处理的规定处理。

第三章 培训保障

第十九条 企业可以根据需要，单独或联合设立职工培训机构并报企业主管部门备案，也可以委托社会公共培训机构进行培训。

第二十条 企业应按国家有关规定配备职工培训专职教师和管理人员。职工培训专职教师、管理人员的职称评定、职务聘任、晋级、调资、奖励、住房和生活福利等方面应与普通教育教学人员或专业技术人员同等对待。

第二十一条 企业应按照以下国家规定提取、使用职工培训经费：

职工培训经费按照职工工资总额的1.5％计取，企业自有资金可有适当部分用于职工培训；

职工培训经费应根据企业需要，安排合理比例用于职工技能培训；

企业用于引进项目、技术改造项目的技术培训费用可以在项目中列支；

工会用于职工业余教育的经费由各级工会掌握使用；

企业职工培训经费应合理使用，当年结余的可结转到下一年使用。

第二十二条 企业可以对尊师重教的厂长、经理、教学成绩显著的职工培训机构和岗位成才的优秀职工进行表彰奖励。

第二十三条 经县以上地方人民政府批准，劳动行政部门、经济综合部门可对不按国家规定提取和使用职工培训经费、开展职工培训的企业，征收一定比例的职工培训经费，用于组织联合培训，或扶持公共培训机构承担缴费企业的职工培训任务。

第四章 罚 则

第二十四条 企业违反本规定有下列行为之一的，由政府劳动行政部门或经济综合部门对直接责任者和企业法定代表人给予批评教育，责令改正：

不按国家规定组织开展职工培训的；

侵占职工培训校舍，损害培训教师或管理人员正当利益，影响培训工作正常进行的；

强令未经培训的职工上岗作业的；

不按国家规定使用培训经费或将培训经费挪作他用的。

第二十五条 职工违反本规定有下列行为之一的，由企业给予批评教育，经教育拒不改正的，可以给予行政处分：

无故不服从单位安排参加职工培训的；

严重违反单位规章制度，扰乱职工培训正常进行的；

破坏职工培训校舍、仪器设备的。

第二十六条 企业和职工不履行培训合同规定义务的，应当承担违约责任。

第二十七条 承担职工培训任务的培训机构违反本规定，有下列情形之一的，由政府劳动行政部门或经济综合部门给予批评教育，情节严重的可取消培训资格：

教学管理混乱，培训质量不高，考核质量低劣的；

侵害受培训职工权益，情节严重的；

违反国家规定乱办班、乱收费、乱发证的；

截留、挪用培训经费的。

第五章 附 则

第二十八条 企业职工参加取得国家承认的学历证书、职业资格证书的培训，应按国家有关规定执行。

第二十九条 本规定由劳动部、国家经济贸易委员会根据职责分工负责解释。

第三十条 本规定自颁布之日起实行。

释放你们的潜能，
就是我存在的最大意义……

培训制度

某培训委员会组织制度

一、为加强员工技术水准及工作技能，以适应业务的实际需要及配合职业训练条例的实施，特设公司培训委员会。

二、本会的任务如下：

1. 综合制订本公司员工培训方针及课程计划。
2. 综合审议本公司员工培训活动的实施情况，评价训练效果。
3. 其他有关本公司教育训练活动事项。

三、本会设主任委员、委员6~10人，任期均为2年，由人事部签请总经理聘任。

四、本会设执行秘书1人，承主任委员之命，处理本会议决事项，由主任委员指派1人兼任；并设辅导员4~5人，协助本会议决事项的执行，由主任委员指派。

五、本会开会时，以主任委员为主席，必要时可由主任委员邀请有关人员列席。

六、本会每年5月、11月各召开会议一次，必要时召开临时会议。

七、本会委员、执行秘书、辅导员均为专职。

八、本会议决事项经呈总经理核准后由人事部教育科执行。

九、本规程经会议通过后，公布施行，修改时亦同。

某培训中心管理制度

一、凡经培训中心(以下简称本中心)招训的新员工及在职员工均应遵守本管理办法。

附录

二、本公司员工接获招训通知时，应准时报到。逾时以旷工论处。因公持有证明者不在此限。

三、受训期间不得随意请假，如确因公请假，须提出并由其单位主管证明，否则以旷工论处。

四、上课期间迟到、早退依下列规定处理。因公持有证明者不在此限。

1. 迟到、早退达4次者，以旷工半天论处。
2. 迟到、早退达4次以上8次以下者，以旷工1天论处。

五、受训期间以在本中心膳宿为原则，但因情况特殊经本中心核准者不在此限。

六、受训学员晚上10时以前应归宿，未按时归宿者，以旷工半天论处。

七、本中心环境应随时保持整洁，并由公推的班长指派值日人员负责维持。

八、本中心寝室内严禁抽烟、饮酒、赌博、喧闹等事情。

九、上课时间禁止会客或接听电话。紧急事故除外。会客时间为：

中午：13时至14时。

下午：16时至19时。

十、本办法由培训中心依实际情况需要修订。

员工培训教育管理办法

第一章 总 则

第一条 为鼓励员工参加提高其自身业务水平和技能的各种培训，特制定本办法。

第二章 范围和原则

第二条 公司全体员工均享有培训和教育的权利和义务。

第三条 员工培训是以提高自身业务素质为目标的，须有益于公司利益和企业形象。

第四条 员工培训和教育以不影响本职工作为前提，遵循学习与工作需要相结合，讲求实效，以及短期为主、业余为主、自学为主的原则。

释放你们的潜能，
就是我存在的最大意义……

第三章 内容和形式

第五条 培训、教育形式为：
1. 公司举办的职前培训；
2. 在职培训；
3. 脱产培训；
4. 员工业余自学教育。

第六条 培训、教育内容为：
1. 专业知识系统传授；
2. 业务知识讲座；
3. 信息传播(讲课，函授，影像)；
4. 示范教育；
5. 模拟练习(案例教学，角色扮演，商业游戏)；
6. 上岗操作(学徒，上岗练习，在岗指导)。

第四章 培训教育管理

第七条 公司培训教育规划。
1. 公司根据业务发展需要，由人事部拟订全公司培训教育规划。每半年制订1次计划。
2. 各部门根据公司规划和部门业务内容，再拟订部门培训教育计划。

第八条 公司中高级(专业技术)人员每年脱产进修时间累计不低于72小时，初级(专业技术)人员每年脱产进修时间累计不低于42小时，且按每3年1个知识更新周期，实行继续教育计划。

第九条 公司定期、不定期地邀请公司内外专家举办培训、教育讲座。

第十条 学历资格审定。
员工参加各类学习班、职业学校、夜大、电大、函大、成人高校的学历资格，均由人事部根据国家有关规定认定，未经认可的不予承认。

第十一条 审批原则。
1. 员工可自行决定业余时间参加各类与工作有关的培训教育；如影响工作，则需经主管和人事部批准方可报名。

2. 参加业余学习一般不应占用工作时间，不影响工作效率。

第十二条 公司每半年对员工培训教育成绩考核，并纳入员工整体考核指标体系。

第十三条 对员工培训教育成绩优异者，予以额外奖励。

第十四条 对员工业绩优异者，公司将选拔到国内或国外培训。

第十五条 凡公司出资外出培训进修的员工，须签订合同，承诺在本公司的一定服务期限：

1. 脱产培训6个月以上，不足1年的，服务期2年；
2. 脱产培训1年以上，不足3年的，服务期3年；
3. 脱产培训3年以上，不足4年的，服务期4年；
4. 脱产培训4年以上的，服务期5年。

多次培训的，分别计算后加总。

第十六条 凡经公司批准的上岗、在职培训，培训费用由企业承担。成绩合格者，工资照发；不合格者，扣除岗位津贴和奖金。

第十七条 公司本着对口培训原则，选派人员参加培训，培训回来后，一般不得要求调换岗位；确因需要调岗者，按公司岗位聘用办法处理。

第五章 培训费用报销和补偿

第十八条 符合条件的员工，其在外培训教育费用可酌情报销。

第十九条 申请手续：

1. 员工申请培训教育时，填写学费报销申请表；
2. 经各级主管审核批准后，送交人事部备案；
3. 培训、教育结束、结业、毕业后，可凭学校证明、证书、学费收据，在30天内经人事部核准，到财务部报销。

第二十条 学习成绩不合格者，学费自理。自学者原则上费用自理，公司给予一定补助。

第二十一条 学习费用较大、个人难以承受者，经总经理批准后可预支使用。

第二十二条 学杂费报销范围：入学报名费，学费，实验费，书杂费，实习费，资料费及人事部认可的其他费用。

释放你们的潜能，
就是我存在的最大意义……

第二十三条　非报销范围：过期付款，入学考试费，计算器、仪器购置费，稿纸费，市内交通费，笔记本费，文具费，期刊费，打字费等。

第二十四条　员工在约定服务期限内辞职，解除劳动合同的，均应补偿公司的培训出资费用，其范围为：

1. 公司出资接收的大、中专毕业生、研究生；
2. 公司出资培训的中、高级技工；
3. 公司出资培训的高技术、特殊、关键岗位员工；
4. 公司出资出国培训的员工；
5. 公司出资在外办班，专业培训累计超过4个月的员工。

不包括转岗再就业、领导决定调职、未被聘任落选后调离的情况。

第二十五条　补偿费用额计算公式：

补偿额 = 公司支付的培训费用 × (1 − 已服务年限／规定服务年限)

其中，培训费用指公司支付的学杂费、公派出国、异地培训的交通费和生活补贴等。不包括培训期间的工资、奖金、津贴和劳动福利费用。

第二十六条　补偿费用由调出人员与接收单位自行协商其是否共同支付或分摊比例。该补偿费用回收后仍列支在培训费用科目下，用于教育培训目的。

第六章　附　　则

第二十七条　本办法由人事部会同财务部执行，总经理办公会议通过后生效。

培训合同

员工教育培训协议书

为了提高员工基本素质及职业技能，公司鼓励并支持员工参加职业培训。为确保员工圆满完成培训学业，并按时返回公司工作，公司与受训员工订立如下协议：

一、公司同意该员工赴 ＿＿＿＿＿＿＿＿＿＿ 学习 ＿＿＿＿＿＿，学习期自 ＿＿＿＿ 年 ＿＿＿＿ 月 ＿＿＿＿ 日至 ＿＿＿＿ 年 ＿＿＿＿ 月 ＿＿＿＿ 日，共计为期 ＿＿＿＿＿＿。

二、受训员工应按公司指定或公司约定的学校及专业就学。如需要变更，应事先及时通知公司，并得到公司的批准。否则，以旷工论处。

三、受训员工学习时间，计入工作时间之内，按连续工龄累计。

四、受训期间的工资视情况按原工资的 ＿＿＿＿ ％支付；奖金按通常支付额的 ＿＿＿＿ ％支付。在晋级或工资办法修订时，受训员工作为在册人员处理。社会保险、劳动保险，原则上按有关规定作为在册人员处理。受训员工受训期内不享受年度休假。

五、受训期间医药费用按在职人员对待。但由于本人过失或不正当行为而致病(伤)者除外。当受训人员患有不能继续学业的疾病时，应接受公司指令，终止学习，返回公司，并依有关规定处理。

六、受训员工在学习期间，必须每隔 ＿＿＿＿ 天(即每年 ＿＿＿＿ 月 ＿＿＿＿ 日前)向公司人事部书面报告学习情况，并附学校有关成绩等记录。

七、受训员工应自觉遵守培训校方的各项规定与要求。凡因违规违纪受到校方处分的，公司将追加惩处，视同在本公司内的严重过失。

八、受训员工的学费由本人承担 ＿＿＿＿ 元，由公司承担 ＿＿＿＿ 元。

九、受训员工辞职，其工龄在一年以内则需向公司交纳公司负担部分的

释放你们的潜能，
就是我存在的最大意义……

全部培训费用；2年以内向公司交纳公司负担培训费用的50%； 3年以内交纳25%； 3年后则可免交培训费用。因违纪被公司辞退的员工亦照此办理。

十、在培训期间，受训员工接受公司交付的调查或出差，差旅费按员工差旅费规则支付。

十一、培训结束，受训员工应及时返回并向公司报到。

十二、为确保上述协议规定的执行，受训员工应在就学前向公司交付人民币(大写)＿＿＿＿元(小写＿＿＿＿元)作为保证金。受训员工如有逾期不归、受训期从事超越学习范围的业余活动或擅自更改培训方向与内容等行为，若涉及法律责任，由该员工自负，与本公司无关，其保证金归公司所有。受训员工圆满完成学业，无任何违反上述规定的行为，按时返回，在向人事部报到后半月内，公司退还保证金。受训员工若未通过结业考试，公司将从其保证金中扣除与本次培训相关费用(含学杂费、书费、调研费、实习费、上机费、住宿费、交通费等)后，退还其保证金余额。

十三、受训员工在学习期间成绩优异，有杰出表现者，公司将视情况给予奖励。

××公司(签章)：   受训员工(签字)：

年   月   日   年   月   日

委托培训合同

订立合同各方：＿＿＿＿＿＿＿＿＿＿

培训单位：＿＿＿＿＿＿学院(或学校)，以下简称甲方；

委托培训单位：＿＿＿＿＿＿，以下简称乙方；

学生：＿＿＿＿＿＿，以下简称丙方。

为了开辟人才培训的渠道，加速智力开发，保证受培训人员的质量，明确培训各方的责任，为社会主义现代化建设提供更多更好的人才，经甲、乙、丙三方协商一致，特订立本合同，以便共同遵守。

附 录

第一条　甲方对丙方的授课内容，应按照教育部对同类本科生(或大专、中专生)所规定(部属学校按其系统的有关规定)的科目、学时安排，不得降低对丙方的要求。甲方对丙方在校期间的德、智、体发展情况，应于每学期末向乙方做一次详细介绍。

第二条　甲方如发现丙方有违反校纪校规的行为，应及时与乙方取得联系，共同研究处理办法，丙方在期末思想品德评为"差"等、学期内有三门功课不及格，一年之内有两门功课补考不及格者，甲方有权劝其退学或取消其学籍。

第三条　甲方负责丙方奖学金的评定和发放。奖学金每学期评定一次、分一、二、三等，具体评定和发放方法、标准，按甲方的统一规定办理。

第四条　乙方承担丙方在校学习期间的全部学费和奖学金费。学费每人每学期＿＿＿＿＿元，奖学金每人每学期＿＿＿＿＿元，其他费用每人每学期＿＿＿＿＿元。丙方的以上费用，乙方应于每学期学生报到时直接汇到甲方，或由丙方带交给甲方。

第五条　乙方应按规定发给丙方工资(标准工资加地区生活费补贴，不发奖金)和其他福利待遇，丙方如在甲方食宿，乙方按规定每天补助丙方生活费＿＿＿＿＿元(如国家有新规定，按新规定执行)，向甲方支付丙方的寄宿费和伙食费。丙方节假日回家的来回路费，乙方按规定给予报销。丙方如不在甲方食宿，其家离甲方两公里以上，乙方应按国家规定按月发给交通费补贴。

第六条　乙方要加强对丙方的管理和教育，要经常了解丙方的学习和思想品德状况，如发现丙方有问题，应及时配合甲方教育和处理。

第七条　丙方学习结束，经甲方考核、考试合格准予毕业后，乙方应根据丙方所学专业和甲方提供的丙方德、智、体发展情况，合理安排其工作。

第八条　丙方必须自觉接受甲方和乙方的教育和管理，努力学习，遵纪守法，从德、智、体三方面全面发展，争当"三好学生"。丙方如违反校规校纪，要自觉接受甲方和乙方的处理。丙方如中途退学，或被甲方劝其退学或取消学籍的，应承担向甲方交付的各项费用，丙方如不交付，乙方有责任代丙方交付。

第九条　丙方学习结束经考核、考试合格准予毕业后，必须到乙方单位工作，一般在＿＿＿＿年内不得调离乙方单位。丙方如因特殊情况必须调出，必须符

合上级的有关规定，经乙方同意后，方可办理调离手续。丙方如毕业后不回乙方单位工作，或回乙方单位工作不到年要求调离工作的，应向乙方偿付丙方在校期间乙方支付的各类费用和工资。

本合同自甲、乙、丙三方签字之日起生效，于丙方学习期满毕业后自行失效。甲、乙、丙三方均不得擅自修改或解除合同。合同中如有未尽事宜，须经三方共同协商，做出补充规定。补充规定与本合同具有同等效力，但不得与本合同内容抵触。本合同正本一式三份，甲、乙、丙三方各执一份。

学院或学校(甲方) _____ (公章)

代表人：_____ (盖章)

电话：_____

乙方：_____ (公章)

代表人：_____ (盖章)

职务：_____

电话：_____

银行账户：_____

丙方：_____ (盖章)

_____ 单位职工或干部

_____ 年 _____ 月 _____ 日订

技术服务合同(含技术培训、技术中介)

甲方：_____ 乙方：_____

地址：_____ 地址：_____

邮编：_____ 邮编：_____

电话：_____ 电话：_____

法定代表人(委托代理人)：_____

法定代表人(委托代理人)：_____

开户行：_____ 开户行：_____

账户：_____ 账户：_____

甲乙双方为携手合作，促进发展，满足利益，明确责任，依据中华人民共

附 录

和国有关法律之相关规定，本着诚实信用、互惠互利原则，结合双方实际，协商一致，特签订本合同，以求共同恪守：

第一条　服务内容、方式和要求：_____
_____
(属技术培训合同应当填写培训内容和要求、培训计划、进度；属技术中介合同应当填写中介内容和要求)

第二条　工作条件和协作事项：_____
_____

第三条　履行期限、地点和方式：_____
_____

第四条　验收标准和方法：_____
_____
技术服务或者技术培训按_____标准采用_____方式验收，由_____方出具服务或者培训项目验收证明。

本合同服务项目的保证期为_____。在保证期内发现服务质量缺陷的，服务方应当负责返工或者采取补救措施。但因委托方使用、保管不当引起的问题除外。

第五条　报酬及其支付方式：

一、本项目报酬(服务费或培训费)：_____元。
服务方完成专业技术工作，解决技术问题需要的经费，由_____方负担。

二、本项目中介方活动经费为：_____元，由_____方负担。中介方的报酬为：_____元，由_____方支付。

三、支付方式(按以下第种方式)：
1. 一次总付：_____元，时间：
2. 分期支付：_____元，时间：
3. 其他方式：_____元，时间：

第六条　违约金或者损失赔偿额的计算方法：
违反本合同约定，违约方应当按技术合同法实施条例第九十八条、第九十九条规定，承担违约责任。

技术违反本合同约定，违约方应当按技术合同法实施条例第一百零五条、

第一百零六条规定，承担违约责任。

技术中介违反本合同约定，违约方应按技术合同法实施条例第一百一十二条、第一百一十三条、第一百一十四条规定，承担违约责任。

一、违反本合同第_____条约定，_____方应当承担违约责任，承担方式和违约金额如下：

二、违反本合同第_____条约定，_____方应当承担违约责任，承担方式和违约金额如下：

第七条 争议的解决办法：

在本合同履行过程中发生争议，双方应当协商解决，也可以请求进行调解。

当事人不愿协商、调解解决或者协商、调解不成的，双方商定，采用以下第_____种方式解决。

一、因本合同所发生的任何争议，申请_____仲裁委员会仲裁；

二、按司法程序解决。

第八条 其他(含中介方的权利、义务、服务费及其支付方式、订金、财产抵押、担保等上述条款未尽事宜)：

签约甲方：　　　　　　　　签约乙方：

签约日期：　　　　　　　　签约日期：

附录3：培训实用表单

本书所选表单将分为三个部分进行列举，即为培训规划表单、培训实施表单以及培训评估表单。

培训规划表单

培训规划表单

职工姓名：			
职称：			
部门：			
主管姓名：			
工作任务：			
特别任务项目	绩效	可否改进	训练需要
优点：			
缺点：			
其他评语：			
复核：		日期：	

释放你们的潜能，
就是我存在的最大意义……

员工培训计划表（一）

培训编号：		培训部门：			
培训类型		培训时间			
培训合成时数负责人：					
课　程	主讲人		负责人		起讫时间

参加人员：　　共_____人（名单如下）

姓名	所在部门	职务	所在部门	职务	所在部门	职务	所在部门	职务	所在部门	职务

费用预算：

（签名）批准：_____　审核：_____　拟订：_____

附 录

员工培训计划表（二）

负责单位：					年 月 日	
培训名称		本年度举办次数		培训地点	培训负责人	
培训目的						
培训对象		培训人数		培训时间	自 月 日 起 至 月 日 止	共 个月 天（周）
培训内容	名称科目	节数	讲师	教材大纲	教材来源	备注
培训方式（选择）	1.讲课与实习同时举行：每日上课_____小时，实习_____小时。 2.讲课与实习分别举行：上课_____周（月）每日_____小时，　　　　实习_____周（月）每日_____小时。 3.全部培训时间在工厂实习：每日_____小时。 4.讲授方式：每日上课_____小时。附加举行座谈会，讨论有关业务或技术问题，每周_____小时。					
培训进度						

释放你们的潜能，
就是我存在的最大意义……

新员工培训计划表（一）

姓　名		学　历				辅导员	姓名	
培训时间		月　　日至　　月　　日止					部门	
专　长							职称	
项次	培训时间	培训日数	培训项目	培训讲师		培训日程内容		
1	月　日 至　月 日止	天		职称： 姓名：				
2	月　日 至　月 日止	天		职称： 姓名：				
3	月　日 至　月 日止	天		职称： 姓名：				
4	月　日 至　月 日止	天		职称： 姓名：				

（签名）经理：_____　　审核：_____　　拟订人：_____

新员工培训计划表（二）

培训时间		培训内容	培训者	教材
第一天	上午			
	下午			
第二天	上午			
	下午			
第三天	上午			
	下午			
……				

外部培训申请表

姓名：		职位：	
所在部门：			
入职日期：			
学习时间从　　　　至　　　　止共　　　　天			
课程名称：			
完成课程后获得的学位或证书：			
课程主要内容			
学习费用预算			
课程表：　　　教材费：			
食宿费：　　　交通费：			
其他：			
合计：			
申请人（签名）：			
组长意见 　　　　　　　　　　　　　　　　组长签名： 　　　　　　　　　　　　　　　　　年　月　日			
部门经理意见 　　　　　　　　　　　　　　　　部门经理签名： 　　　　　　　　　　　　　　　　　年　月　日			
培训部经理意见 　　　　　　　　　　　　　　　　培训部经理签名： 　　　　　　　　　　　　　　　　　年　月　日			
主管领导意见 　　　　　　　　　　　　　　　　签字： 　　　　　　　　　　　　　　　　年　月　日			

释放你们的潜能,
就是我存在的最大意义……

培训预算表（一）

月份	1	2	3	4	5	6	7	8	9	10	11	12
所占比例												
估算金额												

培训预算表（二）

用途	外部培训	教材购置	设备购置	培训用具	交通食宿	其他
所占比例						
估计金额						

培训预算表（三）

部门	销售部	生产部	财务部	人力资源部	子企业1	子企业2	子企业3
所占比例							
估计金额							

培训预算表（四）

管理层级	决策层	管理层	监督层	操作层
所占比例				
估计金额				

企业培训费用分析表

编号：	计划名称：
1.分析要素 （1）每一工作小时 （2）每一工作小时所需管理费用 （3）每一工作小时的设备装置 （4）其他费用	
2.分析 （1）被分配给_____工作小时专家 （2）由_____支援助理_____工作小时助理 （3）估计专家分析的小时 （4）估计助理分析的小时 （5）估计专家分析的费用 （6）估计助理分析的费用 （7）辅助和资料费 （8）其他开支 （9）合计	
3.资料和交通费用 （1）由_____协调_____工作小时 （2）估计协调工作小时 （3）由_____支持助理_____工作小时助理	

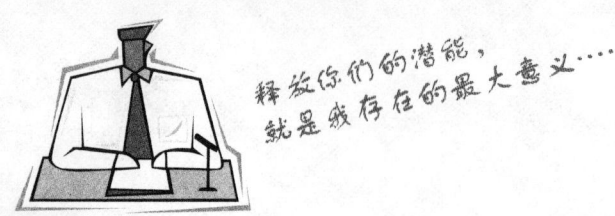

培训实施表单

企业员工培训记录表

姓名:				职位:		
部门:				入职日期:		
培训内容	培训日期	能否达到目标	员工签署	培训者签署	备注	

附录

培训日程跟进表

序号	时间	地点	进行项目	责任人	配合
1					
2					
3					
……					
9					

培训吃住行安排情况跟进表

序号	姓名	性别	培训座位	就餐座位	住宿房号	乘车座位
1						
2						
3						
……						
9						

培训支援工作跟进表

序号	支援项目	提供支援者	标准	时间
1				
2				
3				
……				
9				

培训工作分工跟进表

序号	工作项目	完成标准	完成时间	责任人
1				
2				
3				
……				
9				

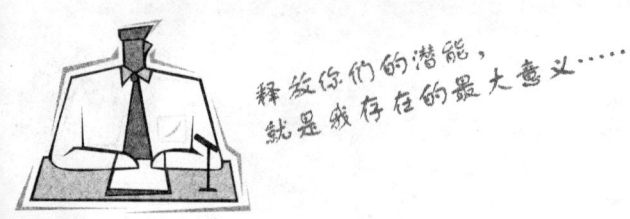

培训动员跟进表

序号	动员对象	动员时间	动员方式	责任人
1				
2				
3				
……				
9				

培训所需物品跟进表

序号	物品名称	要求标准	到位时间	责任人
1				
2				
3				
……				
9				

培训成本跟进表

序号	用途	金额	时间	备注
1				
2				
3				
……				
9				

培训评估表单

培训评估表

培训计划：_____ 培训单位：_____
培训日期：_____ 培训目标：_____ 培训对象：_____
公司预期的培训成效：_____
培训内容：
_____ 小时 _____ % _____ ××课程
××课程 _____
××课程 _____   _____

培训类型（请在相应类型前的○里画"√"）：
○新进人员培训　　　　○管理人员培训
○专业技术人中培训　　○其他类型培训

培训方式（请在相应类型前的○里画"√"）：
○在职培训　　○脱产培训　　○自我进修
学员对课程的接受性：○高　　○一般　　○低
教材来源：
培训方法
○演讲法　　主讲人：_____ 效果：_____
　　　　　　所使用的视听媒介：_____
○讨论法　　讨论形式：_____ 讨论主题：_____
　　　　　　讨论结论：_____
○座谈法　　座谈形式：_____ 座谈主题：_____
　　　　　　座谈结论：_____
○报告法　　报告人：_____ 报告主题：_____
　　　　　　报告时间：_____
○个案研究法　个案来源：_____ 研讨重点：_____
○角色扮演　扮演角色：_____ 主题：_____
　　　　　　扮演时间：_____
○其他培训方法：
评估工具的使用：○计划执行中　　○计划执行后　　○讲义　　○挂图
○投影　　○录像带　　○幻灯片　　○影片　　○其他

释放你们的潜能，
就是我存在的最大意义……

在职培训评估表

培训者	评估者		
第一步：进入主题前的准备		是	否
1. 是否清楚陈述所学内容			
2. 是否确定学习的必要性			
3. 是否了解学员现有的知识技巧			
4. 是否展示做好的产品			
第二步：示范/解释			
1. 是否描述了整个内容			
2. 示范时是否按顺序解释每一步骤			
3. 是否强调重点			
4. 是否解释了涉及到的专业名词			
5. 是否重复重点来表示强调			
6. 是否运用了提问来了解学员的理解程度			
7. 学员不甚了解或不性时是否给予多次讲解			
第三步：实践			
1. 原有的错误是否得到改正			
2. 学员对实践程度是否能真正掌握			
3. 学员在实际操作中是否与培训中有出入			
4. 是否给学员应有的时间来进行实际操作			
5. 是否提高或考试来保证学员理解到位			
第四步：跟进			
1. 培训者是否对学员的操作给予及时、充分的反馈			
2. 是否强调了质量安全等重大问题			
3. 是否告诉学员有问题时应从谁哪里得到帮助			
4. 培训者是否回答了学员提出的问题			
5. 培训者是否检查培训的目的已经达到			

附录

员工培训效果调查表

本部已举办过如下培训：

1.　　　2.　　　3.　　　4.

5.　　　6.　　　7.　　　8.

请各单位主管就所属学员参加训练以后的改变，于各项目之适当档打"√"并请于　月　日前交培训部。

绩效标准	很好	略好	无改变	略坏	很坏
1. 生产的数量					
2. 生产的质量					
3. 工作安全					
4. 员工的态度及士气					
5. 环境维护					
6. 员工出勤情况					
……					

释放你们的潜能，
就是我存在的最大意义……

培训课程内容调查表

培训课程内容：_____ 日期：_____

1. 你认为本次培训的效果如何？（请在你认为合适的答案前面的○里面画"√"，以下同）
○很好　　○一般　　○比较差　　○非常差

2. 你对本课程内容的安排顺序觉得如何？
○很好　　○一般　　○比较差　　○非常差

3. 你认为本次课程的内容是否是实际所需的？
○很好　　○一般　　○比较差　　○非常差

4. 你对本次课程授课讲师的授课方式有何看法？
○很好　　○一般　　○比较差　　○非常差

5. 你对本次课程授课讲师的授课技巧有何看法？
○很好　　○一般　　○比较差　　○非常差

6. 你觉得受益最大的课程是：_____

7. 你觉得本次课程最大的受益之处是：_____

8. 本次培训的优点有：_____
_____

9. 本次培训的缺点有：_____
_____

10. 你认为另外还应该举办哪些培训课程：①_____
②_____ ③_____

11. 你认为应该加强服务的地方有：①_____
②_____ ③_____

12. 你认为本次培训中，需要增加或减少时数的有：_____

13. 你对本次培训课程设计安排讲师授课方式等方面的改善建议是：
_____
_____
_____

培训方法评估表

科目：	讲师：

培训课程评价：

1. 是否已达到培训目的（请在你认为合适的答案前面的○里面画"√"，以下同）？
   ○是　　　　○否

2. 整体评估
   ○优异　　　○良好　　　○一般　　　○差　　　○非常差

3. 讲师
   ○优异　　　○良好　　　○一般　　　○差　　　○非常差

4. 课程内容（结构深浅程度等）
   ○优异　　　○良好　　　○一般　　　○差　　　○非常差

5. 教材（讲义书本幻灯片视听资料等）
   ○优异　　　○良好　　　○一般　　　○差　　　○非常差

6. 授课方式选用
   ○优异　　　○良好　　　○一般　　　○差　　　○非常差

7. 本次培训对你的工作是否有帮助？
   ○是　　　　○否

8. 对个人职业生涯有何影响？

9. 对以后训练的建议：

10. 其他意见：

释放你们的潜能，
就是我存在的最大意义……

培训讲师授课效果调查表

科目：　　　　　主讲人：　　　　时间：

培训课程评价：

1. 你认为本次课程对你的工作有所改善吗（请在你认为合适的答案前面的○里面画"√"，以下同）？
○很大　　　○一般　　　○没有

2. 你认为本次课程符合实际工作面要吗？
○非常符合　　○一般　　　○大部份不符合　　○完全不符合

3. 你对课程内容满意吗？
○非常满意　　○一般　　　○不满意

4. 你能听懂课程内容吗？
○非常清楚　　○一般　　　○不清楚

5. 你认为授课内容充实吗？
○非常充实　　○一般　　　○空洞

6. 你对讲师的授课方式满意吗？
○非常满意　　○一般　　　○不满意

7. 你认为此次培训的服务好吗？
○很好　　　○一般　　　○不好　　　○非常差

8. 你最感兴趣的课程内容有？
①
②
③

9. 对以后训练的建议：
①
②
③

10. 其他意见：
①
②
③

11. 其他意见：

编 后 语

人类的发展与知识传播的速度是成正比的。当一个人的智慧变成了绝大多数人的智慧的时候，整个人类就前进了一大步。能够致力于知识与信息的传播，为社会的进步尽一点点绵薄之力，想来也应该是一件可以引以为荣的事情。本系列图书的编写者均为一直奋斗在管理培训领域的工作者，亲身体验也亲眼目睹了培训师群体的成长。几年来，我们总是以收藏家的眼光来发掘和整合一些业界的"珍宝"——对培训师和培训工作有用的资讯、素材和工具。业界许多的朋友对于我们长期积累的这些成果表现出了浓厚的兴趣，称之为"眼前一亮，如获至宝"，甚至于不远万里来求索，并建议付梓出版。

经过多年的努力，我们终于顺利出版了企业管理培训丛书：《企业管理培训故事全书》、《企业管理培训游戏全书》、《企业管理培训幽默全书》、《企业管理培训案例全书》、《企业管理杰出员工全书》、《企业管理培训经理全书》、《企业管理培训演示技巧与配乐全书》、《企业管理户外拓展训练全书》、《企业管理培训师训练全书》等九本培训专业工具书。在编写过程当中，我们秉承了一贯的原则，那就是努力使书中的内容做到最新、最全面和最经典。我们希望，书中辑录的每一段文字都能够对读者产生影响，对读者有所启迪。

本书能够顺利出版，要感谢众多有实战经验的培训界朋友和作者对此系列图书的重视和支持。是他们主动给我们提供了有价值的材料，并对我们的编辑工作给予了宝贵意见和指导。

为编写本书，我们翻阅、借鉴了大量图书、资料。由于种种原因以及时效和通讯上的障碍，无法一一与原作者及版权所有者取得联系，在此谨

释放你们的潜能，
就是我存在的最大意义……

表歉意。为了表示我们对原作者及版权所有人的尊重，相关事宜请通过专设邮箱dachengbook@163.com与我们联系，我们将及时予以回应。

最后，再次向关心和支持本系列图书出版的朋友，表示深深的谢意。

编　者

2012年3月